Micha Brumlik (Hrsg.)
Vom Missbrauch der Disziplin

Micha Brumlik (Hrsg.)

Vom Missbrauch der Disziplin

Antworten der Wissenschaft auf Bernhard Bueb

Mit Beiträgen von
S. Karin Amos, Sabine Andresen,
Wolfgang Bergmann, Micha Brumlik, Claus Koch,
Frank-Olaf Radtke, Manfred Spitzer und
Hans Thiersch

www.beltz.de

2. Auflage

© 2007 Beltz Verlag · Weinheim und Basel
Umschlaggestaltung: Federico Luci, Odenthal
Satz: WMTP GmbH, Birkenau
Druck und Bindung: Druck Partner Rübelmann, Hemsbach
Printed in Germany

ISBN 978-3-407-85765-1

Inhalt

Vorwort

Alltag, Wissenschaft und Öffentlichkeit stehen in der Mediengesellschaft in einem gespannten Verhältnis zueinander. Davon zeugen Fernsehmagazine, populärwissenschaftliche Ratgeber und Zeitschriften ebenso wie anspruchsvollere Feuilletonseiten in der Tagespresse. Das gilt nicht nur für Karriere, Gesundheit und Liebe, sondern auch für Fragen der Erziehung und Bildung. Wirft der Alltagsverstand der Wissenschaft oft Weltfremdheit vor, so die Wissenschaft dem Alltagsverstand Blindheit. Alltagsverstand und Wissenschaft, die ihrerseits alles andere als eine Einheit darstellen, beobachten somit einander und üben aneinander Kritik.

Gegenstand der Erziehungswissenschaft ist nicht nur, wie und unter welchen Bedingungen erzogen wird und werden soll, sondern auch, wie und mit welchen möglichen Folgen für Kinder und Jugendliche Erziehungsprozesse in der Öffentlichkeit dargestellt oder vorgeschlagen werden.

So konnte auch Wissenschaftlerinnen und Wissenschaftlern der erstaunliche Medienerfolg von Bernhard Buebs »Lob der Disziplin« nicht gleichgültig bleiben. Dass sich Bücher über Erziehung über Wochen mit hunderttausendfachen Auflagen in den Bestsellerlisten halten, dürfte zuletzt in den reformsüchtigen 1970er Jahren der Fall gewesen sein. Man kann es nur als ungewöhnlich und verblüffend bezeichnen, wie die vom Herausgeber einer konservativen Tageszeitung angeregten Meinungsbeiträge eines pensionierten Internatsleiters und – bis auf Fachkreise – völlig unbekannten ehemaligen Assistenten Hartmut von Hentigs die aktuelle Debatte über Erziehung in der Öffentlichkeit Deutschlands bestim-

men. Spätestens, als nicht nur Leitmedien wie das Montags-
magazin aus Hamburg dem Buch Aufmerksamkeit verschaff-
ten, sondern auch Deutschlands größte, sicherlich vulgärste
und brutalste Boulevardzeitung ihm und seinem Buch eine
Titelseite schenkte, war aus einer Sammlung von Meinungs-
beiträgen zwischen zwei Buchdeckeln ein soziales Phänomen
geworden, das es zu ergründen galt. Als sich schließlich in einer Reihe von Privatgesprächen zeigte, dass durch Lebenserfahrung und Beruf zermürbte Lehrerinnen und Lehrer sowie nicht wenige, einen liberalen Erziehungsalltag nicht
immer verkraftende Eltern Zustimmung signalisierten, wurde es unerlässlich, das Buch zu lesen, seine Thesen und Be-
gründungen zu untersuchen und den Ursachen seines Erfol-
ges systematisch nachzugehen. Also haben wir Fachleute aus
unterschiedlichen Teildisziplinen der wissenschaftlichen Pädagogik und ihren Randgebieten eingeladen, das »Lob der
Disziplin« aus ihrer speziellen Perspektive in den Blick zu
nehmen.

In seinem einleitenden Beitrag geht der emeritierte Tübinger Ordinarius für Sozialpädagogik, Hans Thiersch, den Bedürfnissen und Wünschen professioneller und auch privater
Erzieher in Zeiten eines gravierenden gesellschaftlichen
Umbruchs nach und ordnet Buebs Traktat vor diesem Hintergrund als unzureichende Antwort auf eine tatsächlich
existierende Krisenlage ein. Der bekannte Kinder- und Ju-
gendtherapeut Wolfgang Bergmann zeigt in seinen Überlegungen, wie sehr Buebs Kritik an einer vermeintlich in die
Irre führenden »Psychologisierung« seinem eigenen Anliegen, Kindern und Jugendlichen einen liebevollen Weg ins Leben zu weisen, ins Gesicht schlägt. Freilich haben pädagogische Traktate seit jeher auch politische Voraussetzungen und
Konsequenzen – ein Umstand, zu dem sich auch Bueb beinahe emphatisch bekennt. Damit ist noch nichts über die

Qualität dieser politischen Konsequenzen gesagt. Ich weise in meinem Beitrag nach, dass Bernhard Bueb seine unzweifelhaft reaktionären (keineswegs nur konservativen) Thesen damit zu begründen sucht, dass er sich als Antifaschist ausgibt und damit jenseits der Sache einen allzu billigen Sympathiebonus zu erschleichen sucht. Dass weder Buebs Habitus noch seine Thesen in irgendeiner Hinsicht neu oder gar originell sind, zeigt die Professorin für Allgemeine Erziehungswissenschaft an der Universität Bielefeld, Sabine Andresen, in einer luziden, historisch gesättigten Darstellung männlich autoritärer Reaktionen auf eine am Kinde ausgerichtete Pädagogik seit mehr als hundert Jahren. Es zeigt sich, dass Bueb bewusst oder unbewusst in einer männerbündischen, letztlich frauenfeindlichen Tradition steht, der es seit Beginn der Moderne in kulturkämpferischer Weise darum geht, männlich kämpferische Werte gegen eine allmähliche Humanisierung der Erziehungsverhältnisse zu bewahren. Der Psychologe Claus Koch fragt nach der Stichhaltigkeit der von Bueb vorgetragenen Kritik an den so genannten 68ern und ihren Erziehungsidealen. Ohne diesen Idealen unkritisch verhaftet zu bleiben zeigt Koch gleichwohl, wie diese Kritik nicht geführt werden sollte: nämlich unter Rückgriff auf eben jene nationalsozialistischen Erziehungsprinzipien, die Bueb doch außer Kraft setzen will. Kochs Beitrag schockiert: Zeigt er doch an Beispielen und en détail, wie sehr Buebs Vorstellungen vom Kind jenen gleichen, die in den 50er Jahren fast nahtlos an die von prominenter Seite vorgebrachten Erziehungsprinzipien der NS-Ideologie anschließen.

Die idyllische Provinz am Bodensee im Blick, ruft der ehemalige Direktor in angestrengt weltläufiger Manier dazu auf, sich am »angelsächsischen« Internatswesen ein Vorbild zu nehmen. Die Tübinger Professorin für Allgemeine und Vergleichende Erziehungswissenschaft, Karin Amos, geht diesem

Anspruch nach und weist auf der Basis schon klassischer britischer und US-amerikanischer Untersuchungen nicht nur auf Buebs relative Unkenntnis dieses Erziehungstypus hin, sondern auch auf die von ihm völlig vernachlässigte Dimension einer undemokratischen Elitebildung in diesen Institutionen.

Lernen und Entwicklung, das haben die Debatten der vergangenen Jahre allen, die sich einseitig nur für soziale Verhältnisse interessierten, gezeigt, hängen auch sehr wesentlich von der körperlich-leiblichen Verfasstheit, vom physiologischen Substrat von Babys, Kindern und Jugendlichen ab. Aus dieser Perspektive nimmt der bekannte Hirnforscher Manfred Spitzer eine faire, abwägende Bewertung von Buebs Thesen vor, kommt aber bei aller teilweisen Zustimmung nicht umhin, Buebs Vorstellungen von Disziplin denn doch eine Abfuhr zu erteilen. Kennern der pädagogischen Tradition konnte nicht verborgen bleiben, dass sich Bernhard Bueb mehr oder minder freihändig auf die klassische Erziehungs- und Bildungsphilosophie des Deutschen Idealismus, namentlich des großen Aufklärers Immanuel Kants, bezieht. Frank-Olaf Radtke, er lehrt in Frankfurt Allgemeine Erziehungswissenschaft mit einem Schwerpunkt in der Interkulturellen und Immigrationspädagogik, geht diesen Bezügen nach und schließt mit der selbstkritischen Frage an eine der historischen Aufklärung verpflichteten Pädagogik, ob sich der beklagte Autoritarismus nicht bereits in den Gründungsschriften dieser Tradition findet und ob nicht Pädagogik und Erziehungswissenschaft einer weiteren Aufklärung über ihre eigenen Grundlagen bedürfen. Sonst – so Radtkes Nachweis – gerät die pädagogische Tradition wie bei Bueb zur Legitimation technokratischer Herrschaft.

Unser Buch ist eine Interventionsschrift und sucht die Auseinandersetzung, ja den Streit. Es wendet sich zunächst an all jene, die seit Jahren und Jahrzehnten, wenn auch unter Schwierigkeiten, an den Prinzipien eines liberalen, humanen Umgangs mit Kindern und Jugendlichen festhalten und sich nicht durch den neokonservativen Zeitgeist weismachen lassen wollen, dass dies alles falsch gewesen sein soll; mindestens so sehr soll es aber auch all jenen, die im ersten Überschwang angesichts der Mühen des erzieherischen Alltags Bueb recht gegeben haben, Anregung sein, ihre Zustimmung noch einmal zu überdenken. Unsere Interventionen zielen darauf, Bueb und seine Thesen ernst zu nehmen, seine Meinungen genau zu lesen und sich der Tragweite ihrer Folgen bewusst zu werden.

Wer den – wissenschaftlichen – Streit sucht, harrt der Argumente. Es wird sich weisen, ob in Reaktion auf unsere Kritik ernsthafte wissenschaftliche Argumente zugunsten eines »Lobs der Disziplin« vorgebracht werden.

Berlin, im Januar 2007   *Micha Brumlik*

Hans Thiersch

Rigide Verkürzungen – zur Attraktivität von Bernhard Buebs »Lob der Disziplin«

Dieses pädagogische Buch erregt Aufmerksamkeit, es ist ein Bestseller und wird in der breiten Öffentlichkeit überwiegend zustimmend, in pädagogischen Fachkreisen kontrovers diskutiert. Mit seiner Botschaft von der Krise der Erziehung und dem Aufruf zum Umdenken, mit seiner Anprangerung von gestaltloser Beliebigkeit und Verantwortungslosigkeit in der Erziehung und mit seiner Beschwörung eines neuen Verständnisses von Disziplin und Gemeinschaft scheint Bueb einen Bann gebrochen zu haben für überfällige, bisher unterdrückte Gefühle, Wahrnehmungen und Bedürfnisse. Es scheint, als habe endlich einer gewagt, der Realität ins Auge zu sehen und klare Konsequenzen zu benennen.

Zu dieser Mission scheint Bueb durch seine Position und Biographie besonders ausgewiesen. Jahrzehntelang war er Leiter der Internatsschule Schloss Salem. Er hat »die Irrungen«, die er nun kritisiert und attackiert, selbst praktiziert und erlitten; er hat erfahren müssen, dass man damit nur scheitern kann. Er schreibt aus der Überzeugtheit und Leidenschaft eines Bekehrten.

Ich will im Folgenden fragen, warum dieses Konzept in unserer Zeit wirksam ist, welche Probleme es identifiziert, welche Antworten es gibt und was diese Antworten als Lösung heutiger Probleme bedeuten. Ich verfolge damit die von Ernst Bloch[1] vorgeschlagene Auslegung von Ideologiekritik, nach

---

1 E. Bloch, Erbschaft dieser Zeit, Frankfurt: 1985

der es nicht nur nach dem Wirklichkeitsgehalt und der Konsistenz eines Konzepts zu fragen gilt, sondern nach seiner Bedeutung in seiner Zeit.

Buebs Position

»Der Erziehung ist vor Jahrzehnten das Fundament weggebrochen: Die vorbehaltlose Anerkennung von Autorität und Disziplin ... Es gibt keine Übereinkunft über die Notwendigkeit, die Legitimation und die praktische Ausübung von Autorität und Disziplin.«[2] Buebs Ausgangsstatement ist, dass Autorität außer Kraft gesetzt ist, dass die Erwachsenen sich nicht trauen, das ihnen zukommende Mandat zur Erziehung wahrzunehmen. Regeln würden, wenn sie denn erkennbar seien, nicht eingehalten. »Wir können keine Regel aufstellen, ohne gleich drei Ausnahmen zu machen ... Wir fürchten, dass die Härte, die jede Konsequenz mit sich bringt, die Zuneigung vermindert.«[3] Disziplin als Fähigkeit, sich verlässlich auf Aufgaben einzulassen und Selbstbeherrschung zu üben, werde denunziert. Die Heranwachsenden aber sind – so Bueb – dem Massenkonsum, dem Fernsehen und den schlechten, heute so dominierenden Vorbildern überlassen. Sie sind überfordert in ihrer Unfähigkeit und Unreife; sie werden anspruchsvoll, leistungsunwillig und aufsässig, sie treiben im Vagen und geraten in Gefahr, in Kriminalität und Drogen abzudriften. Solche Nichterziehung ist nach Buebs Auffassung zermürbend aufwendig. Sie verbrauche in immer neuen Verhandlungen Zeit und Energien, sie schaffe Unklarheiten und Verunsicherungen, sie sei ineffektiv und

---

2 B. Bueb, Lob der Disziplin. Eine Streitschrift, Berlin: List 2006, S. 11
3 a.a.O., S. 28

schädlich für alle, für Kinder, Heranwachsende und Erwachsene. Erziehung ist die Balance von Strenge und Liebe. Die gegenwärtige Erziehung aber habe diese Balance verloren.»Wir müssen lernen zu gewichten, wir müssen vor allem lernen, uns nicht verführen zu lassen, der Güte, der Liebe und der Fürsorge immer den Vorrang zu geben.«[4] Ohne solche neue Gewichtung verfehle Erziehung ihr Ziel, zur Freiheit und Verantwortung für sich und andere zu führen. Freiheit wird in Gehorsam und der Anstrengung der Disziplin erworben.

Mögliche Lesarten

Worin nun besteht die Attraktivität des Programms? Mir scheint – zunächst ganz allgemein – die Attraktivität darin zu liegen, dass ein Unbehagen an der gegenwärtigen Erziehung dargestellt wird, das breit konsensfähig ist, und dass Disziplin dann als griffig handhabbare Antwort darauf begründet und proklamiert wird. Die Attraktivität erhöht sich sicher durch die Art der Darstellung, die – dem Streitschriftcharakter entsprechend – die eigenen Hauptthesen rhetorisch-provokant und eingängig verficht, im Einzelnen dann allerdings diffus und schwer greifbar bleibt. Die »Großzügigkeit« im Detail geht einher mit Selbsteinwänden, die die Thesen in ihrer Rigidität zurückzunehmen scheinen. Sie umspielen die Botschaft gleichsam beschwichtigend und wirken so wie ceteris-paribus-Klauseln. Hinzu kommen dann auch allgemein pädagogische, plausible Erörterungen dazu, dass Lernen sich vor allem im entlastenden Spiel ereigne, dass es keine starren Regeln geben dürfe, dass es Lösungen je im individuellen Fall brauche und, vor allem, Zeit und Humor.

---

4 a.a.O., S. 3

Dieses Changieren zwischen Argumenten und Ebenen gibt die Möglichkeit, den Text pragmatisch zu lesen. Eine solche Lesart aber scheint mir allzu vordergründig und darin fahrlässig. Ich gehe davon aus, dass der Text die Pragmatik benutzt, um gleichsam auf ihrem Rücken die harten Thesen plausibel zu machen, und dass die Attraktivität des Konzepts gerade in seinen harten Thesen liegt. Sie geben Antworten auf vielfältige pädagogische und gesellschaftliche Probleme unserer Gegenwart und bieten sich gleichsam als »catch it all« Konzept an. Diese Antworten bannen in der gegebenen Situation Ängste und Unsicherheiten, sie erscheinen als erleichternd und funktional. Damit aber verdecken sie die der heutigen Erziehung gestellten Aufgaben und zielen auf den Abbau der sie tragenden Grundmaximen. Deshalb muss zum Schluss die Argumentation noch einmal gedreht werden: Das Unbehagen, das ein Anlass der Bueb'schen Thesen ist, muss gesellschaftlich anders gelesen und anders pädagogisch aufgenommen werden.

Um dies zu verdeutlichen, ist es nötig, die Thesen Buebs noch einmal genauer durchzugehen. Ich will ihr Profil vor allem dadurch zu schärfen versuchen, dass ich im Muster von Figur und Grund einen Grund hinter Buebs Bild von Erziehung skizziere, indem ich andeute, was Bueb nicht oder nur am Rande in seine Argumentationen einbezieht.

Freiheit und Verantwortung als Ziel der Erziehung

Freiheit versteht Bueb dezidiert nicht als Unabhängigkeit, sondern als Freiheit zur Verantwortung, die »durch unendliche Stadien der Selbstüberwindung«[5] in der Hingabe an die

---

5 a.a.O., S. 34

Verbindlichkeit von Aufgaben erworben wird. »Wir müssen wieder zu der alten Wahrheit zurückkehren, dass nur der den Weg zur Freiheit erfolgreich beschreitet, der bereit ist, sich unterzuordnen, Verzicht zu üben und allmählich zu Selbstdisziplin und zu sich selbst zu finden. Damit schafft er die Voraussetzung für sein Glück«.[6] Im Kampf gegen Beliebigkeit kann Freiheit sich festigen.

Das Bild vom Kind, vom Heranwachsenden und vom Lernen

Solcher Kampf ist notwendig, weil Kinder nicht einfach gut sind, wie eine romantisierende, illusionsverblendete Pädagogik immer noch annimmt. Kinder und Heranwachsende sind durch ihre Triebe bestimmt, sie sind egoistisch – »dies ist die eigentliche Triebfeder«[7] – und entwickeln sich nach den biologischen Gesetzen des allmählichen Reifens. Sie sind zunächst unfähig zur Selbstbestimmung: »Da Kinder nicht gehorsam geboren werden, ignorieren sie Anweisungen, rebellieren gegen Erziehungsmaßnahmen, missachten Gebote und wenden alle Mittel an, um ihren eigenen Willen durchzusetzen.«[8] Sie sind »quengelig, penetrant und geschickt im Kampf für ihre eigenen Interessen.« Es entwickelt sich eine »narzisstisch gefärbte Anspruchshaltung … mit mangelnder Anstrengungsbereitschaft, Spaßhaltung, Selbstmitleid und einer unstillbaren Konsumgier.«[9] Deshalb müssen Kinder und Heranwachsende kultiviert und das heißt für Bueb gebändigt werden. Nach seinen Vorstellungen stärken Kinder sich in

6 a.a.O., S. 40
7 a.a.O., S. 83
8 a.a.O., S. 17
9 a.a.O., S. 66

Gleichaltrigengruppen nur gegenseitig bei der Durchsetzung ihrer Interessen, sie insistieren in der Schülermitverwaltung – wenn sie nicht »in erlaubter Täuschung durch die Ordnung des Materials und vorgeplante Wegstrecken geführt werden«[10] – auf ihren Belangen gegenüber den schulischen und gemeinschaftlichen Notwendigkeiten. Sie finden zur Freiheit erst in Stufen allmählich wachsender Einsicht. Das Bild vom Kind erstaunt; es wirkt, als hätte das Menschenbild von Hobbes (homo homini lupus) Pate gestanden. Es gibt keine Hinweise auf das, was z. B. in der Pädagogik der Lebensalter[11], der Bildungsforschung oder der Neurobiologie thematisiert wird. Von Bildung als Selbstbildung, als Entfaltung von Selbständigkeit und Eigenkraft, die mit der Geburt beginnt[12], ist ebenso wenig die Rede wie von der Dialektik von Bindung und Bildung, von Selbstbildung und Anregung. Lernen in riskanten Suchprozessen, auf Umwegen und in reflektierten Erfahrungen von Enttäuschungen, Zumutungen und Bewältigungsanstrengungen, der allmähliche Erwerb sozialer Kompetenzen und die eigenständige Fähigkeit von Kindern, mit Konflikten umzugehen[13] und sich aus eigener Initiative verantwortlich zu engagieren, spielen in Buebs Bild keine Rolle. Ein Lernen von Verantwortung in den Risiken der Wahl und im Umgang mit Freiheit gibt es für ihn offenbar nicht.

Dieser Vorstellung vom egoistischen, sozial unengagierten

---

10 a.a.O., S. 38
11 L. Böhnisch, Sozialpädagogik der Lebensalter, Weinheim und München: 2005, 4. Aufl.
12 G. Schäfer, Bildung beginnt mit der Geburt, Weinheim und Basel: 2004
13 L. Krappmann/V. Kleinadam, Interaktionspragmatische Herausforderungen des Subjekts – Beobachtungen der Interaktionen zehnjähriger Kinder. In: H.-R. Leu & L. Krappmann (Hrsg.), Zwischen Autonomie und Verbundenheit – Bedingungen und Formen der Behauptung von Subjektivität, Frankfurt a. M.: 1999, S. 241–265

Jugendlichen entspricht die ausdrückliche Abwertung einer Psychologie, die auf Verständnis und Analyse von Situationen und Kindern dringt: Psychologie erscheint als hinderlich, ja »unheilvoll«.[14] Sie sollte aus der »bewährten« pädagogischen Praxis zurückgedrängt und auf therapeutische Funktionen und Sonderaufgaben (vor allem für die Folgen von Nichterziehung) zurückgenommen werden – wenn sie nicht überhaupt besser gleich durch Psychiatrie und Medizin ersetzt werde. Buebs Kommentar zu drei Jugendlichen, die eine Regel übertreten haben und deshalb sehr hart gestraft wurden: »Das waren drei Schlingel. Da braucht man nicht zu psychologisieren.«[15]

Lernen in Herausforderungen ist für Bueb nur sinnvoll, wenn diese verbindlich sind. Auf Freiwilligkeit zu setzen hieße, sich nur ihrer oft faulen und bequemen Willkürlichkeit auszuliefern. Er behauptet kategorisch: »Die Angebotspädagogik ist gescheitert«[16], weil sie eine irreale Überforderung sei. Die Rede ist nicht von pädagogischen Anstrengungen zur Motivation, von Chancen und Gelegenheiten zum Selber-Lernen, von der Entdeckung der Möglichkeiten und Interessen der Kinder und Jugendlichen und von der Konkretisierung von Aufgaben in Projekten, die auch in Schwierigkeiten und Widerständen gemeinsam entwickelt werden müssen. Bei Bueb verkürzt sich die Herausforderung der Heranwachsenden auf die Anstrengung, sich in vorgegebenen, von den Erwachsenen gesetzten Aufgaben zu bewähren. Das Kind muss durch Lernprozesse, die Erwachsene vorgeben und gestalten, geformt werden.

---

14 B. Bueb, a.a.O., S. 71
15 B. Bueb, Disziplin ist das Tor zum Glück. Spiegel-Gespräch. In: Der Spiegel 37/2006, S. 212–216
16 B. Bueb, a.a.O., S. 138

Autorität, Liebe und Macht

In Buebs Konstruktion sind die Erwachsenen eigentlich immer Töpfer, die das Kind formen, auch wenn sie nur wie Gärtner die Kinder beim Aufwachsen zu pflegen meinen – so argumentiert er in fragwürdigem Bezug auf den Philosophen und Pädagogen Theodor Litt[17]. Für ihr Tun brauchen sie Verfügungsgewalt, sie handeln in Autorität. Erwachsene haben Autorität aus ihrem Erziehungsauftrag heraus. »Wir müssen uns dazu durchringen, legitime Macht als Autorität anzuerkennen, die Macht Gottes, die Macht des Staates und die Macht der Erziehungsberechtigten.«[18] Lehrer müssen Autorität nicht erwerben; sie verfügen über sie als Amtsautorität. Sie müssen sich – wie es pointiert heißt – mit »Würde und Selbstvertrauen« in der Schule bewegen können. Solche Autorität ist durch die Liebe zum Kind, durch Fürsorge getragen, derer sich die Erwachsenen sicher sein müssen. Sie gewinnt »durch den Mut zu persönlichen Entscheidungen. Das ist anstrengend, fordert Souveränität«.[19] Autorität – so gedeckt – ist der entschiedene Wille zur Macht. Sie muss »emotional positiv« besetzt sein – unbeschadet allen natürlich immer auch gegebenen Missbrauchs. Man kann sich »zur Freude an der Macht bekennen« und darf »niemanden wegen seiner Macht verdächtig ansehen.«[20]

Bueb zeigt sich völlig unangefochten von Diskussionen, die in der Pädagogik – bei Rousseau[21] oder Korczak[22] – über die

17 Th. Litt, Führen oder Wachsenlassen, Stuttgart: 1964
18 a.a.O., S. 60
19 a.a.O., S. 20
20 a.a.O., S. 61
21 J. J. Rousseau, Emile oder über die Erziehung, hrsg. von M. Rang, Stuttgart: 1963
22 J. Korczak, Wie man ein Kind lieben soll, Göttingen: 1967

Verführung der Erwachsenen zur Durchsetzung eigener Wünsche und verborgener Strebungen und über den Missbrauch von Macht geführt wurden; sie kommen hier allenfalls im Nebenbei vor.

Bueb glaubt Lehrer und andere Erwachsene von solchen Verführungen frei, da er bei ihnen die Liebe zum Kind voraussetzt. Diese Liebe wird nicht spezifiziert, es wird auch nicht darüber reflektiert, dass ein Gefühl von Liebe ja durchaus nicht bedeuten muss, dass der Erwachsene die Lebensbedürfnisse der ihnen anvertrauten Kinder erkennt und sein Handeln an ihnen ausrichtet. Für Bueb ist Liebe gesetzt und gegeben, es ist kein Thema, dass die Erwachsenen sich in ihren Gefühlen den Kindern gegenüber im alltäglichen Umgang und der gemeinsamen Verständigung vergewissern müssten. Dazu bräuchte es Achtsamkeit, Beobachtungen, Selbstreflexionen und gemeinsame Besprechungen, so wie es für Eltern und Pädagogen gegenwärtig breit diskutiert wird.

Vor diesem Hintergrund wird die irritierende Rigidität des von Bueb gegebenen Bildes deutlich: Buebs Lehrer und Eltern wissen einfach, das sie sich ihrer die Autorität legitimierenden Liebe sicher sein können, frei von Selbstzweifeln, aber auch frei von gemeinsamen, kommunikativen Anstrengungen. Sie übernehmen und tragen in der Einsamkeit dessen, der sich entscheiden muss, die Verantwortung für ihr Tun und damit für die ihnen anvertrauten Kinder und Heranwachsenden.

Disziplin

Diese Annahmen über Kinder und Heranwachsende und über Autorität und Gehorsam verdichten sich im Konzept der Disziplin, genauer vielleicht: der Disziplinierung als Kern der pädagogischen Aufgabe.

Autorität muss nach Bueb Gehorsam, bedingungslosen Gehorsam erwarten und erzwingen, damit in der Erziehung auch das, was anstrengend ist und schmerzt, realisiert werden kann, um die Kinder durch Abhängigkeit auf die Freiheit vorzubereiten.

Disziplin steht gegen alles, was in der heute üblichen »Pudding-Pädagogik« hoch im Kurs steht. Disziplin verkörpert, was Menschen verabscheuen: »Zwang, Unterordnung, verordneten Verzicht, Triebunterdrückung, Einschränkung des eigenen Willens. Disziplin setzt an die Stelle des Lustprinzips das Leistungsprinzip. Jede Einschränkung ist erlaubt oder sogar geboten, die dem Erreichen eines gesetzten Zieles dient. Disziplin beginnt immer fremdbestimmt und sollte selbstbestimmt enden.«[23] Disziplin als Weg zu solcher Selbstdisziplin braucht harte, kompromisslose Übung, »eiserne Regelmäßigkeit«, »an Sturheit grenzende Regelmäßigkeit«[24], ja Dressur – wie Bueb in Analogie und Differenz zur Hundedressur entwickelt. Disziplin braucht Regeln. Regeln aber sind nur etwas wert, wenn ihre Nichteinhaltung mit Sicherheit Sanktionen nach sich zieht. Regelverstöße müssen vor allem im Kleinen – von Anfang an – geahndet werden. Regeln sind wertlos ohne Kontrollen. Bueb betont die entlastende Funktion solchen rigiden Reglements. Fragen nach Aushandlung, Begründung und Verstehbarkeit von Regeln werden ebenso wenig erörtert wie die nach den Kosten solcher Disziplinierung – nicht nur für die Kinder und Heranwachsenden.

Disziplin ist auf Strafen verwiesen: »... die Androhung ei-

---

23 B. Bueb, a.a.O., S. 17
24 a.a.O., S. 27

nes Übels für eine Regelübertretung ist die Definition von Strafe.«[25] Strafe als ein Instrument der Sühne und Wiedergutmachung macht Menschen für ihre Taten verantwortlich. »Die Frage der Gerechtigkeit, aber auch Fragen nach Vergehen, Sünde, Schuld und Gewissen ... erhalten ... erst durch die Androhung von Strafen und die Suche nach einem gerechten Strafmaß ihren angemessenen Ernst.«[26]

In dieser Zuspitzung werden Fragen der moralischen Erziehung und damit der Verantwortung irritierend verkürzt, Konzepte der Konfliktkompetenz und -bewältigung, Auseinandersetzungen zwischen Selbstanspruch und geltenden Regeln und Gesetzen, zwischen Zweifeln, Angst und Anerkennung werden ignoriert.

Vor allem aber wirft der von Bueb entwickelte Zusammenhang von Autorität, Gehorsam, Disziplin und Strafe die Frage auf, wie die Erfahrung einer so unfreien, reglementierten Praxis zu Verantwortung, Selbstbestimmung und demokratischem Verhalten führen kann und ob damit nicht sein eigenes avisiertes Erziehungsziel, Verantwortung für sich und andere zu erlernen, unterlaufen wird. Buebs Argumentation beruht offensichtlich auf dem Konstrukt eines Umschlags, gleichsam eines Quantensprungs von Unfreiheit zur Freiheit.

Ausbau und Reform der öffentlichen Erziehung

Bueb beschreibt die neue, disziplinierende Erziehung als herausfordernd und anstrengend. Sie wird zunächst in der Familie praktiziert, die strukturell dazu bestimmt und in diesen Aufgaben als hoch kompetent angesehen wird. In den gege-

25 a.a.O., S. 109
26 a.a.O., S. 117

benen Verhältnissen sind allerdings viele Familien überfordert, »weil heutzutage Erziehung in der Familie nur noch selten stattfindet und Kinder und Jugendliche dadurch eher in ihrem Egoismus bestärkt werden«.[27]

Zur Unterstützung und Entlastung der Familie muss die öffentliche Erziehung aus- und umgebaut werden, von den Tagesangeboten für Kinder bis zur Ganztagsschule; es braucht, in der Abkehr vom traditionell auf Unterricht verengten Bildungskonzept eine öffentliche Erziehung, die die Heranwachsenden in allen Kompetenzen fördert, also auch in der Schule Aufgaben der Erziehung wahrnehmen und übernehmen kann.

Auch dieser, ganz aktuelle Reformdiskussionen aufnehmende Ansatz wird bei Bueb – in Konsequenz seiner sonstigen Argumentationen – nicht mit der breiten, einschlägigen Diskussion verbunden. Es gibt keine Hinweise darauf, dass in den Familien ein eher entspannter Umgang zwischen den Generationen herrscht, und dass die traditionell harten Konflikte zwischen den Generationen sich vielfach zu einem eher pragmatischen Miteinander entwickeln.[28] Alte und neue pädagogische Orientierungen von Ordnung und Verlässlichkeit einerseits und Offenheit und Selbstständigkeit andererseits verbinden sich offenbar zunehmend pragmatisch. Gerade jüngere Kinder, bei denen der Einfluss der Familie groß ist, scheinen in ihren Wertorientierungen stabil. Heranwachsende wollen weithin ihrerseits Familien gründen, leiden aber am Widerspruch zwischen Wunsch und Realisierungsmoglichkeiten.

---

27 a.a.O., S. 135
28 L. Liegle, Familiale Lebensformen. In: Otto/Thiersch (Hrsg.), Handbuch Sozialarbeit/Sozialpädagogik, S. 508–520; Wissenschaftlicher Beirat für Familienfragen: Familiale Erziehungskompetenzen. Weinheim und München: 2005

Bei Bueb ist auch nicht die Rede von kompetenter Elternschaft oder Erziehungspartnerschaft zwischen Pädagogen und Eltern[29]. Auch neue Ansätze zur Elternarbeit oder Familienbildung[30] werden ignoriert. Erzieherinnen und Lehrer sollen mehr Zuständigkeit und Macht bekommen, um die Defizite der familiären Erziehung aufzufangen und Erziehungsaufgaben kompetent wahrnehmen zu können.

Bemerkenswerterweise – und im Gegensatz zur Familiendiskussion – fehlen in Bezug auf die Schule alle kritischen Erörterungen über Schul-, Lehrplan- und Unterrichtsstruktur. Hier gilt – wie bei der Autorität – unbedingtes Vertrauen in die Kompetenz der gegebenen pädagogischen Verhältnisse. »Kein Kind geht verloren, an das ein Lehrer glaubt. Er muss es aber (im erweiterten schulischen Arrangement, H. T.) entdecken können.«[31]

Man kann – dies sei am Rande jedenfalls vermerkt – wohl die Frage stellen, ob es sich hier um die Verallgemeinerung des Salemer Internatserziehungskonzepts in unkritischer Selbstüberzeugtheit handelt.

Unzulänglich blass ist schließlich auch Buebs Bezug auf gesellschaftliche Verhältnisse und Lebenslagen. Neben allgemein kulturkritischen Bemerkungen über Fernsehen, Konsum und fehlende Vorbilder werden Armut, Arbeitslosigkeit und gesellschaftsbedingte Ziellosigkeit erwähnt. Differenzierungen in Lebens- und Erziehungsmilieus spielen kaum eine Rolle, diese Lebenslagen erscheinen als irrelevant gegenüber der Notwendigkeit, dass Individuen sich in allen Lebenslagen disziplinieren.

---

29 P. Bauer/E. Brunner (Hrsg.), Elternpädagogik, Freiburg: 2006
30 S. Tschöpe-Scheffler, Konzepte der Elternbildung, Opladen: 2005
31 B. Bueb, a.a.O., S. 141

Das verweist noch einmal deutlich darauf, dass Bueb in allen Argumentationen ganz im Raum des unmittelbaren, persönlichen Umgangs zwischen Erwachsenen und Kindern in Familie und Schule bleibt; institutionelle und gesellschaftliche Konstellationen sind randständig. Er argumentiert personalisierend und moralisierend. Im Kampf um die rechte Erziehung und das rechte Erzogenwerden stehen die Einzelnen im Anspruch an sich selbst. Sie sind gefordert. Von ihnen hängt es ab, ob die Erziehungskrise gewendet werden kann.

Die pädagogische und gesellschaftliche Attraktivität der Bueb'schen Prinzipien

Vor diesem Hintergrund kann nun die Ausgangsfrage nach der Attraktivität Buebs wieder aufgenommen werden. Buebs Analysen und Vorschläge geben in widersprüchlichen und offenen Situationen rabiate Verkürzungen und Pointierungen. Die moralisierende Argumentation zielt auf rigide Funktionsfähigkeit und Sicherheit. Was ist an einem solchen Konzept so attraktiv?

Dazu muss ich noch einmal den Bueb'schen Argumentationskreis überschreiten und mich der gesellschaftlichen Situation vergewissern, in die hinein Buebs Konzept geschrieben ist und wirkt, obwohl seine Attraktivität sicher auch darin besteht, dass er im engen Umkreis des pädagogischen Umgangs bleibend gerade diese Fragen nicht stellt.

Die derzeitige Gesellschaft wird unter den Titeln der Unübersichtlichkeit, der Pluralisierung und Individualisierung von Lebensmustern oder der Entgrenzung der Lebensverhältnisse beschrieben.[32] Die Zukunft von Arbeit, Umwelt und

---

32 L. Böhnisch/W. Schröer/H. Thiersch, Sozialpädagogisches Denken, Weinheim und München: 2005

politischer Sicherheit erscheint als höchst unsicher, die Entwicklung ist bedrohlich, die sozialen Verhältnisse sind brüchig. Menschen erfahren sich Offenheiten, Zumutungen und Ängsten ausgeliefert, sie sind angespannt, desorientiert und oft überfordert. Die Aufgaben der Lebensbewältigung sind anstrengend, weil es gilt, im Widersprüchlichen und Offenen den eigenen Lebensentwurf zu wählen, ihn mit sich und mit anderen auszuhandeln und zu realisieren. Die Zumutung solcher Bewältigungsarbeit erzeugt Angst. Diese Angst prägt auch die heutigen Erziehungsverhältnisse und Aufgaben. Diese Ängste greift Buebs Krisenszenario der Erziehung auf. Es bindet sie mit seinen rigiden Reduktionen und mit der moralisierenden Leidenschaft für ein Handeln, das Eindeutigkeit, Klarheit und darin Sicherheit verspricht.

Die Ängste verstärken sich angesichts der spezifischen Erziehungs- und Lebensprobleme, die in der Unterschicht bzw. den neuerdings als prekär bezeichneten Verhältnissen gegeben sind und die zunehmend breit und skandalisierend auch öffentlich diskutiert werden. Die aus diesen Lebenslagen stammende spezifische Hoffnungs- und Ziellosigkeit, die Gleichgültigkeit und Vernachlässigung desavouieren Anstrengungen, zu elementaren Lebensstrukturen zu kommen. Die Gesellschaft der »Normalen« sieht sich gleichsam von den Rändern her bedroht. Buebs harte Forderungen nach Disziplin versprechen scheinbar diese Bedrohung zu bannen.

Sein Konzept schafft Entschiedenheiten für die Heranwachsenden. Sie müssen – das ist Ziel jeder Erziehung – lernen, den Anforderungen der Erwachsenenwelt gerecht zu werden. Dass sie dafür nicht genug lernen, war immer schon die Sorge der Erwachsenen; sie dramatisiert sich in der Härte der heutigen Leistungsgesellschaft mit ihren latenten Verlust- und Abstiegsängsten und Konkurrenzzwängen. Man muss sich im Konkurrenzkampf behaupten und, um nicht unterzugehen, diszipliniert sein. Dem gerecht zu werden heißt erwachsen zu werden. In einem solchen Klima gibt es keinen Raum für einen Sonderstatus für Kinder und Heranwachsende. Das »Gedöns« moderner Erziehung ist dysfunktional. Buebs Konzept passt – so scheint es – in unsere gegenüber Familien und Kindern strukturell rücksichtslose Gesellschaft, wie der Fünfte Familienbericht (BMFS 1994) es formulierte. Das Konzept Buebs ist auch in der Erziehungspraxis der Erwachsenen und Pädagogen entlastend. Die generelle Norm der heutigen Gesellschaft ist der funktionierende, sich anpassende Mensch; man hat sich gelassen zu zeigen. Schwierigkeiten und Selbstzweifel – und erst recht die Scham, in den gegebenen Aufgaben nicht mithalten zu können und zu versagen – dürfen nicht gezeigt werden. Man hat effektiv zu sein und zu funktionieren. Erwartungen an solches Funktionieren gelten natürlich auch in Familien und dort wohl besonders für die Frauen. Buebs Botschaft ist erleichternd; sie erlaubt ein rigides Management der unterschiedlichen Aufgaben zwischen Beruf, Öffentlichkeit und Familienleben. Sie befreit auch das Gewissen der Eltern, die daran leiden, ihren Kindern nicht gerecht werden zu können.

Schließlich: Die Verheißung einer klaren und effektiven Lösung von Erziehungsproblemen ist auch im allgemeinen gesellschaftlichen Kontext attraktiv. Schon immer hat die Gesellschaft ihre Probleme gleichsam stellvertretend an Jugend- und Erziehungsproblemen bearbeitet. Sie bieten sich zur Projektion an und geben Gelegenheit, Durchsetzungs- und Handlungsfähigkeit zu beweisen; dies fördert in der heutigen, so unübersichtlichen und immer wieder gleichsam gelähmt erscheinenden Situation Selbstbewusstsein und Image. Zugleich tabuisiert die Thematisierung der Erziehungsprobleme strukturelle Probleme der Gesellschaft. Buebs ausdrückliche Beschränkung auf den pädagogischen Umgang stützt die in der heutigen Gesellschaft gegebenen Tendenzen, strukturelle und soziale Probleme zu dethematisieren und die offenkundigen Bewältigungsprobleme zu privatisieren.

Aufgaben

Buebs Konzept, Ängste und Unsicherheit durch vereinfachte Lösungen zu bannen, verstellt die anstehenden Aufgaben. Seine Botschaft erschwert die Lösungen, die notwendig sind. Angesichts der in diesem Aufsatz zu verhandelnden Kritik Buebs kann ich mich auf Fragen einer »angemessenen« pädagogischen Strategie natürlich nicht ausführlicher einlassen. Ich beschränke mich auf knappe Hinweise.

Zunächst will ich noch einmal auf den Ort des Konzepts in der geschichtlichen Entwicklung eingehen. Bueb analysiert zwar die gegenwärtige Unwilligkeit zu Disziplin und Autorität als Folge pädagogischer Entstellungen in der Nazipädagogik. Daneben aber bleibt die Geschichte der autoritären Erziehungsmuster ganz unausgeführt; er verdrängt und überdeckt sie mit dem Bild gelungener bürgerlicher Erziehungsverhältnisse. Mit dieser Blindheit für die Fatalitäten autoritärer Strukturen verstellt sich Bueb den Blick auf die realen Entwicklungen und Fortschritte in der Erziehungs- und Bildungskultur, vor allem aber erspart er sich wahrzunehmen, dass alt-autoritäre Strukturen auch heute noch weit verbreitet sind und stärkt damit ihre unkritische Fortführung. Schul- und Familienschwierigkeiten aber machen deutlich, wie dringend noch immer die intensive Arbeit an ihrem Abbau wäre. Diese Arbeit aber wird durch Buebs Argumente gebremst; es ergeben sich neue Koalitionen zwischen den alten autoritären Erziehungsmustern und seiner auf die Gegenwart bezogenen Analyse.

Erziehung in unserer Gegenwart muss auf die Fähigkeit zielen, sich in den offenen Verhältnissen von Arbeitswelt, Politik und sozialen Beziehungen zu orientieren und zu behaupten, darin leistungsfähig zu werden und Verantwortung für sich und andere in demokratischen Strukturen und im Medium der Aushandlung zu übernehmen. Vereinfachungen gilt es zu widerstehen, es braucht neue Strukturen in den gegebenen offenen Verhältnissen. Grundfiguren der Erziehung müssen neu gefasst werden, also das Verhältnis von Vertrauen und Herausforderung, von Bindung und Bildung, von der Stärkung des Eigensinns und dem Bezug auf gesellschaftliche Erwartungen. Eine neue pädagogische Kultur zielt auf ein neu ausbalanciertes Verhältnis von Ligaturen und Optionen, wie es Ralf Dahrendorf[33] formulierte.

Hier gibt es eine breite Diskussion zur Vermittlung der Schleiermacher'schen Trias von Behüten, Gegenwirken und Fördern, wie es z. B. in den Arbeiten von Hartmut von Hentig[34] oder Andreas Flitner[35] repräsentiert ist. Hier werden die alten Konzepte Lewins[36] zur demokratischen Erziehung ebenso diskutiert wie vielfältige neuere unter dem Titel einer autoritativen Erziehung. Hier stehen Fragen der Gesprächs- und Umgangskultur, Fragen von Unordnung und Ordnung, von Grenzen und Gestaltungsaufgaben, von Vertrauen und Konfrontation, von entlastender Verbindlichkeit und Sensibi-

---

33 R. Dahrendorf, Der moderne soziale Konflikt. München: 1992
34 H. v. Hentig, Ach, die Werte! Über eine Erziehung für das 21. Jahrhundert. München: (1999); Weinheim und Basel: 2001, s. auch G. Becker, Ordnung und Unordnung. Festschrift für Hartmut von Hentig. Weinheim und Basel: 1985
35 A. Flitner, Konrad, sprach die Frau Mama. Über Erziehung und Nichterziehung. Weinheim und Basel: 2004
36 K. Lewin, Psychologie der Entwicklung und Erziehung. Werkausgabe, Band 6, Stuttgart: 1982

lität für die situativen Bedingungen im Mittelpunkt.[37] Hier gibt es vor allem inzwischen vielfältige praktische Konzepte, sei es in der Kindergarten- und Schulentwicklung, sei es in der Eltern- und Familienbildung und Beratung oder in den neuen Ansätzen zu Familienhilfe und Erziehungshilfen; ich habe auf einiges bereits oben hingewiesen. Diese Konzepte und Praxen, in denen immer der Zusammenhang von institutionellen Rahmenbedingungen und pädagogischen Umgangsformen gestaltet wird, sind oft nicht spektakulär; sie müssen weiter ausgearbeitet und vor allem in der allgemeinen Praxis durchgesetzt werden. Mir scheint, dass die hier liegenden Defizite das primäre Problem unserer gegenwärtigen Bildungs- und Erziehungsszene sind und vielfach Auslöser und Grund für Ängste und Unsicherheit, die ja auch Anlass von Buebs Argumentationen sind.

Jenseits der damit gestellten, drängenden strukturellen Aufgaben aber stellt sich die Frage, ob die gegebenen Verunsicherungen in den pädagogischen Diskursen noch nicht hinreichend aufgenommen sind, und ob die neuen Konzepte hinreichend deutlich gegen Missverständlichkeiten und Missbräuchlichkeiten ausgewiesen sind. Mit einer solchen Fragestellung ist Buebs radikale Forderung nach einer prinzipiellen Umkehr in der Erziehung zurückgewiesen und zurückgenommen zur Frage nach Forderungen, Herausforderungen und Lernaufgaben in der Praxis innerhalb einer demokratischen Erziehung zur Verantwortung in Respekt, Anerkennung und Partizipation. In diesem Zusammenhang – und nur in ihm – müssen auch Themen und Erfahrungen, die in den letzten Jahren zunehmend in den Vordergrund getreten sind, ausdrücklich und offensiv aufgegriffen werden.

---

37 H. Thiersch/R. Thiersch, Grenzen setzen. In Gabriel/Winkler (Hrsg.): Heimerziehung, München 2003, S. 240–250

Entgrenzung bedeutet Offenheit; dies kann mit Lässigkeit, fehlender Sensibilität, mit Selbstüberforderung, aber auch mit Gleichgültigkeit und Vernachlässigung einhergehen. Hat die Pädagogik diese Nebenwirkungen, die die Intentionen desavouieren können, hinreichend eindeutig benannt und zu unterlaufen versucht, oder hat sie dies auch in der Angst, Beifall von falscher Seite zu erhalten, versäumt? Und: Erziehung im Horizont von Entgrenzung bedeutet, dass das traditionelle Verständnis von Freiheit als Befreiung aus Zwängen und der unter diesem Titel geführte erfolgreiche Kampf gegen autoritäre Erziehungsmuster sich in der neuen gesellschaftlichen Situation gleichsam ins Offene gerückt sieht. Wenn »Freiheit aushalten« zu einem Leitmotiv wird, gewinnt die Frage nach Verbindlichkeiten neue Bedeutung und verlangt Aufmerksamkeit und Aufwand. Verbindlichkeiten müssen vor allem auch in ihren Realisierungsmodalitäten ausgehandelt werden.

Das Faktum, dass Alltag und Lebenswelt nicht ohne Strukturen, also ohne interne Ordnung und Grenzziehungen realisiert werden können, ist allzu oft nur vorausgesetzt, aber nicht expliziert worden. Die Konsequenzen aus der Selbstverständlichkeit, dass Alltag nur im wechselseitigen Vertrauen und in der Verlässlichkeit des alltäglichen »und so weiter« gelebt werden kann, muss im Horizont von Entgrenzung neu akzentuiert werden.

Fragen nach dem Verhältnis von Unterfordern, Fordern und Überfordern stellen sich neu, wie sie sich ergeben auch aus den Erfahrungen der ästhetisch-kulturellen, sozialen und praktischen Projektarbeit und der Abenteuerpädagogik, die auch auf den Reiz der Herausforderung bis an die Grenzen des Möglichen zielt. Ebenso muss das Verhältnis von Motivation, Leistung und Anerkennung neu diskutiert werden. Schon Pestalozzi formulierte: »Alles, was es, das Kind, lieb macht, das will es. Alles, was ihm Ehre bringt, das will es, alles, was große Erwartungen in ihm rege macht, das will es. Alles, was in ihm Kräfte erzeugt, was es aussprechen macht, ich kann es, das will es«.[38]

Und schließlich: Die Pädagogik ist dadurch bestimmt, dass Erziehung zur Verantwortung nur in den Verständigungsmustern, Möglichkeiten und Ressourcen der jeweiligen Lebenswelten praktiziert werden kann. Daraus resultiert, dass Formen des pädagogischen Arbeitens unterschiedlich profiliert und differenziert und in Konzepten und Ressourcen für belastete Lebenslagen ausgewiesen werden müssen.

---

38 J. H. Pestalozzi, Gesammelte Werke, Band 9, Zürich: 1944, S. 9

Wolfgang Bergmann

Autoritär und ahnungslos, weltfremd und anti-modern – oder: Wie man pädagogische Bestseller schreibt

Ich möchte diesen Beitrag all den Lehrern widmen, die sich aufmerksam und mitfühlend ihren Schülern zuwenden.

Zuerst habe ich gelacht. Dann ist mir das Lachen vergangen. Sollten die Informationen zutreffen, dass Buebs »Lob der Disziplin«[1] unerwartet hohe Auflagen erzielt, dann stehen wir (wieder einmal) ratlos vor dem Symptom einer völlig verwahrlosten Erziehungslandschaft. Offenbar ist Buebs Erziehungsfantasie nicht nur für bestimmte Eltern attraktiv, die für jeden autoritären Gestus anfällig sind, sondern auch für Lehrer und Lehrerstudenten, für eine nicht geringe Anzahl von Familienhelfern und Sozialpädagogen und für viele Jugendämter auch. Überraschend kommt das nicht! Das deutsche Erziehungsmilieu ist seit einiger Zeit von Kälte gegenüber Kindern gekennzeichnet, jetzt, so scheint es, gibt es kaum ein Halten mehr.

Die Ursachen sind vielfältig, eine davon ist das bis auf wichtige Ausnahmen kaum verständliche Versagen der Erziehungswissenschaften. Sie haben auf die Veränderungen moderner Kindheit keine oder seltsam versponnene Antworten gegeben, lassen sich politisch und in öffentlichen Debatten hilflos ins Abseits drängen und hecheln in letzter Zeit einem trostlosen Geist der Technokratisierung von Schule und Er-

---

1 B. Bueb, Lob der Disziplin. Eine Streitschrift, Berlin: List 2006

ziehung hinterher, nachdem andere diesen Pfad bereits breit ausgetrampelt haben. Wer von diesen Wissenschaften ausgebildet wird, hat für die radikalen Veränderungen moderner Kindheit keine Erklärung, erst recht kein Verständnis, das macht unsicher und ängstlich. Auf dieser Grundlage entsteht, soweit es die »Erziehungs-Profis« angeht, der überraschende Erfolg eines Buches, das eigentlich nicht der Rede wert ist.[2] Allerdings hat Bueb eine vertrackte Modernität, darauf komme ich noch. Modern war schon das Marketing des List-Verlages. Alle Hochachtung vor einer brillanten PR-Leistung, die die Bild-Zeitung zugleich mit der FAZ vor den Karren spannte, dazu eine gelungenes Design des Umschlags, ein lesbares Schriftbild, alles knapp gehalten für eine lesemüde Pädagogen-Generation. Professionell glänzend gemacht!

1.

Im Inhalt des schmalen Bandes werden in fast satirischer Schärfe Defizite unserer Lehrerkultur und allgemein des pädagogischen Milieus erkennbar.

Zum ersten: Dieses Büchlein ist völlig *konfus*. Auf jeder Seite werden zwei, drei Themen wild durcheinander gewir-

---

2 Wir dürfen nicht ungerecht sein, die geistige Trägheit betrifft keineswegs nur die Lehrer. In den Redaktionen führender Zeitungen und Zeitschriften sieht es nicht besser aus. Die »FAZ« druckte Bueb ins Feuilleton, in der »Welt« entdeckte Reinhard Kahl in Buebs Thesen einen mutigen »Tabubruch«, der »Spiegel« fand sie beeindruckend genug, um sie sich in einem Interview leicht fasslich wiederholen zu lassen. Dass sie passagenweise nicht nur autoritär, sondern auf naive Weise ungehemmt totalitär sind – »Disziplin ist das Fundament jeder Erziehung«, »eiserne Regelmäßigkeit ist ihr Geheimnis«, »vergleichbar der Dressur eines Hundes« – fällt im Erziehungsklima 2006 nicht auf.

belt, wie man es keinem Abituraufsatz durchgehen lassen
würde. Dazu schreibt Bueb – als wolle er die Karikatur eines
weit verbreiteten Lehrerbildes abliefern – eine staksig-büro-
kratische Sprache, die man eigentlich nur noch von Verwal-
tungen, Gesetzgebern und der Telekom gewohnt ist.
Lehrern und Lehrerstudenten, manchen Erziehungswis-
senschaftlern und anderen Pädagogen fällt das nicht auf. Wie
denn auch? Die allermeisten Fachbücher sind in demselben
technokratischen Jargon verfasst, der jeden lesefreudigen und
aufmerksamen Menschen ermüdet – das war schon während
meines Studiums so, es hat sich nicht geändert.

Die große Kultur einer von der Tiefenpsychologie belehr-
ten Heilpädagogik, die bis in die 60er Jahre, oft von philoso-
phischem Denken geschärft, die Erziehungsdiskussionen
prägte und der Reformpädagogik ebenso wie einem Hartmut
von Hentig enorme Zustimmung verschaffte, ist untergegan-
gen. Wer wie ich das Pech hat, heute schulische Unter-
suchungsberichte über lernschwache Kinder lesen zu müssen,
trifft auf einen pädagogischen Jargon, der aus psychiatrisch-
statistischer Diagnostik, haufenweise Empirie ohne Analyse,
neuerdings Neurobiologie und vor allem viel »gesundem
Menschenverstand« gemixt ist. In dieser Umgebung fällt
Buebs Konfusion nicht weiter auf.

Zum zweiten: Buebs Erziehungsvorstellungen sind zutiefst
totalitär. Über Strafe schreibt er pausenlos, immer eupho-
risch: »Die durchschlagende Wirkung … ist in der Härte der
Strafe zu sehen«, »… durch Strafe gewinnt Gerechtigkeit Bedeutung für ein Kind« – nur zwei Sätze von vielen. Und
ebenso oft: »Strafen wirken nur, wenn *Gewissheit herrscht,
dass Regelübertretungen entdeckt werden«* (Hervorhebung von
mir. WB).[3]

---

3 B. Bueb, a.a.O., S. 111 ff.

Stellen wir uns eine Schule vor, in der jedes Kind zu jeder Minute damit rechnet, in seinen verstohlensten Handlungen und Absichten beobachtet und überführt zu werden – kein seelisch gesunder Mensch würde es in diesem Albtraumklima auch nur einen Tag lang aushalten. Auf viele Lehrer wirkt just dies wie ein erzieherischer Befreiungsschlag. Offenkundig ist das die Folge von Unsicherheit, Überforderung und manchmal Angst. Mir kommt die breite Zustimmung zu Buebs Erziehungsfantasien wie ein Hilferuf vor, nicht nur von Lehrern. Sie sind einfach nicht gerüstet für die Aufgaben, denen sie sich jeden Tag stellen müssen. Buebs Erfolgkonzept ist die Ohnmacht der Pädagogen, die sich so formulieren ließe:»Wir wissen nicht weiter. Wir fühlen uns hilflos und schwach angesichts des Verhaltens von Kindern, die ihre Aufmerksamkeit auf nichts richten mögen, was Schule anbietet, deren Konzentrationsspannen so gar nicht mit dem Gleichmaß der Schulstunden in Übereinstimmung zu bringen sind, die – unberührt von der Gegenwart eines Pädagogen – gegen alles verstoßen, was Rücksicht und Höflichkeit gebietet und sich mit ihren Computerspielen und Internet-Kompetenzen dem langsamen Geist der Schule insgeheim überlegen fühlen.«

Konfrontieren kann man sie auch nicht: Meistens wehren sie sich nicht einmal, zeigen keine Rebellion wie frühere Schülergenerationen, sie weichen einfach aus. Ein Lehrer steht nach manch einem pädagogischen Gespräch wie ein Depp da, an dem die Entwicklung eines modernen Jugendmilieus schlicht vorbeigegangen ist und in das er auch nicht wirksam einzugreifen vermag. Ohnmächtig und schwach fühlen sich die Lehrer angesichts dieser undeutlichen Schülerwirklichkeiten! Da wirkt Buebs Gedankenarmut wie ein Befreiungsschlag. Die Ohnmacht wird geleugnet und an ihrer Stelle breitet sich ein pubertäres »Da muss man mal ordentlich dazwischen hauen« aus. *Für geschwächte Seelen waren totalitäre Lösungen schon immer eine Verführung.*

Symptomatisch ist schließlich auch dies: *Bueb hat keine Ahnung von Entwicklungspsychologie,* schon gar nicht von ihrer analytischen Tradition. Auf meine nahe liegende Frage: »Sagen Sie, woher soll denn die kindliche Bereitschaft zu der von Ihnen verordneten Disziplin kommen? Fällt sie wie Manna vom Himmel? Ist sie gott- oder kaisergegeben?«, reagiert er verwirrt. Er hatte sich solch eine Frage nie gestellt, sie ist ihm auch in seinen Talkrunden und Lehrervorträgen nie begegnet.

Was macht ein Kind in einem guten Sinn »gehorsam«, welche Bedeutung muss ein erwachsener Mensch für einen Heranwachsenden haben, um seine Aufmerksamkeit und seinen Respekt zu gewinnen? Nein, solche Fragen werden in Buebs Buch und auch in den pädagogischen Aus- und Weiterbildungen fast nie gestellt.

Dabei könnte die Lektüre einer der klugen Schriften aus der analytischen Entwicklungspsychologie ihm und seinen Lesern auf die Sprünge helfen. Im Gegensatz zu lern- und verhaltenspsychologischen Lehrbüchern und dickleibigen Didaktik-Bänden finden wir dort, zumindest bei den wichtigsten Autoren, ein ganz anderes mitfühlend-begreifendes Denken, eine lebendige, oft humorvolle Sprache, es macht Spaß, sie zu lesen – das gilt für den einfühlsamen D. Winnicott ebenso wie für Eriksons Pubertäts-Studien; besonders sein »Der junge Mann Luther« könnte Bueb-Fanatics über die grauenhaften Folgen autoritärer Zucht informieren.[4]

---

4 E. H. Erikson, Der junge Mann Luther. Eine psychoanalytische und historische Studie, Frankfurt a. M. 1975; auch die Lektüre eines der psychologisch-pädagogischen Klassiker des 20. Jahrhunderts hätte sie darüber belehrt, dass guter »Gehorsam« im Sinn von »Ich höre dir zu, ich horche, ich lausche gespannt auf die Angebote deiner erwachsenen Worte« – Gehorsam also in

Bueb und Lehrer wie er wollen etwas *erzwingen*, das sie kraft ihrer Persönlichkeit und angesichts der institutionellen Bedingungen, denen sie ausgesetzt sind, nicht zu leisten vermögen. Darüber müsste in der Tat sorgfältig nachgedacht werden! Nur reicht ihre Schwäche leider so tief, dass ihnen nur solche Lösungen plausibel erscheinen, die sie immer weiter in ihr Dilemma hineinführen.

2.

Ich sollte an dieser Stelle einfügen, dass ich wenige Wochen, nachdem der fulminante Erfolg des Buches erkennbar wurde, von einer großen deutschen Zeitschrift zu einem kritischen Dialog mit Bueb eingeladen wurde. Das Buch kannte ich nicht, mir reichten aber die Auszüge, die das FAZ-Feuilleton vorveröffentlicht hatte. Ich sagte zu. Während des Flugs nach München las ich dann Buebs Buch.

Ich sagte schon, zuerst habe ich gelacht. Das ist eine Untertreibung. Ich wäre vor Lachen beinahe aus dem Flugzeug gefallen. Lebensgefährlich, so etwas! Um es unmissverständlich zu formulieren: So viel Quatsch in einem kuriosen Verwaltungsjargon ist mir nicht mehr unter die Augen gekommen, seit ich als Neunjähriger Hedwig-Courths-Mahlers Romane heimlich aus Mutters Nachttischschublade stibitzte.[5] Mir wäre im Traum nicht eingefallen, dass, abgesehen von einer gewissen Zahl von autoritätshörigen Eltern, die es immer

---

dem Sinn, den Annette von Droste-Hülshoff meinte, als sie schrieb: »Gehorsam ist ein Kinder*recht*« – eine kulturelle und also widerspruchsreiche Leistung eines Kindes ist.

5 Übertrieben? Also gut, Seite 123: Kinder und Jugendliche »... fordern Strafe, weil durch sie das durch Unrecht gestörte Weltgefüge ... wieder ins Lot gerät«. Nur ordinäre Skeptiker fragen sich, was mit »Welt« genau gemeint sei, was an ihr »gefügt« ist – und wieso *senkrecht*?

gibt, professionelle Erzieher, Lehrer, Kindergärtner, Psychologen sich ernsthaft mit ihm befassen würden. Nun, ich habe mich geirrt. Keinen Schimmer von entwicklungspsychologischen Einsichten, sagte ich. Was aber noch überraschender ist: Während sonst auf jedem Pädagogenkongress rigoros nach »Praxisbezug« in Form von Rezepten samt Kopiervorlage verlangt wird, scheint es niemanden zu stören, dass Bueb seltsam vage und abstrakt (besser gesagt: allgemein) bleibt. Kein einziger Satz stellt sich in praktikabler Weise einem der vielen pädagogischen Alltagsprobleme, von denen es ja genügend gibt.

Nachdem ich im Gespräch mit ihm seine Ahnungslosigkeit in Sachen Entwicklungs- und Lernpsychologie zur Kenntnis genommen hatte, stellte ich, höflicherweise, mein Bemühen um einen analytischen Diskurs ein und kam aufs Konkrete zu sprechen. Es folgte ein Monolog.

Meinem inständigen Bemühen, seine Aufmerksamkeit auf tägliche Erziehungsprobleme zu lenken, begegnete Bueb mit einer umfänglichen Erörterung. Der Faschismus-Verdacht, erläuterte er, laste auf unserer Sprache, »unserer schönen deutschen Sprache«, die er von allen Uneindeutigkeiten befreit und für Worte wie »Disziplin«, »wirksame Strafe« oder »kurzer Prozess« (dazu gleich mehr) wieder gewonnen sehen möchte. Nein, ich will wirklich nicht unhöflich sein, gehe aber jede Wette ein, dass er, wenn ich ihn nicht unterbrochen hätte, früher oder später auf Naturerfahrungen im deutschen Wald zu sprechen gekommen wäre – mit derselben Zuverlässigkeit, mit der in meiner Kindheit Volksschullehrer, von schlauen Schülerfragen stimuliert, langatmig ihre Kriegserlebnisse ausbreteten, während wir uns putzmunter unter der Bank unserer Tarzan-Lektüre widmeten. Das nebenbei.

Ich blieb hartnäckig und führte schließlich die beiden einzigen konkreten Beispiele an, die mir von meiner Flugzeug-

Lektüre erinnerlich waren. Erstes Beispiel: Buebs damals 14jährige Tochter. Die Kleine schaut vergnügt Fernsehen, aber das war ihr verboten. Was macht man nun? Eine Frage, auf die viele Eltern gern eine lebensnahe Antwort hätten. Bueb schreibt:»Da ist kurzer Prozess angesagt!«[6] Nächster Abschnitt, anderes Thema, wie es seine Art ist.

Nun ist »kurzer Prozess« eine Formulierung, die ich auf meine Kinder auch dann nicht anwenden würde, wenn es um sehr viel ernsthaftere Dinge als ein wenig Fernsehen ginge, fragte aber interessiert nach:»Ja, was haben Sie denn nun mit dem armen Kind angestellt? Aus dem Fenster geworfen, in den Keller gesperrt, vier Wochen Hausarrest oder was?«. Schließlich klingt »kurzer Prozess« einschüchternd genug!

»Nein«, erwiderte er und schaute mich mannhaft an, »ich habe den Fernseher ausgemacht«. Ich, leicht verdutzt:»Tja nun, sicher, wenn meine Tochter unerlaubt Fernsehen guckt, mache ich den Kasten aus. Ist doch klar! Aber Menschenskind, deshalb müssen Sie doch nicht gleich ein ganzes Buch schreiben!«

Die Debatte war zur Veröffentlichung gedacht, ein Tonband lief mit, ich darf also weiter erzählen.»Warten Sie mal ab«, sagt er leidgestählt,»wenn Ihre Tochter erst 14 Jahre alt wird. Sie werden schon sehen …« und berichtet von empörtem Teenager-Gekreisch und knallend zugeschlagenen Türen. Nun, ich konnte ihn beruhigen, ich habe einen inzwischen 23jährigen und einen 18jährigen Sohn – beide nicht unkompliziert –, aber nie hat einer von ihnen mir auch nur ein einziges Mal die Tür vor der Nase zugeknallt. Sie wären gar nicht auf den Gedanken gekommen. Dafür war der Respekt vor ihrem Vater ein viel zu bedeutungsvoller Teil ihres Selbstbildes und ihres Selbstvertrauens.

---

6 B. Bueb, a.a.O., S. 21

Und seltsam, seltsam, unser Gespräch kippte plötzlich auf ganz eigene Weise.

Dieser Bernhard Bueb ist eigentlich kein unsympathischer Mensch, ein wenig weich vielleicht mit seiner sehr verhaltenen Stimme, fast schüchtern, ein bisschen altmodisch-unbeholfen, aber durchaus nicht unsympathisch. Ich fühlte mich neben ihm angesichts meiner Umgangsweise mit den eigenen Kindern und den viel schwierigeren in Beratung und Therapie fast ein wenig grob, prompt, jedenfalls viel konfrontativer. Allerdings verlange ich von keinem Kind oder Jugendlichen »Disziplin« in diesem unterwürfigen Sinn, davor bewahrt mich schon mein Sinn für die Ästhetik, ich verhänge auch keine Strafen und zwar *nie* – weder in der Familie noch in der Praxis –, und keines der mir anvertrauten Kinder würde jemals auf die Idee verfallen, dass ich sie im Sinn erzieherischer Korrektheit am liebsten permanent überwachen würde.

Buebs Problem, vermute ich, besteht nicht nur darin, dass er diese modernen Kinder einfach nicht begreift, nein, er spricht ihre Sprache nicht, er verfügt über gar keine eigene kräftige, überzeugende und Halt stiftende Sprache. Er konfrontiert Kinder nicht mit seiner Person, seinen Werten, seinen Gefühlen oder sonstwas, nein, *er will sie in eine entpersonalisierte, bürokratisch festgeschriebene Ordnung zwingen, gegebenenfalls mit Strafen, aus denen jede Spur von Emotion gewichen ist.* Anonym und technokratisch, auf »Vollzug« einer nicht hinterfragbaren Ordnung ist dieser Mann eingestellt. Sollte sich bestätigen, dass große Teile einer modernen Pädagogengeneration ähnlich empfinden, dann gnade uns Gott.

Nächstes Beispiel. Bueb erzählte von einer Lehrerin, vor der er, wie er sagt, enormen Respekt habe. Der persönliche Respekt mag angebracht sein, die Begründung, die er dafür anführte, war es nicht. Wieder ging es eigenartigerweise um eine pure Selbstverständlichkeit. Sie sei mit ihrer Klasse auf einem Ausflug nach München gewesen, sie habe zuvor – was ja nur vernünftig ist – einige Regeln für diesen Tag festgelegt und jeder der ca. 14jährigen Schüler versprach, sich daran zu halten. Gut so. In der ersten U-Bahnstation verschwanden drei Jugendliche, die Lehrerin war verständlicherweise besorgt, der Rest der Klasse machte sich auf die Suche und der schöne Tagesplan geriet in Unordnung. Zuletzt wurden sie gefunden, auf dem Klo, Zigaretten rauchend.

Ja und? Bueb setzte sich kerzengerade auf, noch in der Erinnerung offenbar vom Respekt vor dieser entschlossenen Mitarbeiterin durchdrungen und erwiderte, mit fester Stimme: »Sie hat die drei umgehend ins Internat zurückgeschickt.« Ohne Diskussion, bekräftigte er. Er war immer noch tief beeindruckt.

Ich war es nicht. Wenn 14jährige einem wohlmeinenden Lehrer oder Psychologen oder sonst wem ihr Wort geben und der vertraut darauf, wenn sie dann ihr Versprechen nicht halten, dann schmeißt man sie raus oder schickt sie nach Hause. Was denn sonst? Muss ich deshalb ein Loblied auf »Disziplin« anstimmen?

Was sich schon zu Beginn unseres Gespräches andeutete, wurde immer ersichtlicher: Dieser Bernhard Bueb, von »Bild« als Deutschlands »strengster Lehrer« tituliert, war und ist kein Hardliner. Komischerweise trifft genau das Gegenteil zu. Ein wenig zu weich ist er, selbst offenbar viel zu autoritätsgebunden, um von modernen Kindern ganz ernst genommen zu werden, viel zu spießig-korrekt, um schwierige Jugendliche zu beeindrucken, und bei all dem auf eine teils verdruckste, teils verträumte Art weltfremd. Nicht unsympathisch, wie gesagt, wenn er nur kein Buch geschrieben hätte!

Zwei Stunden ging es so weiter, am Ende wäre ich beinahe eingenickt. Wann immer man auf konkrete Antworten zu dem vollmundigen Disziplin-Plädoyer beharrte, blieben sie aus. Also, neuer Anlauf: Wie war das mit den »wirksamen Strafen«? Was meint er konkret? Prügel, Karzer, Dunkelkammer? – all das legt seine martialische Sprache ja nahe. Aber solche Methoden weist er weit von sich, ich unterstelle: Er meint es auch so. Was aber stattdessen? Welche konkreten Antworten finden die tausend und abertausend Lehrer, die dieses Büchlein mit Begeisterung verschlingen, für ihren aufreibenden Alltag? Keine, und das führt zu der Vermutung: Sie wollen auch gar keine bekommen!

Aber erst noch ein letztes Beispiel. Eine sehr schwere Strafe, erfuhr ich, bestehe beispielsweise darin, zum Leiter der Schule zitiert zu werden, um dort ein ernsthaftes Erziehungsgespräch zu führen. Bei aller Bereitschaft zur Nachsicht, irgendwann fühlt man sich veralbert. Ich hatte die schwierigeren 12-, 14- oder 16jährigen aus meinem Praxis-Alltag vor Augen. »Du meldest Dich sofort beim Direktor, verstanden!« – ja, liebe Bueb-fanatics, das geht, freundlich gesagt, diesen Knaben kühl am Gesäß vorbei. Das ist denen so was von gleichgültig, dass einem angesichts solcher pädagogischer Naivität schier der Atem stockt. (Anders verhält es sich möglicherweise bei wohlerzogenen oder verängstigten Kindern. Aber deretwegen braucht es ja kein »Lob der Disziplin«.)

Man mag es drehen, wie man will, die »Disziplin«-These hat keinen Fetzen Realitätsgehalt. Sie ist einfach eine ideologische Floskel, und erfüllt als solche offenbar für viele Pädagogen eine Funktion, der sie kaum widerstehen können. Das abstrakte Plädoyer hat auch ohne konkrete Beispiele und ohne theoretische Begründung eine gewisse Trostfunktion für solche Pädagogen (und Eltern), denen Kinder wenig und

Jugendliche gar keinen Respekt entgegen bringen. Wer resigniert und müde geworden und auf eine verzweifelte Weise hilflos ist, möchte vielleicht nicht mehr nachdenken, und praktikable Vorschläge will er auch nicht mehr hören. Er hat ja längst aufgegeben.

Ansonsten mag ich mich mit den theoretischen Grundlagen von Buebs Buch nicht auseinander setzen – es gibt sie nicht. Aber es ist ein Sprachrohr, Symptom einer um sich greifenden Pädagogik, die auf pure Effizienz und widerspruchsfreie Trainierbarkeit im Sinne hoher Erfolgsquoten eingestellt ist und statt des Wissens um die geistige und seelische Entwicklung eines Kindes die Methoden einer modernen Managerkultur in unsere Kindergärten und Schulen presst – es spricht die Ideologiesprache einer bindungsleeren globalen Erfolgskultur, unreflektiert. Und an dieser Stelle gewinnt Buebs Buch eine zusätzliche Dimension.

3.

Schule hat sich in den letzten vierzig Jahren kaum verändert, die Gesellschaft und Kultur um sie herum sehr wohl. Die modernen Kinder spiegeln diese Veränderungen unmittelbar. Was im Unterricht als Hyperaktivität, als Dissozialität und Respektlosigkeit erscheint, hat seine komplexen Ursachen in den Umwälzungen der modernen Sozialkultur, die von den extrem beschleunigten Globalisierungen der Finanzmärkte bis zu den Veränderungen der modernen Familien und den Wirkungen einer all-präsenten Medienkultur reichen.

Ich werde die Umwälzungen knapp thematisieren. Jede der folgenden Skizzen lässt sich konkret entfalten und bis hin zu alltagspraktischen Vorschlägen für Familien und

Schule usw. weiterführen; wir wissen durchaus schon viel. Gleichwohl stehen wir angesichts der unübersichtlichen Dynamik einer von digital-technischen Übertragungssystemen kommunizierten und figurierten Realität erst ganz am Anfang. Also, in Stichworten:

a.

(1) Die globale Wirtschaft, die zur Erschütterung der Nationalökonomien führte, wäre ohne das Internet nicht möglich. In Sekunden werden gewaltige Finanzmengen rund um den Globus transferiert und wirbeln die Börsengeschehen durcheinander. Die Komplexität der Datenmengen ist gewaltig, sie wird auch von Analysten nur spekulativ erfasst. An den großen Börsen in Hongkong, New York oder Frankfurt geht es zu wie in einem Computerspiel. Jede Sekunde kann eine völlig neue Konstellation eintreten.

(2) Das hat mit dem extrem komplexen Funktionieren des Internet zu tun. Joseph Weizenbaum, einer der ersten und einflussreichsten Entwickler des Netzes, erläuterte mir in einem informativen Gespräch, nach seiner Einschätzung werde das Internet von schätzungsweise sechs oder sieben Menschen auf der ganzen Welt begriffen – zweifellos zählte er sich selber dazu, und mich nicht. In beiden Punkten hatte er Recht.

(3) Solche datenbestimmten Unübersichtlichkeiten sind weit reichend, sie greifen unmittelbar in die Kapitalausstattungen nicht nur der Konzerne, sondern noch viel folgenreicher in die der mittleren und kleinen Unternehmen, der Handwerksbetriebe usw. ein. Keiner weiß, was morgen sein wird. Folge: Ein gut ausgebildeter Diplom-Ingenieur kann ebenso wie ein kundiger Facharbeiter

seinen Arbeitsplatz völlig unerwartet verlieren und möglicherweise innerhalb einer kurzen Zeitspanne mit seiner Familie in Armut stürzen.

Dies kann auch dann passieren, wenn – oder sogar *weil* – sein Betrieb zuverlässig positive Umsatzzahlen aufweist. Das Schicksal dieses Ingenieurs und dieses Facharbeiters wird nicht in der Geschäftsleitung, sondern im Datentransfer der Banken und Börsen beschlossen. Nie war die Abhängigkeit des einzelnen Unternehmens von Finanzmärkten so »unmittelbar« und so radikal wie heute.

(4) Die Folgen für das Werteempfinden und die allgemeine Sozialmoral sind eindeutig. In allen »Werteappellen« (der letzte wurde vom Bundesfamilienministerium initiiert und ist auch schon wieder vergessen) ist merkwürdigerweise nie die Rede davon, dass jedes moderne Kind angesichts der existenziellen Unsicherheit seiner Eltern erfährt, dass Tugenden wie Verlässlichkeit, Treue, gar Betriebstreue, Fleiß, gute Ausbildung, Pünktlichkeit und Höflichkeit entwertet sind. *Objektiv* entwertet, da helfen kein Werteappell und keine »Disziplin«.

(5) Kinder wenden sich von moralisierenden Ermahnungen, die ihre Lebenswelt und ihre Zukunft nicht erfassen, gelangweilt ab und jenen Medien und Spielen zu, in denen sie ihre Zukunft trainieren können – dorthin also, wo die moderne Kultur in Computerspielen, Online- und Handykommunikationen beherrschbar erscheint.

b.

(6) Geld ist zu einem Abstraktum neuer Art geworden. »Geld heckt Geld« prognostizierte schon Marx, so ist es gekommen. Die globalen Geldströme beziehen sich kaum mehr auf reale Werte der konkreten Produktions-

stätten und Märkte, sondern folgen wesentlich einem
immanenten Finanzgeschehen.[7]

(7) Den Kindern und Jugendlichen wird der Zugang zu dieser Welt im Internet-Spiel einsichtig, weil, wie nie zuvor,
zwischen der Entfaltung von Marketing und Logistik in
der Wirtschaft und dem Charakter der Spiele von Anfang an ein enger Zusammenhang bestand – bei dem übrigens die Spiele, wie etwa Will Wrights bahnbrechendes
»Sim-City«[8], oft die Nase vorn hatten und Betriebswirt-
schaftlern ebenso wie Kommunalpolitikern mit digitaler
Technologie neue Lösungen für alte Probleme aufzeig-
ten. Die Kinder spielen zwar fantastische Spiele mit ural-
ten Motiven wie Zauberern, Magiern, Drachen und dem
mythenumwobenen Gral, aber zugleich trainieren sie ein
symbolisches Handeln, in dem neben den Fantasmen
und hybriden egozentrierten Aktionen zugleich hoch-
komplexe Arten der gemeinsamen Planung, der zielbil-
denden Kommunikation, des spontan-innovativen Rea-
gierens usw. gefordert sind.

Außerdem wird in den angesagten Online-Spielen wie
»World of Warcraft« in sozialen Gruppierungen (»Gil-
den«) gespielt – dort gelten die »alten Werte« von Treue
und Verlässlichkeit, sogar die Aufopferung des Eigenen
für die Gemeinschaft noch etwas, im virtuellen Geschehen erscheinen »Wir-Gefühle« den Kindern und Jugendlichen endlich wieder realitätstauglich.

---

7 Ausgeführt werden diese Gedanken in den Vorbemerkungen meines Beitrags für den Sammelband »Hyperaktivität, Kulturtheorie, Pädagogik, Therapie«, hrsg. von Prof. Bernd Ahrbeck, Humboldt-Universität, München
2006
8 In einem Gespräch erläuterte Will Wright, der zu diesem Zeitpunkt am
MIT in Boston arbeitete, u. a.: »Sie spielen den kleinen Traum der Götter
vor ihren Monitoren, natürlich dies ist auch ein destruktiver Traum«.

c.

(8) Weiter: Das Netz ist ein prinzipiell unabgeschlossenes System, das sich permanent erweitert. Die in ihm dargestellten Objekte, Kontakte, Aktionen haben einen fluiden Charakter und sind in verschwenderischem Überfluss vorhanden, mit einer Handbewegung werden sie herbeigerufen und mit einer weiteren wieder gelöscht. Die Objekte und sogar die hinter Codes verborgenen Personen haben eine Tendenz zur Flüchtigkeit. Dieser fließende Charakter des symbolischen Handelns widerspricht der textuellen Figur, die bestimmend ist für eine abendländische Kultur, in der wir unser Wissen als beständig, unsere Erfahrung als beschreibbar, unsere Reflexionen (und Selbstreflexionen) als überprüfbar erleben. Die dominierende Textualität der abendländischen Kultur weicht auf. Die uns vertrauten alphanumerischen Zeichensysteme werden von numerischen – auf binären Zahlenreihen basierenden – Systemen abgelöst, die über die textlichen Erkenntnismöglichkeiten hinaus Bildwelten entwerfen, die den Sinnen nicht zugänglich sind, die Faszinationen binden und neuartige psychische Reaktionen hervorrufen und fixieren; und die die Logik naturwissenschaftlicher Erkenntnisse und Spekulationen in Bilder mit enormer Plausibilität fassen (beispielsweise in der Gehirnforschung, die eben dadurch eine Glaubwürdigkeit weit oberhalb ihrer Erkenntnismöglichkeiten genießt) usw. Der Modus des Erkennens und der Selbsterfahrung verändert sich. Die textgebundene Form des Wissens, die bis in die grammatische Gestalt einen text-*immanenten* Erkenntnisprozess anleitete, wird zunehmend von fluktuierenden, in aktuellem Symbolhandeln aufleuchtenden und versinkenden Bildwelten abgelöst.

(9) Was hier oberbegrifflich skizziert wird, muss in den pä-

dagogischen und psychologischen und sozialtheoretischen Debatten bis in die »Falten des Alltags« nachvollzogen werden, um die Gesamtheit der seelischen und kognitiven Veränderungen moderner Kindheit im Vergleich zu früheren Kindergenerationen zu erfassen.

d.

(10) Ein letztes: Die hohe Präsenz von medialen Bildwelten vom Fernsehen bis zum Internet entwertet den sozialen Nahraum. Das gilt für jugendliche, meist männliche Computerspieler in besonderem Maße. Die stoffliche Widerständigkeit des Realen ermüdet sie, jede normative Realitätsbindung wirkt wie eine Zumutung – viele Jugendliche empfinden die Anforderungen des Alltäglichen als Bedrohung der idealisierten Selbstbilder, die sie in Netzspielen agieren. Das Reale ist in ihrer Psyche schwach repräsentiert. Es kann jederzeit ohne Mühe verlassen werden. Ich darf mich ausnahmsweise selber zitieren:»Das Numerisch-Symbolische hat eine eigene Realitätsebene aufgerissen, die eigenartige Tagträume inszeniert und eigene Wahrnehmungsordnungen, Zeitempfindungen und räumlich entgrenzte Ich-Bedürfnisse freisetzt. Das Reale verblasst, der Blick in das Gesicht des anderen Menschen tröstet nicht mehr.«[9]

(11) Ich weise darauf hin, dass neuere Überlegungen deutlich machen, dass zwischen der um sich greifenden Nervosität und Überaktivität der Kinder (medizinisch ADHD genannt) und der in Computerspielen stimu-

---

9 Diesen Gedanken entwickelte Vilem Flusser bereits in den 80ern. Ich habe – nach meiner Erinnerung 1996 – in einem Münchener Staatsinstitut für Bildung seine Gedanken in populärer Weise vorzutragen versucht – die anwesenden Bildungsforscher schauten mich an, als sei ich vom Mond gefallen. Daran hat sich nicht viel geändert.

lierten seelischen Verfassung enge Korrelationen nach-
zuweisen sind. Aber damit lasse ich es gut sein – das
Thema ist komplex, mehr wollte ich eigentlich gar
nicht deutlich machen. Allerdings, all diese Fragen
müssen beantwortet und bewältigt werden. Am besten
bis morgen!

Wenden wir uns angesichts dieser Skizze der modernen Lebenswelten noch einmal dem »Disziplin«-Konzept des Herrn
Bueb zu. Wer in den modernen Berufswelten überleben will,
benötigt eine innovative und reaktionsschnelle Intelligenz,
wer dagegen Buebs Pädagogik folgend in Familie und Schule
gelernt hat, gehorsam auf Anordnungen zu warten, wird in
dieser Berufswelt scheitern. Wer angesichts einer prinzipiell
ungesicherten Zukunft – nicht zuletzt für die Familien – auf
die Macht einer übergeordneten Autorität hofft und ihr mit
Strafängsten verhaftet ist, wird diese Unsicherheit nicht er-
tragen können und sie deshalb auch nicht bewältigen. Wer
schließlich fantasievolle, unabschließbare geistige Prozesse
durch fertige Normen moralischer oder intellektueller Art
vorschreiben will, um sie hinterher mit Lob und Strafe bewerten zu können, tötet die Zukunftschancen der kommen-
den Generation. Im Übrigen würde, rein ökonomisch, eine
nationale Wirtschaft, die angesichts der technisch-ästheti-
schen Herausforderungen mehr denn je auf Innovationskraft
und mutige Flexibilität angewiesen ist, zugrunde gehen,
wenn sie Buebs Bildungs-Ideale ernst nähme. Kurzum, wer
dem Disziplin-Plädoyer folgt, wird bei Kindern und Jugendlichen und den Klügeren ihrer Eltern auf Widerstand stoßen
und sich letztlich der Lächerlichkeit aussetzen. Dies können
sich Lehrer, Erzieher und Psychologen heute am wenigsten
leisten.

★

Notwendige Nachbemerkung: Ich spreche in diesem Beitrag ausschließlich von den Pädagogen, die dem technokratisch-autoritären Geist dieses Büchleins beglückt zustimmen, ich rede keineswegs von d e n Lehrern! Mir muss niemand sagen, dass es wunderbare Lehrer gibt, die – vor allem in den Grundschulen, in vielen Förderschulen und anderswo – hartnäckig an sehr schwierigen Kindern festhalten und sie nicht fallen lassen, obwohl sie ihnen jeden Morgen das Leben zur Hölle machen. Ich besuche bei jedem Kind, das in meiner Praxis betreut wird, die Schule oder den Kindergarten und versuche eine intensive Kooperation zu erreichen. Ich bin immer wieder erstaunt und tief berührt darüber, wie viele Lehrer – besonders Grundschullehrerinnen, aber auch Kindergärtnerinnen (es heißt Erzieherinnen, ich weiß es) – sich auf solche Zusammenarbeit, die sie zusätzlich kräftig belastet, einlassen, wie oft sie Gesprächstermine auch zu später Stunde bereitwillig akzeptieren und mit mir um ein Kind ringen. Einer von ihnen habe vor gar nicht so langer Zeit einmal am Ende solch eines langen Gesprächs gesagt: »Wissen Sie was, ich könnte Sie umarmen – keine Sorge, ich tu's ja nicht!« Ich habe einen riesigen Respekt vor solchen Lehrern. Also bitte keine Missverständnisse, mir geht es nicht um Lehrerschelte.

Micha Brumlik

Durch Unterwerfung zur Freiheit. Bernhard Buebs reaktionäre Vergangenheitsbewältigung

1. Geltungsanspruch und Begründungspflicht einer »Streitschrift«

Unabhängig von ihrem sachlichen und wissenschaftlichen Rang erscheinen pädagogische Traktate spätestens seit Rousseaus »Emile« in zweierlei Gestalt. Während es etwa Janusz Korczak in seinem Büchlein »Wie man ein Kind lieben soll« ausschließlich um die bildende Zuwendung zu Kindern geht, nutzen Autoren und Autorinnen wie Ellen Key im »Jahrhundert des Kindes«[1] oder Theodor Litt in »Führen oder Wachsenlassen«[2] Erziehungsfragen als Aufhänger zu einer breit angelegten Kultur- und Gesellschaftskritik.[3] Sehen manche, vor allem soziologisch orientierte, Autoren Erziehungsprobleme als Ausdruck einer in ihren Grundlagen erschütterten Gesellschaft an, so erhoffen sich andere von veränderter Erziehung eine Heilung eben dieser Gesellschaft. In allen Fällen aber hängen Plausibilität und Überzeugungskraft der Traktate nicht von der stets wohlfeilen Niedergangsrhetorik, sondern von der sachlich-fachlichen Begründung der vorgebrachten Behauptungen und normativen Ansprüche ab.

Bernhard Buebs Traktat »Lob der Disziplin« entlastet sich

---

1 E. Key, Das Jahrhundert des Kindes, Beltz: Weinheim und Basel: 1991
2 Th. Litt, Führen oder Wachsenlassen, Stuttgart: 1964
3 Vgl. J. Oelkers, Der Diskurs der Reformpädagogik, Juventa: Weinheim und München 2005

mit seinem Untertitel »Eine Streitschrift« von derlei Begründungslasten – eine offen als solche vorgebrachte Polemik unterliegt nicht den selben Sorgfaltspflichten wie eine ernsthafte wissenschaftliche Arbeit. Freilich: Würde nicht auch die Streitschrift auf der sachlichen Stimmigkeit ihrer Argumente beharren, könnte man sie als haltlose Provokation achselzuckend zur Seite legen. Das ist bei Bueb aber nicht der Fall: Dieser Autor will ernst genommen werden und verdient es daher, ernst genommen zu werden. Dann aber zeigt sich, dass sein Pamphlet jener Gattung zuzurechnen ist, der es aller bekundeten pädagogischen Leidenschaft zum Trotz letztlich nicht um Erziehung, sondern um Kulturkritik geht und die in notorischer Überschätzung der eigenen Möglichkeiten von einer Reform der Erziehung zugleich eine wesentliche Verbesserung der gesellschaftlichen Verhältnisse erhofft: »Der Bildungsnotstand in Deutschland ist die Folge eines Erziehungsnotstandes.«[4]

Im Kern legt Bueb eine Mentalitätsgeschichte Deutschlands vor, die ihm als Folie für die Rehabilitierung eines ungebrochenen, von keinem Anflug demokratischen Denkens beeinträchtigten Autoritarismus dient. Die mentalitätsgeschichtliche These unterstellt, dass die verderblich wirkende Psychologisierung und Liberalisierung der Erziehungsverhältnisse eine indirekte Folge nationalsozialistischen Machtmissbrauchs seien, während der von ihm vertretene Autoritätsbegriff einer »vorbehaltlosen Akzeptanz« vorfindlicher Machtverhältnisse das Wort redet. Beide Behauptungen sind falsch. Während man jedoch über das Spannungsverhältnis von Nationalsozialismus und auf ihn reagierender »antiautoritärer Bewegung« immerhin noch gehaltvoll debattieren kann, spottet die von Bueb vorgelegte Theorie der Au-

---

4 B. Bueb, Lob der Disziplin. Eine Streitschrift, Berlin: List 2006, S. 13

torität nicht nur jeden demokratischen Bewusstseins, sondern auch so ziemlich allen Einsichten, die eine differenzierte
sozialwissenschaftliche Untersuchung von Begriffen wie
»Macht«, »Gewalt« und »Legitimität« spätestens seit Max
Weber erbracht hat. Beide Thesen hängen miteinander zusammen; im Folgenden gehe ich zunächst der mentalitäts-
geschichtlichen, dann der autoritätstheoretischen Hypothese
nach.

2. »Viele irren ziel- und führungslos durchs Land«. Der Nationalsozialismus als angebliche Ursache der aktuellen Erziehungsmisere

In der politischen Kultur des nachnationalsozialistischen
Deutschland weiß sich stets auf der sicheren Seite und vom
allgemeinen Konsens gedeckt, wer seine Einlassungen kritisch auf die NS-Herrschaft bezieht und damit den Anschein
erweckt, eine Art antifaschistischer Bewältigungstätigkeit zu
betreiben. So auch Bueb, der sein Leiden an einer »beschädigten deutschen Erziehungskultur« dem Nationalsozialismus und seinen Spätfolgen zurechnet:
  »Unsere pädagogische Kultur in Deutschland wurde durch
den Nationalsozialismus in ihren Grundfesten erschüttert.
Die Werte und Tugenden, die das Herz der Pädagogik ausmachen, haben sich bis heute nicht vom Missbrauch durch
den Nationalsozialismus erholt. Die deutsche Variante der
Jugendrevolte nach 1968 war selbst nur eine Folge der deutschen Katastrophe. Wir dürfen nicht hinnehmen, dass der
Nationalsozialismus weiterhin unsere pädagogische Kultur
beschädigt.«[5] In diesem Zusammenhang erstaunen Buebs Be-

---

5 B. Bueb, a.a.O., S.12

merkung, dass die Nationalsozialisten »Meister der Gemeinschaftserziehung« waren und die Unterstellung in diesem
Zusammenhang, dass die politische Perversion der Gemeinschaftserziehung bei den Nationalsozialisten und bei den
»Kommunisten in der DDR« ihr bis heute anhänge.[6] Man
wird jedoch fragen dürfen, wie Bueb zu der von ihm keineswegs ironisch gemeinten Bemerkung über die NS-Gemein-
schaftserziehung in HJ und BdM kommt, ohne damit zugleich die Apologetik des damaligen Führungspersonals zu
teilen. Die historische Forschung jedenfalls kann dieses positive Bild der NS-Pädagogik nicht teilen.[7] Mit Ausnahme des
deshalb begründet kritisierten Hermann Giesecke[8] geht die
Forschung zur NS-Erziehung ebenso wie die Forschung zur
Erziehung in der DDR[9] davon aus, dass es sich dabei nicht
um eine politisch zwar missbräuchlich eingesetzte, in der
Form jedoch geglückte Erziehungspraxis handelte, sondern
um mit Zwang und Demagogie durchgesetzte totalitäre Erziehungsformen.

Bei alledem wird vorausgesetzt, dass es einmal – vor 1933
– eine pädagogische Kultur gab, die durch die zwölf Jahre
NS-Regime so nachhaltig zerstört wurde, dass sie auch heute,
mehr als sechzig Jahre nach Ende des Krieges, noch nicht

---

6 a.a.O., S. 133
7 Zur HJ etwa A. Klönne, Jugend im Dritten Reich. Die Hitlerjugend und ihre
  Gegner, Berlin: 2003; zum BdM, D. Reese, »Straff, aber nicht stramm, herb,
  aber nicht derb«, Weinheim: 1989; G. Miller-Kipp, »Auch Du gehörst dem
  Führer«, Die Geschichte des Bundes Deutscher Mädel in Quellen und Do-
  kumenten, Weinheim: 2003; S. Hübner-Funk, Hitlers Garanten der Zukunft, Berlin: Brandenburg 2005; zuletzt R. J. Evans, Das Dritte Reich, Diktatur, München: 2004, Bd. 2/I, S. 320–353
8 H. Giesecke, Hitlers Pädagogen. Theorie und Praxis nationalsozialistischer
  Erziehung, München, Weinheim: 1992; B. Ortmeyer, Gieseckes Apologie
  von Hitlers Pädagogen, Frankfurt am Main: 1998
9 S. Andresen, Sozialistische Kindheitskonzepte. Politische Einflüsse auf die
  Erziehung, München: 2006

wieder intakt ist. Jene Bewegung aber, die 1968 antrat, aus der Katastrophe des Nationalsozialismus die Konsequenzen zu ziehen, habe demnach lediglich auf dessen Mentalität reagiert, ohne sie doch letztlich zu überwinden.

Zu fragen ist also, welcher Art die vom Nationalsozialismus missbrauchte und zerstörte pädagogische Kultur Deutschlands war, bzw. wo und in welchem Ausmaß sie in der deutschen Gesellschaft existierte. Dabei ist Bueb vor allem vom liberalen Großbürgertum des späten Kaiserreichs beeindruckt: Einer der wenigen, der ganz wenigen, die die Moral und die Zivilcourage hatten, dem Nationalsozialismus unter Einsatz des eigenen Lebens zu widerstehen, war der protestantische Theologe Dietrich Bonhoeffer, der aus der sicheren Emigration nach Deutschland zurückkehrte, um Widerstand zu üben, und der diesen Mut mit dem Tod am Galgen bezahlte. Ohne auf den Protestanten Dietrich Bonhoeffer namentlich einzugehen, lässt Bueb die großbürgerlich heitere Welt dieser liberalen Berliner Akademikerfamilie vor 1914 in den Lebenserinnerungen eines anderen Kindes wiederaufleben. Ziel der Schilderung ist es, deutlich zu machen, wie ein gelungenes, glückliches Familienleben aussehen könnte. »Bildung und Erziehung«, so die pädagogisch-nostalgische Utopie, »im 19. und in der ersten Hälfte des 20. Jahrhunderts fanden vornehmlich in den Familien statt, und zwar in hohem Grade spielerisch. Man erinnere sich an die Hausmusik, die Gesellschaftsspiele, den Sport, die Scharaden, die Indianerspiele, auch die Kriegsspiele und vor allem das Puppentheater, die das bürgerliche Leben in den Familien prägte.«[10] Buebs mentalitätsgeschichtliche Hypothese hätte es freilich erfordert, zu überprüfen, ob der von ihm gepriesene großbürgerliche Erziehungsstil für Bürgertum und Kleinbürger-

---

10 B. Bueb, a.a.O., S. 148

tum, von Landbevölkerung und Arbeiterschaft ganz zu schweigen, auch nur halbwegs weit verbreitet war. Doch davon weiß die historische Bildungsforschung nichts.[11] Nach wie vor spricht alles dafür, dass die in Schule und Familie gepflogenen Erziehungsstile mehrheitlich autoritär waren und damit vom Nationalsozialismus weder missbraucht noch pervertiert, sondern schlicht beerbt wurden.[12]

Eine maßgebliche Geschichte der Weimarer Republik fasst zusammen: »Für Jugendliche, die aus bürgerlichen Familien stammten, bedeuteten die Weimarer Jahre (...) eine Zeit tiefer Verunsicherung. Durch ihre Elternhäuser waren sie nicht im mindesten auf jene Modernisierungsschübe vorbereitet worden, denen Deutschland nicht erst seit 1918, aber seit jenem Jahr verstärkt ausgesetzt war. Der Zusammenbruch der alten monarchischen Ordnung erschütterte die Autorität der Väter, die die wilhelminische Epoche getragen und verkörpert hatten; doch in der neuen republikanischen Ordnung konnte sich die junge Generation ebenso wenig wieder erkennen wie im alten untergegangenen System.«[13]

Das gilt sogar für jene jugendbezogenen Erziehungsweisen, die die Bueb besonders nahe stehende Reformpädagogik propagierte. Hier kann inzwischen als erwiesen gelten, dass nicht zuletzt das bündisch-reformpädagogische Erziehungswesen in nicht geringem Maße der Faschisierung Vorschub geleistet

---

11 C. Berg u. a. (Hrsg.), Handbuch der Deutschen Bildungsgeschichte Bd. 4. 1870–1918, München: 1991; C. Berg u. a. Bd. 5. 1918–1945, München: 1989. Handbuch der Deutschen Bildungsgeschichte, 1918–1945, München 1989

12 S. Dengel, Untertan, Volksgenosse, Sozialistische Persönlichkeit. Politische Erziehung im Deutschen Kaiserreich, dem Nationalsozialismus und der DDR, Frankfurt am Main: 2005

13 H. A. Winkler, Weimar. 1918–1933. Die Geschichte der ersten deutschen Demokratie, München: 1993/2005, S. 297

hat.[14] Als ob der Autor jedoch rechtzeitig bemerkt hätte, dass seine These über die heile großbürgerliche Erziehungspraxis empirisch nicht haltbar ist, erläutert er:»Die pervertierte Disziplin der kaiserlichen Kadettenanstalten und der nationalsozialistischen Praxis kontrastierte mit dem Laisser-faire der antiautoritären Erziehung der zweiten Hälfte des Jahrhunderts.«[15]

Damit gesteht Bueb ein, dass die pädagogische Kultur Deutschlands auch schon vor dem Nationalsozialismus beeinträchtigt war: Hierfür steht die »pervertierte Disziplin der kaiserlichen Kadettenanstalten«. Kaiserliche Kadettenanstalten existierten im von Bueb gemeinten Sinn von 1871–1918; freilich kann die historische Bildungsforschung nicht bestätigen, dass die Eliten des Kaiserreichs mehrheitlich oder auch nur maßgeblich in Kadettenanstalten erzogen wurden.[16] Als vorherrschender Bildungsort der maßgeblichen Eliten hatte vor allem – im Hinblick auf die Knaben des Bürgertums und der Oberschicht – das (humanistische) Gymnasium zu gelten, auf das sich Bueb in einem anderen Abschnitt seines Buches auch am Beispiel von Thomas Manns Hanno Buddenbrook bezieht.[17]

Auf jeden Fall: Nach 1918 gab es diese Kadettenanstalten nicht mehr und all jene, die in den zwanziger Jahren als junge Akademiker dem Nationalsozialismus anhingen und ihn später mörderisch exekutierten, haben ihre Erziehung in der

---

14 In seiner Sammlung »Die Zerstörung der deutschen Politik« geht H. Pross diesen Zusammenhängen nach. (H. Pross, Die Zerstörung der deutschen Politik. Dokumente, Frankfurt am Main: 1993)
15 B. Bueb, a.a.O., S. 12. Zum Problem diverser Erziehungskonzeptionen im 2. Kaiserreich: C. Berg, Abschied vom Erziehungsstaat. Der Erziehungsanspruch im Wilhelminismus, in: Zeitschrift für Pädagogik 39 (1993) S. 603–630
16 Vgl. Berg 1991, a.a.O.
17 B. Bueb, a.a.O., S. 51 f.

Weimarer Republik vor allem im Gymnasium erfahren.[18] Es mag sein, dass Bueb den Ausdruck »Kaiserliche Kadettenanstalt« metaphorisch verwendet, als Synonym für »Autoritäre Erziehungsverhältnisse«. In diesem Fall aber hätte Bueb seine Pointe von Anfang an preisgegeben: Dann hätte er nämlich – wie es auch sachlich ganz zutreffend ist – schon eingeräumt, dass der Nationalsozialismus massiv von einer schon lange vor ihm und ganz ohne ihn entstandenen autoritären Erziehungskultur profitierte, einer Erziehungskultur, die er nicht missbraucht, sondern lediglich konsequent instrumentalisiert hat.

Bueb spricht in seinem nostalgischen Rückblick auf eine so nie existierende pädagogische Kultur vermeintlich präzise von der »ersten Hälfte des 20. Jahrhunderts«, also von fünfzig Jahren, von denen vier Jahre auf die Zeit des ersten Weltkriegs und zwölf Jahre auf den Nationalsozialismus entfallen. Rechnet man die zwölf Jahre der unruhigen Weimarer Republik dazu, so schnurrt Buebs erste Hälfte des zwanzigsten Jahrhunderts auf die dreizehn Jahre vor dem Ersten Weltkrieg zusammen, also auf die Zeit des Wilhelminismus, die Jahre von 1900 bis 1913. Endlich fällt bei Buebs eigenwilliger Geschichtsbetrachtung eine eigentümlich süddeutsch, altbundesrepublikanische Blickverengung auf, die die Erfahrungen von mehr als vierzig Jahren DDR mitsamt ihrem auf Konformismus, Mitläufertum und Unterordnung zielenden Erziehungswesen einfach nicht zur Kenntnis nimmt. Man kann der DDR nachsagen, was man will: Eine auf angebliches »Laisser-faire« setzende antiautoritäre Revolte hat es dort nie gegeben. Auf keinen Fall lässt sich der ohne Zweifel auch in Ostdeutschland herrschende »Erziehungsnotstand« durch die

---

18 Vgl. M. Wildt, Generation des Unbedingten, Hamburg: Hamburger Edition 2003

antiautoritäre Revolte und ihr Aufbegehren gegen die nationalsozialistische Erblast erklären. Auf ganz Deutschland bezogen, lässt sich die Zurechnung des Bildungsnotstands auf
eine vermeintliche von den 68ern verbreitete »Laisser-faire«
Haltung, da empirisch unbegründet und sozialisationstheo-
retisch undifferenziert, nicht halten. An keiner Stelle lässt
sich der Internatsleiter i.R. ernsthaft auf das ein, was er als
»Bildungsnotstand« beklagt. Die in den letzten Jahren immer
wieder vorgelegten Studien zum Zusammenhang von fami-
lialem Hintergrund und mangelndem Schulerfolg[19], von ju-
gendlichem Fehlverhalten wie Drogenmissbrauch, Delin-
quenz, politischer Apathie und politischem Extremismus[20]
hier und Schichtzugehörigkeit dort scheinen ihm entweder
unbekannt zu sein oder als unerheblich zu gelten. Bildungs-
und kriminalstatistisch spricht absolut nichts dafür, dass
Kinder, die zwischen 1965 und 1970 in jenen Milieus geboren wurden, in denen »antiautoritäre Erziehung« praktiziert
wurde, in auffälliger Weise durch Schulversagen und/oder
Devianz gekennzeichnet sind.[21] Umgekehrt wird ein Schuh
daraus: Seit mehr als dreißig Jahren gilt, dass Schulversagen
und Devianz zumal auf dem Boden von Milieus wahrscheinlich wird, bei denen man sicher sein kann, dass sie sich weder
für Theorie und Praxis antiautoritärer Erziehung noch gar
für die Auseinandersetzung mit dem Nationalsozialismus interessieren. Das bestätigt ein Blick auf die Belegschaften der
gegenwärtigen Jugendgefängnisse, deren Insassen sich zu
mehr als 80 % aus männlichen Jugendlichen mit Migrations-
hintergrund rekrutieren.[22]

---

19 K. Hurrelmann u. a. (Hrsg.), 15. Shell Jugendstudie, Jugend 2006, Frankfurt am Main: S. Fischer 2006, S. 65 f.
20 a.a.O., S. 169 f.
21 a.a.O., S. 133 f.
22 Chr. Pfeiffer u. a., Zur Struktur und Entwicklung der Jugendgewalt in

So bliebe als letzte Möglichkeit, Buebs These halbwegs zu
retten, also Nationalsozialismus und »antiautoritäre Erziehung« für den »Bildungsnotstand« verantwortlich zu machen, die Annahme, dass die Lehrerschaft speziell an Haupt-,
Real- und Berufsschulen durch »antiautoritäre« Doktrinen,
die sie an der Universität oder in ihrer Peergroup erworben
haben, so verwirrt wurden, dass sie ihren professionellen
Aufgaben nicht angemessen nachgekommen seien. Gegen
diese Annahme spricht zunächst, dass jedenfalls die wissenschaftliche Suche nach den Ursachen der mit PISA und
TIMMS genau umschreibbaren gegenwärtigen Bildungskatastrophe zwar grundsätzlich das mehrgliedrige Schulsystem,
vor allem aber bestimmte Stile des Lehrens gefunden hat. Allerdings verweisen diese für die Bildungsmisere verantwortlich gemachten Lehrstile besonders darauf, dass – zumal im
naturwissenschaftlichen Unterricht – Didaktik und Metho-
dik eher zu wenig als zu viel auf Selbsttätigkeit und Kreativität der Schüler bauen und letztlich einem einseitig autoritären, eindimensionalen Lehrerverhalten zurechenbar sind.

Hinzu kommt ein komplexes, nur noch durch eine Soziologie der Generationen auflösbares Problem: Sogar wenn
man mit Bueb die ganze ostdeutsche Entwicklung übergeht,
ist es, was die Bildungsmisere angeht, sinnvoll, mit PISA von
den heute fünfzehnjährigen Schülern auszugehen, die 1992
geboren, 1998 eingeschult wurden. Geht man zudem davon
aus, dass die Lehrer, mit denen es diese Schüler ab 1998 zu
tun hatten, damals zwischen dreißig und vierzig Jahre alt waren, wurden diese Lehrer um 1958 geboren und erfuhren ihre
universitäre Sozialisation in den späten siebziger Jahren – in
einer Zeit, in der die antiautoritäre Bewegung zwar längst an

Deutschland. In: R. Oerter/S. Höfling (Hrsg.), Mitwirkung und Teilhabe
von Kindern und Jugendlichen, München: 2001, S. 108–141

ihrem Ende war, Vertreter dieser Generation indes in einigen, keineswegs allen Bundesländern an Universitäten und Pädagogischen Hochschulen Professuren innehatten. Damit müsste sich die von Bueb beschworene Bildungskatastrophe vor allem in jenen Bundesländern auffinden lassen, die eine entsprechende Pädagogikausbildung förderten: vor allem sozialdemokratisch regierte Länder wie NRW, Hamburg, Bremen und Berlin. Tatsächlich scheint das relativ gute Abschneiden von Ländern wie Bayern und Baden-Württemberg bei PISA darauf hinzudeuten, dass in strukturell konservativeren Ländern, die ihr Schulsystem wenig reformiert haben, der relative Schulerfolg auch von Kindern aus bildungsfernen Schichten höher ist. Doch erlaubt dieser systemisch-strukturelle Effekt keinen Schluss auf die Frage des Disziplinarverhaltens der Lehrer. Belegt ist auch für konservative Bundesländer, dass stärker autoritäre, disziplinierende Erziehungsstile im Unterricht schulformübergreifend zu schlechterem Lernerfolg führen.

Damit kann die Buebs Ausführungen zugrunde liegende mentalitätsgeschichtliche These als widerlegt und das heißt als falsch gelten. Ich fasse zusammen:

1. Es ist falsch, dass es in Deutschland vor 1933 mit Ausnahme einiger kaiserlicher Kadettenanstalten eine umfassende, wertbezogene pädagogische Kultur gegeben hat, die missbraucht worden ist. Buebs bildungssoziologisch unausgewiesene These schlägt alle Erkenntnisse über das wilhelminische Erziehungswesen in den Wind; über ein Erziehungssystem, das Opportunismus und Botmäßigkeit ebenso förderte wie es fachliche Kreativität und Exzellenz – wenn überhaupt – nur den oberen 4 % der Jugend zukommen ließ.

2. Es ist zwar richtig, dass sich das antiautoritäre Denken von »1968« in der Spur von Adorno/Horkheimers Studi-

en zur »Autoritären Persönlichkeit«[23] gegen diese autoritäre, vom Nationalsozialismus beerbte Tradition wandte; nicht nachweisbar aber ist die Behauptung, dass die daraus resultierende »antiautoritäre Erziehung« nichts anderes als ein »Laisser-faire« gewesen sei. Vor allem kann Bueb keine Nachweise dafür vorlegen, dass sogar solche Kinder, die eine antiautoritäre Erziehung im engeren Sinn genossen haben, also »Kinderladenkinder«, in einem besonderen Maß zu Bildungsversagern oder Devianten wurden.

3. Bueb hat von dem von ihm selbst beschworenen Erziehungsnotstand kein klares Bild. Die gesicherten Erkenntnisse sowohl von Jugend- und Familienforschung als auch der empirischen Bildungsforschung, die zeigen, dass es sich dabei vor allem um ein Problem von Kindern und Jugendlichen aus den neuen Unterschichten handelt[24], vernachlässigt er um einer durch nichts bewiesenen und durch nichts beweisbaren allgemeinen Verfallsthese willen.

4. Bueb diskutiert an keiner Stelle ernsthaft die Problematik möglicher Spätfolgen antiautoritärer Einstellungen auf das Lehrerverhalten. Das scheint tatsächlich unnötig zu sein, weil schulform-, schulstrukturell- und unterrichtsbezogene Variabeln vor allem im naturwissenschaftlichen Unterricht Versagen im Leistungs- und Wertebereich zureichend erklären.

5. Ein Einfluss der gegen die NS-Tradition rebellierenden »Achtundsechziger« auf die Probleme in Haupt-, Real- und Berufsschulen und damit in den neuen Unterschichten ist nicht nachweisbar, womit Buebs so mühsam auf-

---

23 Th. W. Adorno, W. Horkheimer u. a. »Autorität und Familie«, Paris 1936
24 Vgl. P. Nolte, Jenseits der blockierten Republik, München 2004

gebaute Ziehharmonikatheorie (Nazis verderben gute
deutsche pädagogische Kultur, wogegen die Achtundsechziger so rebellieren, dass sie diese Bildungstradition ein
weiteres Mal zerstören) in sich zusammenfällt.
Es zeigt sich, dass der Autor »Antifaschismus« sagt, wo er
in Wahrheit »Reaktion« meint. Buebs Rage gegen den Nationalsozialismus erweist sich als rhetorische Floskel, die keinem anderen Zweck dienen soll, als seinen reaktionären
Ansichten das Mäntelchen angemaßten, nachträglichen Wi-
derstands umzuhängen.

3. Gott, Staat und Erziehungsberechtigte: Buebs reaktionäre »Theorie« der Autorität

Unter »Reaktion« versteht die politische Ideengeschichte
theoretische und praktische Positionen, denen es anders als
Konservativismus oder Reformismus nicht um ein behut-
sames Bewahren oder die umsichtige Weiterentwicklung von
Traditionen oder Strukturen geht, sondern darum, auf Revolution oder Reform zu re-agieren, also darum, unhaltbar ge-
wordene Zustände vorgegebener Ordnung möglichst unver-
ändert wiederherzustellen. Als Vertreter dieses Denkens sind
hier vornehmlich aristokratische Feinde der französischen
Revolution wie de Maistre oder de Bonald bzw. der erklärte
Feind des Liberalismus des neunzehnten Jahrhunderts, Cor-
tes Donoso, und der ihn beerbende rassistische und faschisti-
sche Staatsrechtler Carl Schmitt zu nennen. Bernhard Bueb
steht in dieser Tradition – ein starker Vorwurf, der sich indes
an seinem Text belegen lässt, wozu freilich ein längeres Zitat
unerlässlich ist:
»Ein ungestörtes Verhältnis zu Disziplin und zu Gehorsam
werden wir erst gewinnen, wenn wir das Machtgefälle zwi-

schen Eltern, Erziehern und Lehrern zu Kindern und Jugendlichen ohne Vorbehalte anerkennen. Ein möglicher Missbrauch darf kein Einwand sein. Wir müssen uns dazu durchringen, legitime Macht als Autorität anzuerkennen, die Macht Gottes, die Macht des Staates und die Macht der Erziehungsberechtigten. Das Christentum besaß immer ein unbefangenes Verhältnis zur Macht. ›Alle Obrigkeit kommt von Gott‹ (Römer 13,1), mit dieser Aussage des Apostels Paulus wurde jede staatliche Macht gerechtfertigt, was wir seit der NS-Diktatur nicht mehr akzeptieren können. Tyrannenmord war für einen Christen wie Graf von Moltke nicht zulässig, andere Christen unter den Widerstandskämpfern rangen sich zur Erlaubnis des Tyrannenmordes durch, es kostete sie aber oft Jahre eines inneren moralischen Kampfes. Ein aufgeklärtes Staatsverständnis« – so Buebs Konsequenz aus dieser Geschichte – »wird heute Obrigkeit immer nur im Rahmen eines Rechtsstaates anerkennen. Wir dürfen uns am Vorbild der alten Demokratien orientieren, Frankreich, England und den Vereinigten Staaten. Sie kennen keinen Zweifel an der legitimen Macht des Staates oder an der rechtmäßigen Macht von Eltern, Lehrern und Erziehern.«[25]

Legt man einen soziologischen Begriff der Macht zugrunde, so geht es dem ehemaligen Internatsleiter darum, die Macht, jede Macht, also nach Max Weber »die Chance, seinen Willen gegen den anderer durchzusetzen, gleichviel, worauf diese Chance beruht«[26] vorbehaltlos »anerkennen« zu lassen. Anerkennen bedeutet mehr als nur Kenntnisnahme, Anerkennung heißt, Personen oder Zustände positiv befürwortend zur Kenntnis zu nehmen. Bueb fordert sein Publikum mithin auf, die natürlich oder sozial vorgegebene Chan-

---

25 B. Bueb, a.a.O., S. 61
26 M. Weber, Wirtschaft und Gesellschaft, Mohr & Siebeck: Tübingen 1956

ce von Eltern und Erziehern, ihren Willen gegen den Willen der ihnen anvertrauten Zöglingen nicht nur als gestaltbare »Entwicklungstatsache« (S. Bernfeld) zur Kenntnis zu nehmen, sondern dies Gefälle zudem positiv zu bewerten. Freilich verschärft der Autor seinen Vorschlag noch mit einer Forderung zum Reflexionsverzicht: Fordert er doch nicht nur eine Anerkennung des Machtgefälles, sondern eine »vorbehaltlose« Anerkennung. Unter Vorbehalten kann man sowohl ganz allgemein »Zweifel« als auch konditionierte Zusagen verstehen. Eine konditionierte Zusage hat z. B. die Form: »Ich werde Verkehrsroute a anstatt Verkehrsroute b beibehalten, sofern ich auf ihr tatsächlich und unter den meisten Umständen schneller zum Ziel komme.« Eine »vorbehaltlose« Anerkennung schließt im Gegenteil die laufende Überprüfung der Tauglichkeit von Maßnahmen oder Zuständen von vorneherein aus und resultiert daher in nichts anderem als in einer dogmatischen (Selbst)bindung, einem allgemeinen Frageverbot. Sie hat die Form: »Ich werde auf jeden Fall Route A nehmen, komme, was da wolle.« Derlei Selbstbindungen beziehen sich auf eine grundsätzlich nicht bezweifelbare Überzeugung, auf ein Dogma. Bueb begründet die Wünschbarkeit des Dogmas mit der Wünschbarkeit eines »ungestörten Verhältnisses« zur pädagogischen Disziplin. Wie stark die Abschottung gegen jede Erfahrung ist, wird an dem nicht weiter begründeten Argument deutlich, dass ein Missbrauch von Macht kein Einwand gegen ihre vorbehaltlose Anerkennung sein dürfe. D. h. im Rückblick auf Buebs selbst erklärten Antinazismus, dass der massenhafte, überwiegende Missbrauch der Disziplin zu mörderischen Zwecken im Zweifelsfall immer noch besser war als ihre Aufkündigung um welcher moralischer Ziele willen auch immer. Das und nichts anderes heißt »vorbehaltlose Anerkennung«. Erst nach Verkündigung des Dogmas kommt es Bueb in den

Sinn, den Gebrauch der Macht an Kriterien der Legitimität, d. h. einer moralisch begründeten Befugnis zu binden, ohne jedoch in der Lage zu sein, die geforderten Gründe zu liefern – statt dessen verweist er auf drei Beispiele, die seiner Meinung für sich selbst sprechen: Gott, der Staat und die Erziehungsberechtigten.

Die Verweigerung einer näheren Begründung hat vor dem Hintergrund der dogmatischen Rhetorik des Autors Konsequenz und Methode. Gleichwohl: Dass »Gott« Autorität hat oder haben soll, kann nur für jene gelten, die die gewiss bestreitbare Überzeugung, dass Gott existiert, teilen. Warum ein »Staat«, d. h. ein territorial über »Zwangsstäbe« (M. Weber) organisierter Herrschaftsverband auf die durch Gründe erwirkte Unterwerfungsbereitschaft seiner Untertanen angewiesen ist und sich nicht aus sich selbst begründet, war Gegenstand der politischen Philosophie des Abendlandes von Platon über Hobbes zu Rousseau, die Bueb mit seinem Dogma mit einem Federstrich übergeht.

Den Bemühungen dieser so unterschiedlichen Denker lässt sich entnehmen, dass die Anerkennung staatlicher Autorität immer und zu Recht unter »Vorbehalt« stand. Hier »vorbehaltlose Anerkennung« zu fordern heißt nichts anderes, als hinter den Erkenntnisstand sowohl der biblischen Botschaft als auch der mehr als zweieinhalb Jahrtausende alten klassischen Philosophie zurückzufallen.

Eine vorbehaltlos eingeräumte Anerkennung der Autorität der Erziehungsberechtigten kennt im Übrigen noch nicht einmal das deutsche Familienrecht, das die Erziehungsberechtigung dann verwirken lässt, wenn die Berechtigten ihre Macht missbräuchlich ausüben. Das ist in den anderen »alten Demokratien«, von denen »wir lernen dürfen«, auch nicht anders.

Bei alledem geht es Bueb keineswegs nur um die seit den

»Thesen zum Mut zur Erziehung«[27] aus den frühen siebziger
Jahren geläufige Meinung, Erziehungsprozesse nicht einem
missverstandenen Demokratieprinzip zu unterwerfen, sondern darum, Demokratie generell unter Soupcon zu stellen.
Das wird nicht nur an dem durchaus positiv gesehenen pau-
linischen Prinzip »Alle Obrigkeit kommt von Gott« deutlich,
sondern auch daran, dass die einzige, zaghafte Einschränkung dieses Dogmas nun doch aus den Erfahrungen des Nationalsozialismus resultiert. Aber sogar dann kann und will
sich der Autor nicht zu einer Anerkennung demokratischer
Prinzipien durchringen, sondern beharrt darauf, dass ein
»aufgeklärtes Staatsverständnis heute Obrigkeit immer nur
im Rahmen eines Rechtsstaates«[28] anerkennen könne. Der
seit der französischen und vor allem US-amerikanischen Revolution maßgebliche Gedanke, dass ein aufgeklärtes Staatsverständnis Obrigkeit nur im Rahmen einer *demokratischen*
Willensbildung Anerkennung verdienen lässt, ist dem Autor
fremd. Die Unterstellung, dass die »alten Demokratien« keine Zweifel an der legitimen Macht des Staates kennen, trifft
einzig und alleine dann zu, wenn es sich um demokratisch
legitimierte Macht handelt.

Buebs dogmatische Bejahung jeder rechtsstaatlich gebundenen staatlichen Macht führt ihn zu dem Wunsch, »Unschuld im Verhältnis zur Macht« wiederzugewinnen, um
»unbefangen von Disziplin und Gehorsam sprechen zu können.« Derlei Sätze verweisen auf die Subjektivität ihres Autors, von dem sich nur sagen lässt, dass er Vorbehaltlichkeit,
Befangenheit und »Schuld« für psychische Übel hält, die einer neuen Naivität weichen mögen. Dass Personen gerade
wegen ihrer Vorbehalte, Befangenheiten und sogar »Schuld-

---

27 H. Bausch u. a. (Hrsg.), Mut zur Erziehung, Freiburg: 1978
28 B. Bueb, a.a.O., S. 61 f

gefühle« zu einer gefestigten Haltung kommen können, schließt Bueb aus – reflektierte und bewusste Selbstverhältnisse, vormals Inbegriff aller Bildung, sind in diesem Entwurf nicht vorgesehen.

Das heißt bezüglich der Anerkennung von Macht, dass sie nicht nur »intellektuell« – das heißt in diesem Zusammenhang wohl sozialwissenschaftlich – gesehen als notwendiges Übel in Kauf zu nehmen ist, sondern dass »Macht« gewünscht und geliebt werden soll; Bueb spricht im von ihm sonst so verpönten Psychologenjargon davon, »Macht emotional positiv zu besetzen«. Wie ernst es der Autor meint, wird an dem dem Band vorangestellten Gedicht Theodor Fontanes deutlich:

»Freiheit freilich. Aber zum Schlimmen
Führt der Masse sich selbst Bestimmen.
Und das Klügste, das Beste, Bequemste
Das auch freien Seelen weitaus Genehmste
Heißt doch schließlich, ich hab's nicht Hehl:
Festes Gesetz und fester Befehl.«

»Wir müssen noch einen weiten Weg«, so Bueb bald sechzig Jahre nach der Verabschiedung des deutschen Grundgesetzes, »gehen, bis wir in Deutschland legitime Macht, also Autorität, als prinzipiell gut und segensreich anerkennen und der mögliche oder tatsächliche Missbrauch von Macht für uns kein Einwand mehr ist. Denn die Voraussetzung von jeder Autorität bildet Macht. Aber gerade die emotionale Akzeptanz von Macht wird die Voraussetzung dafür sein, dass wir uns mit der Selbstverständlichkeit von Autorität und Disziplin aussöhnen. Belehrung und theoretische Erkenntnis genügen nicht. Die guten Erfahrungen« – so der vermeintlich tröstliche Schluss – »mit der Demokratie und dem legitimen

Umgang mit der Macht in unserem Lande werden uns helfen, sie innerlich zu akzeptieren.«[29] Nun ist es keineswegs so, dass Philosophie und Sozialwissenschaft, seien sie auch emanzipatorisch gesonnen,»Macht« an und für sich verteufeln. Vielmehr hat sowohl die klassische Soziologie etwa Max Webers als auch die soziologische Systemtheorie nach Luhmann zeigen können, dass die Regulation von Willensbeziehungen ein bedeutsamer Faktor, ein bedeutendes Medium gesellschaftlichen Zusammenhalts ist. Nicht einmal Michel Foucault, dem die Sozialwissenschaft einen neuen Blick für unscheinbare Techniken der Machtausübung ebenso verdankt wie die Vermutung, dass»Macht« überhaupt das einzige Medium ist, das zwischenmenschliche Beziehungen strukturiert, hat die»Macht« als solche verteufelt;[30] die ihm in Teilen folgende feministische Bewegung hat die über Jahrtausende faktisch machtlosen Frauen gerade dazu aufgerufen, aus emanzipatorischen Gründen Macht anzuerkennen, zu entfalten und ihre Ausübung sogar zu genießen.[31] Dies übersieht Bueb nicht nur seiner generellen Ablehnung und auch völligen Unkenntnis der Sozialwissenschaften wegen, sondern vor allem ob seiner grundsätzlichen nicht illiberalen, sondern geradezu kämpferisch anti-liberalen Haltung: Kommt es ihm doch darauf an, im möglichen oder tatsächlichen Missbrauch von Macht keinen Einwand gegen ihren Gebrauch zu erkennen.

Bueb scheint überhaupt nicht zu verstehen, dass der von ihm angeblich geschätzte Rechtsstaat zum großen Teil darauf und nur darauf beruht, dass der mögliche Missbrauch von

---

29 a.a.O., S. 61–62
30 M. Foucault, Überwachen und Strafen, Frankfurt am Main: Suhrkamp 1976; vgl. P. Sarasin, Michel Foucault zur Einführung, Hamburg: Junius 2005, S. 122 f.
31 J. Butler, Psyche der Macht, Frankfurt am Main: Suhrkamp 2001

Macht einkalkuliert, institutionell möglichst verhindert und der tatsächliche Missbrauch geahndet wird. Er verkennt, dass die bürgerlichen Freiheits- und universalen Menschenrechte nicht zuletzt Abwehrrechte gegen den Missbrauch der Macht durch die jeweilige Obrigkeit waren und sind – beginnend mit der spätmittelalterlichen »Habeas Corpus«-Akte bis hin zur Unschuldsvermutung im gegenwärtigen Strafprozessrecht. Man könnte geradezu sagen: Kein Rechtsstaat ohne Misstrauen gegen Machtmissbrauch, oder mehr noch: Der Rechtsstaat ist eben auch das institutionalisierte Misstrauen gegen Machtmissbrauch. Doch auch dabei scheint dem Autor nicht ganz wohl zu sein. Bueb definiert »Autorität« als »legitime Macht«, schweigt sich aber, wie oben gezeigt, über sein Legitimitätskriterium aus, mehr noch, er scheint zu meinen, dass gewissen vorfindlichen Größen wie Gott, dem Staat oder den Erziehungsberechtigten Legitimität aufgrund ihrer bloßen Existenz zukommt. Entsprechend erläutert er an anderer Stelle, wie sich bloße Macht in »Autorität« verwandelt: im Fall der Eltern durch Liebe, im Fall der Polizei durch sozial nützliche Interventionen, im Fall des Arztes durch professionelle Kompetenz.[32] Diese richtige Feststellung wird jedoch konterkariert, wenn Bueb für den Bereich der Schule denn doch einer unbegründeten Amtsautorität das Wort redet: »Jugendliche wollen heute Autorität nur anerkennen, wenn sie authentisch wirkt. Wer als Lehrer Unterordnung und Gehorsam fordert, muss nach ihrer Meinung durch Kompetenz, Ausstrahlung und moralische Integrität seine Autorität begründen und rechtfertigen. … Schüler müssen sich jedoch auch Lehrern unterordnen, die durch ihre Persönlichkeit den Anspruch auf Autorität nicht einlösen können. Das kann nur gelingen, wenn diesen Lehrern eine Art Amtsautorität zu-

---

32 B. Bueb, a.a.O., S. 48

kommt, die ihnen Respekt verschafft und ihre Würde schützt.«[33]

Diese erziehungsfunktionale Einführung von »Autorität« soll durch die Legitimität ihrer Zwecke – nämlich der Bildung zum handlungsfähigen Erwachsenen – gerechtfertigt werden. Ganz abgesehen davon, dass eine etwa durch Strafen aufgenötigte Amtsautorität im pädagogischen Bereich erfolglos bleiben wird, gibt Bueb seinen eigenen Begriff der Autorität preis. Wie arm und undifferenziert sein eigener Begriff der Macht ist, wird am abschließenden Bekenntnis deutlich: »Denn die Voraussetzung von jeder Autorität bildet Macht«.[34]

Wenn »Macht« nach Max Weber in der Chance besteht, seinen Willen gegen den Willen anderer durchzusetzen, egal worauf diese Chance beruht, scheint diese Behauptung falsch zu sein: kann »Autorität« doch theoretisch auch auf Einfluss, Liebe, Anerkennung, fachlicher Kompetenz beruhen und nicht auf einer wie auch immer gearteten Durchsetzungsfähigkeit. Bueb begeht einen grundsätzlichen, kategorialen Fehler, wenn er die Verhältnisse verkehrt. Tatsächlich liegen die Dinge nämlich andersherum: Nicht ist »Macht« die notwendige Voraussetzung von »Autorität«, sondern »Autorität« die notwendige Voraussetzung von »Macht« – sofern unter »Macht« nicht einfach unmittelbarer physischer Zwang verstanden wird. Es ist, um diesen Gedanken zu erläutern, überhaupt nicht nötig, auf weit entfaltete Konzepte der Macht, wie sie etwa bei Habermas vorliegen[35], zurückzugreifen, wonach sich Machtansprüche nur dann in »Autorität« verwandeln, wenn sie zugleich einen argumentativ aushandelbaren

---

33 a.a.O., S. 56
34 a.a.O., S. 62
35 J. Habermas, Theorie des kommunikatven Handelns, Bd. 2, Frankfurt am Main: Suhrkamp 1986, S. 52 f.

Geltungsanspruch beinhalten. Schon ein Blick in das Werk der gewiss keines pädagogischen Progressismus verdächtigen Hannah Arendt hätte einen sehr viel angemesseneren Begriff der Macht erbracht: Arendt sieht das Wesen der Macht in der individuellen und damit auch notwendigerweise gemeinschaftlichen Fähigkeit zu handeln, das heißt, einen neuen Anfang zu setzen: »Macht«, so Arendt in der »Vita Activa«, »besitzt eigentlich niemand, sie entsteht zwischen Menschen, wenn sie zusammen handeln, und sie verschwindet, sobald sie sich wieder zerstreuen«[36], was zu keiner anderen Konsequenz führen kann, als dass eine institutionalisierte Amtsautorität von hier aus nicht abgeleitet werden kann. Denn, so Arendt, »im Handeln gehen Anfangen und Vollbringen ineinander über, was politisch gewendet besagt, dass derjenige, der die Initiative ergreift und so auszuführen beginnt, sich unter denen, die zu ihm stoßen, um ihm zu helfen, stets wie unter seinesgleichen bewegen muss, und weder wie ein Herrscher unter seinen Dienern noch wie ein Meister unter seinen Lehrlingen und Gesellen.«[37] Hannah Arendt selbst hat, weil sie der Auffassung war, dass Erziehung und Bildung letztlich nicht zum Bereich der Politik gehören, eine demokratische, reformpädagogische Erziehung abgelehnt.[38]

Unter der Bedingung aber, dass Erziehung und Bildung doch auch öffentliche Vorgänge sind, lässt sich die Frage nach dem auch politisch-öffentlich zu betrachtenden Autoritätsgefälle zwischen Lehrern und Schülern nicht vermeiden. Dann aber gilt auch in intergenerationalen Beziehungen, dass

---

36 H. Arendt, Vita Activa, München: Piper 1958, S. 194
37 Dies.: Zwischen Vergangenheit und Zukunft, München: Piper 1994, S. 224
38 Das ging bei Arendt so weit, dass sie sogar die in den sechziger Jahren in den USA, in den Südstaaten, staatlich erzwungene Rassenintegration von schwarzen und weißen Schülern nicht befürwortet hat. H. Arendt, Little Rock. In: Dies.: In der Gegenwart. Übungen im politischen Denken. München: 2000, S. 258–279

»Autorität« eben nicht auf einseitiger Macht – d. h. letztlich physisch erzwungener Durchsetzungsfähigkeit – beruht, sondern als Produkt gemeinsamen Handelns von Eltern und Kindern, Lehrpersonen sowie Schülerinnen und Schülern zu betrachten ist.

Unter dieser Bedingung freilich – dass nämlich die Begriffe von Macht und Autorität sachlich angemessen geklärt und nicht nur, wie Bueb es tut, dogmatisch vorausgesetzt werden –, bricht das Programm einer, wenn auch nur für bedingte Zeit, geforderten vorbehaltlosen Unterordnung unter unausgewiesene »Autoritäten« sofort in sich zusammen. Und zwar keineswegs nur deshalb, weil es politisch antiliberal und sozialwissenschaftlich unterkomplex ist, sondern vor allem deshalb, weil mit diesen Dogmen vielleicht der Drogenmissbrauch in einem Oberschichteninternat zu unterbinden ist, aber wohl kaum der Unterricht in Grund-, Haupt- und Realschulen zu bewältigen ist, mit Kindern, deren Eltern zuhause genau jenen Dogmen folgen, die Bueb propagiert. Wohin der von Bueb propagierte Erziehungsstil führt, hat die von ihm so ebenso großzügig wie verantwortungslos vernachlässigte empirische Bildungsforschung längst an den Tag gebracht: Je direktiver die Eltern, je mehr Streit wegen verhärteter Haltungen auf beiden Seiten, desto höher die gemessene Intoleranz der Jugendlichen, während umgekehrt jene die höchsten Toleranzwerte aufweisen, bei denen miteinander geredet wird, die Eltern selbst entscheiden lassen oder sich gar aus den Angelegenheiten der Kinder heraushalten.[39] Oder in den Worten der Studie selbst:

»Bemerkenswert ist auch der Zusammenhang zum Erziehungsstil der Eltern. Je kooperativer und mitwirkungsorientierter der Erziehungsstil der Eltern, desto größer die Tole-

---

39 K. Hurrelmann u. a. (Hrsg.) 15. Shell Jugendstudie, Jugend 2006, S. 134

ranz bei den Jugendlichen – je mehr Streit und Autokratie im Erziehungsstil, desto größer die Vorbehalte.«[40] Buebs Lob der Disziplin erweist sich schlussendlich als ein politisches Programm zur Verbreitung von Intoleranz und Misserfolg in der Schule.

---

40 a.a.O., S. 133

Sabine Andresen
Vom Missbrauch der Erziehung*

1. Zur Lesart von »Lob der Disziplin«

Bernhard Bueb zieht nach 33 Jahren als »Vater, Erzieher und Lehrer« und nach 31 Jahren als Schulleiter der Internatsschule Schloss Salem Bilanz.[1] Diese Bilanz reduziert Erziehung auf die Ausübung von Disziplin und Autorität und sie enthält im Gewande einer kulturalistischen Schuldzuschreibung ein vernichtendes Urteil über Eltern und ihre Kinder, über Lehrerinnen und Lehrer sowie über die große Gruppe von außerschulisch tätigen Pädagoginnen und Pädagogen. Das Fazit eines 1938 geborenen Mannes ist damit insbesondere eine Anklage gegenüber den Frauen, die in Deutschland nach wie vor einen Großteil der Erziehung in den Familien übernehmen, die mehrheitlich als Erzieherinnen im Kindergarten und als Grundschul- und Sekundarschullehrerinnen tätig sind, die sich bereits seit Anfang des zwanzigsten Jahrhunderts als Sozialpädagoginnen professionalisiert haben. Darüber hinaus basiert Buebs Argumentation auf einem Geschichtsbild, das sich weder mit den Ergebnissen der historischen Forschung noch mit denen empirischer Sozialforschung deckt. Insofern kann man sich des Eindrucks nicht erwehren, dass es dem Autor vor allem um eine wirkmächtige Platzierung seiner gesellschaftspolitischen Einstellung geht. Diese Sicht kleidet er in eine Semantik der Erziehung.

* Ich danke meinem Doktorandenkolloquium an der Universität Bielefeld und Susann Fegter für die kritische Diskussion dieses Beitrags.
1 B. Bueb, Lob der Disziplin. Eine Streitschrift, Berlin: List 2006

Das heißt aber, Erziehung wird hier benutzt, um allgemeine Krisenzustände zu thematisieren und Kultur- bzw. Gesellschaftskritik zu üben. Ein Blick in kulturpessimistische Debatten der Vergangenheit zeigt, dass Bueb mit diesem Missbrauch der Erziehung auf ein probates Mittel zurückgegriffen hat. Er reiht sich ein in die Liste derjenigen, die ihre intellektuelle Verlegenheit gegenüber der Komplexität sozialer Probleme und gesellschaftlicher Krisen hinter einer Fassade des Volkserziehers zu verbergen versuchen. Insofern handelt es sich beim »Lob der Disziplin« um ein kulturell und politisch zu deutendes Symptom, das durchaus ähnliche Züge zu tragen scheint wie das 1890 unter dem Pseudonym »Von einem Deutschen« erschienene Buch »Rembrandt als Erzieher«.[2] Dem Autor, Julius Langbehn, ging es mit dieser Schrift ebenfalls nicht um Erziehung, sondern um die Anklage moderner Wissenschaft, Kunst und Literatur, liberaler Offenheit und internationaler Intellektualität. Er sah in dieser Entwicklung Anzeichen von Niedergang und Dekadenz. Erlösung versprach Langbehn mit seiner kruden Vereinnahmung des niederländischen Künstlers, den er zur deutschen männlichen Ikone, zur Lichtgestalt stilisierte. Das Buch selbst ähnelt einem Bauchladen, in dem die unterschiedlichsten Themen wild durcheinander feilgeboten werden. Helmuth Plessner sollte Jahrzehnte später in seiner Schrift »Die verspätete Nation. Über die politische Verführbarkeit des bürgerlichen Geistes« (1935/1959) Langbehn zu den Autoren zählen, die das im deutschen Kaiserreich wachsende Misstrauen gegen die Macht des Intellekts, des Fortschritts, der Toleranz und der Humanität geschürt hatten.[3]

---

2 J. Langbehn, Rembrandt als Erzieher. Von einem Deutschen. Leipzig 1890/1891
3 H. Plessner, Die verspätete Nation. Über die politische Verführbarkeit des

Im Unterschied zu Kulturkritikern wie Langbehn kommt bei Bueb erschwerend hinzu, dass diesem als professionellem Erzieher und Lehrer von Eltern, Kolleginnen und Kollegen Autorität zugesprochen wird. Bueb hat das ihm von den zahlreichen Käuferinnen und Käufern seines Buches entgegengebrachte Vertrauen jedoch missbraucht, indem er Erziehung, Erziehende und zu Erziehende benutzt, um als Volkserzieher seine politische Botschaft zu verkünden. Ein Volkserzieher dieser Provenienz zeichnet sich dadurch aus, dass er sich eindeutig auf der moralisch und politisch richtigen Seite, ja, im Besitz der wahren Tugend wähnt.

Diese einleitende Skizzierung meiner Lesart von Bernhard Buebs »Streitschrift« möchte ich in den folgenden Abschnitten weiter entfalten und begründen. Ich werde dazu in den beiden ersten Schritten die historische Perspektive stark machen und in den beiden letzten mit einem erziehungswissenschaftlichen Blick Buebs Argumentationsgang analysieren. Seine Argumentation in »Lob der Disziplin« basiert insgesamt auf einer historischen Zäsur, die mit einer Jahreszahl charakterisiert wird: 1968. Ihm geht es dabei um die Entlarvung eines vermeintlich Schuldigen zum Zwecke der Volkserziehung. Unter diesen »höheren« Zweck wird die Geschichte gebeugt. Angesichts dessen handelt es sich in mehrfacher Hinsicht um einen Missbrauch der Erziehung, der mit dem »Missbrauch der Disziplin«, der Leitthese des vorliegenden Buches, einhergeht.

Der erste Abschnitt meiner Analyse zielt deshalb auf die Fragwürdigkeit der historischen Rekonstruktion, über die sich der gebildete Autor Bueb selbst vermutlich im Klaren ist. Sodann stelle ich das von ihm artikulierte Gefühl des Leidens

---

bürgerlichen Geistes. In: Ders.: Gesammelte Schriften VI., Frankfurt am Main 2003

in den reformpädagogischen Kontext. Im dritten Abschnitt zeige ich auf, dass Bueb seine Vorstellungen zu Familie und Erziehung entfaltet, ohne soziale Kontexte zu berücksichtigen. Daran schließt eine Kontrastierung von Buebs Erziehungsbegriff mit Aussagen von jungen Studierenden der Erziehungswissenschaft über Erziehung an.

Insgesamt setzt sich während und nach der Lektüre Buebs der Eindruck fest, es handelt sich in »Lob der Disziplin« um einen spezifischen Beitrag zur bürgerlichen Leitkulturdebatte. Diesen Zusammenhang stellte auch der Schriftsteller Matthias Altenburg in einem Beitrag in der ZEIT her: »Ob Eva Hermans Selbsterniedrigungsprogramm, Udo di Fabios Ruf nach einer neuen, alten Bürgerlichkeit oder Dr. Buebs Salto mortale in die Erziehungsprinzipien der fünfziger Jahre, sie alle machen Vorschläge für eine Welt, die es nicht mehr gibt und nie mehr geben wird. So viele absurde Rückwendungen finden derzeit statt, dass man sich kaum noch wundern würde, wenn demnächst die Inthronisation eines adligen Potentaten als probates Mittel ausgerufen würde, neben der Gesundheitsreform endlich auch alle anderen Probleme des Landes zu lösen. Und man sieht sie schon ihre schwarz-rot-weißen Fähnchen schwenken – Horst Köhler, Kai Dieckmann und Frank Schirrmacher, untergehakt an der vordersten Front – und gemeinsam singen: Wir wollen unsern alten Kaiser Wilhelm wiederhaben! Wahrhaftig, manchmal ist man erstaunt, dass ›dort draußen‹ im Land nicht einfach ein riesengroßes Gelächter einsetzt.«[4]

---

4 M. Altenburg, »Weniger Disziplin bitte« In: Die ZEIT, 28.9. 2006

2. Vom Missbrauch der Erziehung

Fast 100 Jahre vor Buebs »Lob der Disziplin« im Jahre 1907
fiel die Bilanz des Berliner Professors für Philosophie und
Pädagogik, Friedrich Paulsen, in seinem Büchlein über »Väter und Söhne«[5] ähnlich wie 2006 aus: Die nötige Disziplin
sei sowohl in der Schule als auch in der Familie durch eine
neue Nachgiebigkeit verdrängt worden, wofür Paulsen den
Einfluss liberal gesonnener Mütter und reformpädagogisch
inspirierter Personen wie die Schwedin Ellen Key verantwortlich machte.[6] Vor allem fürchtete Paulsen eine Demokratisierung des Generationen- und Geschlechterverhältnisses,
durch die er männliche Autorität massiv gefährdet sah.

Paulsens Ängste und Sorgen kommen in einer kulturkritischen Semantik zum Ausdruck. Beschrieben werden u. a. das
Verhalten der Jugend und der in seinen Augen negative Erziehungsstil der Mütter. Diese glaubten, im Zuge der Moder-
nisierung auf Autorität und Disziplin, auf Tradition und Respekt verzichten zu können. Paulsen selbst wollte davon
überzeugen, es handle sich bei dieser Entwicklung um einen
allgemeinen Verfall der Sitten, der sich insbesondere im öffentlichen Leben zeige: »Ich war vor nicht langer Zeit Zeuge
folgenden Vorgangs: Eine alte Frau, die ihr Leben lang auf
dem Lande gelebt hatte, kam zum ersten Mal in die Großstadt; sie steigt in einen Omnibus, und da alle Plätze besetzt
sind, bittet sie einen Jungen aufzustehen, um sie sitzen zu
lassen. Da war sie aber an den falschen gekommen: Das habe

---

5 F. Paulsen, (1907/1912), Väter und Söhne, In: Ders.: Gesammelte pädagogische Abhandlungen, Stuttgart/Berlin, S. 537–559
6 S. Andresen, M. Baader, Wege aus dem Jahrhundert des Kindes. Tradition
und Utopie bei Ellen Key, Neuwied/Kriftel: Luchterhand 1998

er nicht nötig, und seine neben ihm sitzende Mutter schoss sogleich los: Sein Platz sei so gut bezahlt wie jeder andere.«[7] Der Philosophie- und Pädagogikprofessor kritisiert hier die Anwaltschaft der Mutter für ihren unhöflichen und respektlosen Sohn und das damit prinzipiell verbundene Rechts- und Erziehungsverständnis einer neuen Generation. Die Kritik richtet sich an einen öffentlich sichtbar werdenden Ausdruck, dessen Ursache Paulsen in der tendenziellen Umkehrung der Generationen- und Geschlechterverhältnisse ausmachte. Diese Umkehrung bringe schließlich neue Anspruchshaltungen und Umgangsformen, aber vor allem Respektlosigkeit gegenüber dem Alter mit sich. Paulsen wählte seine Geschichte geschickt aus, weil sie nahe legte, dass der neue Erziehungsstil der Mütter, die Liberalisierung des Generationen- und Geschlechterverhältnisses gerade diejenigen schwächen würde, die besonderer Unterstützung bedürften. Die alte Frau vom Lande auf Besuch in der Stadt personifiziert die ausgelieferte Hilflosigkeit, und es ist ein Mann wie Friedrich Paulsen, der eine schützende Semantik vorgibt, die eigentlich etwas anderes bezweckt.

In Streitschriften ist gerade die vermeintliche Eindeutigkeit von Beispielen die Tücke der Argumentation. Das kann man auch bei Bernhard Bueb nachvollziehen. Exemplarisch sei hier eine seiner Erzählungen aufgegriffen, die sehr ähnlich aufgebaut ist wie Paulsens Omnibusszene. Auch sie ist durchaus anschlussfähig an das Alltagserleben vieler Leserinnen und Leser:»Kürzlich teilte ich mit einer Mutter und ihrem fünfjährigen Sohn ein Zugabteil. Der Junge benahm sich ungebärdig, trat laut fordernd auf und ignorierte die von seiner Mutter wortreich vorgetragenen Versuche, ihn zur Vernunft zu bringen. Ich habe mir die Diskussion zwischen

---

7 F. Paulsen, a.a.O., S. 509 f.

Mutter und Sohn über die Fragen, wann er das Zimmer aufräumen, den Hund ausführen oder die vereinbarten Arbeiten im Haushalt übernehmen wolle, zehn Jahre später vorgestellt. Hätte ich ihr als junger, durchaus heiratswilliger Mann gegenübergesessen, wäre ich ins Nachdenken verfallen, ob ich nach einer Heirat den Herausforderungen, die die Erziehung von Kindern mit sich bringt, überhaupt gewachsen sei.«[8]

Wer kennt sie nicht, derartige Szenen von Zugreisen oder Restaurantbesuchen, und wer hatte dabei nicht schon die Fantasie, man selbst würde es anders machen, und wer hatte nicht schon den Glauben, früher sei es besser gewesen: Nicht so respektlos, nicht so laut, nicht so wild, nicht so penetrant auf Seiten des Kindes, nicht so hilflos, aber »wortreich« auf Seiten der Mutter. In Bernhard Buebs Darstellung, die abschließend um die Frage kreist, wie es ihm ergangen wäre, wäre er als »junger, durchaus heiratswilliger Mann« der Beobachter gewesen, tritt das Geschlechterthema markant hervor. Die Botschaft ist eindeutig: Wenn Mütter scheitern, so verlieren Männer den Mut zur Vaterschaft, oder anders: Um »junge, durchaus heiratswillige« Männer nicht zu entmutigen, sollte die Machtverteilung zwischen den Geschlechtern wieder verhandelt werden.

Diese Szene führt den Autor über den Erziehungsstil der eigenen Mutter, der sich selbstverständlich grundlegend von dem der Zugreisenden unterschieden hat, zum historischen Wendepunkt: »Einer auf Autorität beruhenden Pädagogik der frühen Nachkriegszeit folgte nach 1968 die Neigung, Erziehung bis in die letzten Winkel der Kinderzimmer zu demokratisieren.«[9] Damit rundet sich das Deutungsmuster Buebs ab: liberale Mütter und die Akteure von 1968 tragen

---

8 B. Bueb, a.a.O., S. 79
9 a.a.O., S. 80

die Verantwortung für strapaziöse Zugreisen mit Kindern. Das Zugabteil wird zum Ort, an dem das durch Demokratisierung enthemmte Kind und die verbal agierende Mutter auf den kritischen Beobachter treffen. Es wird zum Symbol bürgerlicher Verunsicherung. Der Mangel an Disziplin und Autorität scheint ihren Anhängern dort besonders deutlich zu werden, wo die geographische, soziale oder kulturelle Mobilität den Glauben an den einen richtigen Weg, an die eine richtige Kultur, an die eine richtige Erziehung fundamental in Frage stellt. So macht der Omnibusfahrer Friedrich Paulsen 1907 auch ohne Kenntnisse der 68er Generation dieselbe Erfahrung wie Bueb und beide eint ihr Deutungsmuster: 1907 und 2006 thematisieren bürgerliche Männer letztendlich nichts anderes als ihre nicht länger unhinterfragte Autorität. Die Diskussion führen sie im Namen der Erziehung, und die Forderung nach Disziplin zielt auf ihre männliche, bürgerliche und autoritätsbezogene Identität. Die historische Zäsur, die Bueb vornimmt, ist, wie der Vergleich mit Paulsen zeigt, falsch. Mit dem »Missbrauch der Disziplin« geht ein Missbrauch der Erziehung einher, weil im Namen der Erziehung das Interesse an Macht und Autorität legitimiert werden soll.

3. Vom Leiden als Impuls, über Erziehung nachzudenken

Aus Verlustempfinden resultiert nicht selten ein Ressentiment. Erziehung scheint geradezu ideal, um einem solchen Ressentiment Ausdruck zu verleihen. Zudem ist in explizit pädagogischen Debatten Verlust ebenfalls ein wesentlicher Aspekt. Insofern war das Leiden an den Bedingungen für Erziehung, Bildung, Aufwachsen und Lernen stets ein wichtiger

Impuls reformpädagogischen Denkens. Die Schrift Bernhard Buebs basiert ebenfalls auf Erkenntnissen, »die ich aus meinem Leiden an unserer beschädigten deutschen Erziehungskultur gewonnen habe.«[10] Insofern befindet sich der langjährige Leiter einer bekannten reformpädagogischen Schule in guter reformpädagogischer Gesellschaft. Erinnert sei an die ersten Sätze des Bestsellers von 1902 »Das Jahrhundert des Kindes« der Schwedin Ellen Key: »Die Ereignisse um die Jahrhundertwende veranlassten eine Zeichnung des neuen Jahrhunderts als eines nackten Kindleins, das sich zur Erde hinabsenkt – aber sich erschrocken zurückzieht bei dem Anblick des mit Waffen gespickten Balles, auf dem für die neue Zeit nicht ein Zoll breit Boden frei ist, den Fuß darauf zu setzen!«[11] Ellen Key hoffte als engagierte Frauenrechtlerin auf die Hervorbringung des neuen Menschen durch drei Maßnahmen: durch Eugenik, durch Schutzgesetze für Frauen und Kinder sowie durch eine neue Erziehung. Sie war inspiriert durch so unterschiedliche Menschen wie Spinoza, Spencer, Darwin, Montaigne, Goethe und Rousseau.[12] Und gerade Letzterer hatte in seinem Erziehungsroman »Emile oder über die Erziehung« von 1762 die Leidenssemantik der Pädagogik vorgegeben: Alles sei gut, wie es aus den Händen des Schöpfers kommt, alles entarte unter den Händen des Menschen.

Erziehungsvorstellungen gehen demnach meistens auch mit passenden Gesellschaftsbildern einher. Gerade die Reformpädagogik brachte eine enorme politische Vielfalt hervor, und dabei ging es auch um den Anteil der Erziehung im Erneuerungsprozess der Gesellschaft. Für Key konnte sie nur

---

10 a.a.O., S. 11
11 E. Key, Das Jahrhundert des Kindes. (1902) Neu herausgegeben und mit einem Nachwort von Ulrich Herrmann, Weinheim/Basel: Beltz 2000, S. 11
12 S. Andresen, M. Baader, a.a.O.

einen Teil dazu beitragen, weshalb sie sich darüber hinaus insbesondere für die auch bereits zu ihrer Zeit umstrittene Eugenik bekannte. Der US-amerikanische Pragmatist John Dewey, der wie Ellen Key evolutionstheoretisch argumentierte, aber kein Eugenikbefürworter war, artikulierte in seinem großen Werk »Democracy and Education«[13] 1916 ebenfalls ein Leiden, und zwar an der mangelnden Ausrichtung an Erfahrung und der Distanz zu demokratischen Prozessen im deutschen Erziehungswesen.[14] Dewey rekonstruierte einen gemeinsamen europäischen Kern, der sich in Deutschland jedoch spezifisch weiterentwickelt habe. Für Dewey erwies sich insbesondere die Engführung von Kultur und Bildung als fatal für die Entwicklung des deutschen Bildungswesens. Europa insgesamt, so seine Argumentation, habe seine Kultur nicht originär entwickelt:

»Europa musste zur griechisch-römischen Kultur in die Schule gehen; auch Europa entlieh seine Kultur mehr als es sie entwickelte. Nicht nur seine allgemeinen Gedanken und ihre künstlerische Darstellung, sondern auch die Vorbilder seiner Gesetze suchte es in den Aufzeichnungen fremder Völker. Seine Neigung zur Überlieferung wurde außerdem durch die vorherrschenden theologischen Interessen der Zeit verstärkt. Denn die Autoritäten, auf die sich die Kirche berief, waren in fremden Sprachen verfasste Schriften. Alles dies wirkte zusammen, um die Gleichsetzung von Bildung mit fremdsprachlicher Schulung herbeizuführen und zur Sprache

---

13 J. Dewey, Demokratie und Erziehung. Eine Einleitung in die philosophische Pädagogik. Herausgegeben und mit einem Nachwort von Jürgen Oelkers, Weinheim/Basel: Beltz 2000

14 S. Andresen, Theorien und Konzepte der Pädagogik zwischen Weimarer Republik und Nationalsozialismus. In: W. Hasberg, M. Seidenfuß (Hrsg.), Geschichtsdidaktik(er) im Griff des Nationalsozialismus? Münster: Lit 2005, S. 93–106

der Gebildeten eine fremde Sprache, nicht die Muttersprache zu machen.«[15]

Das aber hatte außerdem zur Folge, so Dewey, dass eine an Büchern und Autoritäten orientierte Schulbildung mit einer distanzierten Haltung gegenüber den Naturwissenschaften, insbesondere der Evolutionstheorie, korrespondierte. Diese Argumentationsführung war ein Grund für die späte Übersetzung ins Deutsche, die erst 1930 durch Erich Hylla erfolgte. Hylla reiste Mitte der Zwanzigerjahre in die USA und war für ein Jahr an der Columbia University in New York, der nach Chicago zweiten großen Wirkungsstätte Deweys, tätig. Vor der Übersetzung von »Democracy and Education« erschien 1928 seine Studie über das amerikanische Bildungswesen »Die Schule der Demokratie«.[16] Er emigrierte kurz nach der Machtergreifung der Nationalsozialisten in die USA, kehrte 1945 zurück, engagierte sich in der Reeducationpolitik und wurde 1951/52 der erste Direktor des DIPF in Frankfurt.

Neben einem starken Plädoyer für empirische und international vergleichende Forschung verfolgte Hylla in Anlehnung an Dewey jedoch auch ein politisches Ziel: Nicht die Erziehung zur Volksgemeinschaft dürfe der Leitgedanke deutscher Erziehung sein, sondern die Erziehung zur demokratischen Völkergemeinschaft. Hierbei sei besonders Deutschland auf die Erfahrungen traditionsreicher Demokratien wie England und die USA angewiesen: »Auch in der besonderen Aufgabe der Erziehung für unsere neue, d. h. demokratisch eingerichtete Volksgemeinschaft, für ein vom Volke selbst geleitetes Staatswesen haben wir ja nicht allzu viel eigene Erfahrung, haben auch das Gewicht einer alten

---

15 J. Dewey, a.a.O., S. 365
16 E. Hylla, Die Schule der Demokratie,. Ein Abriss des Bildungswesens der Vereinigten Staaten, Berlin/Leipzig 1928

Tradition zu überwinden.«[17] Insofern plädierte Hylla insbesondere für eine demokratische Überwindung des deutschen Nationalismus, der im Wesentlichen auf unhinterfragter Autorität und kleingeistiger Enge basiere. Berlin und New York, so Hylla, seien heute einander näher als Frankfurt und Weimar zur Zeit Goethes.

Das, was man also für die Ursachen des Leidens hielt, jenes, was für die Behebung des leidvollen Zustandes herangezogen wurde, unterschied sich in den reformpädagogischen Konzepten zu Beginn des 20. Jahrhunderts demnach erheblich voneinander. Ursachenanalyse, Kritik und Maßnahmenkataloge waren abhängig von dem wissenschaftlichen, intellektuellen, kulturellen oder politischen Hintergrund der Autorinnen und Autoren, vom konkreten gesellschaftlichen Kontext und nicht zuletzt vom spezifischen nationalen Schulsystem, auf das sich die Reformvorschläge bezogen. Das ist nach dem »Jahrhundert des Kindes«, dessen Menschen, so der Dichter Rainer Maria Rilke in einer Rezension, einmal danach beurteilt würden, welchen Beitrag sie für die Vision geleistet hätten, auch nicht anders.

Dass jedoch mehr als 100 Jahre nach dem Erscheinen vom »Jahrhundert des Kindes« und 90 Jahre nach »Democracy and Education« das Leiden eines Pädagogen in einer Schrift entfaltet und insbesondere von der Bild-Zeitung einerseits und der bürgerlichen FAZ andererseits volksnah aufbereitet wird, ist nicht wegen der Leidensthematik an sich irritierend, sondern wegen der dargelegten Ursachen für das Leiden. Im Vorwort Buebs tritt es der Leserin entgegen: »Der Erziehung ist vor Jahrzehnten das Fundament weggebrochen: die vorbehaltlose Anerkennung von Autorität und Disziplin. Wer heute als Erziehender tätig wird, kann einer erziehungsfeind-

---

17 E. Hylla, a.a.O., S. 2 f.

lichen Umwelt, geprägt von einem aggressiven Materialismus, wenig entgegensetzen. Viele irren ziel- und führungslos durchs Land.«[18] Die beiden Beispiele aus der Reformpädagogik zeigen, dass mit der Erziehung – gerade in Deutschland – sowohl von außen als auch von innen betrachtet Vieles im Argen lag und liegt. Die Kritik an Erziehung hätte sich nach den Erfahrungen mit dem Nationalsozialismus radikalisieren müssen. Das ist, von wenigen Ausnahmen abgesehen, nicht geschehen.

Die Amerikaner zielten in Deutschland, Dewey im Munde, wenigstens auf eine Auflösung des dreigliedrigen Schulsystems und scheiterten. Nicht zuletzt vor diesem Hintergrund bleibt uns Bueb den Nachweis schuldig, welche Qualität wir denn verloren haben, wenn der Erziehungsstil aus der Zeit vor 1968 auf dem Weg der Demokratisierung und der Transformation nach 1989 überwunden wurde.

Viele Reformpädagoginnen und -pädagogen verwiesen wie Bueb im Namen der Erziehung auf leidvolle Erfahrungen, aber das Leiden als Impuls reformpädagogischen Denkens kennt nicht nur die eine Antwort, die uns Bueb anbietet. Im Gegenteil, zeigt uns doch die gesamte deutsche Bildungs- und Erziehungsgeschichte die Folgen von verzerrten Geschichtsbildern, von Ressentiments und einseitigen Schuldzuweisungen.

4. Von der Ausblendung sozialer Kontexte

Von der historischen Verortung der vorherigen Abschnitte ausgehend, ist demnach zu prüfen, worauf die Zeitdiagnosen Buebs basieren. Matthias Altenburg hatte ihm vorgeworfen,

---

18 B. Bueb, a.a.O., S. 11

er würde Vorschläge entwickeln für eine Welt, die es nicht mehr gebe. In folgenden Passagen verdichtet sich der Eindruck, dass es Bueb um die Wiedererweckung einer in seinem Sinne geordneten Welt, um die Herstellung von Eindeutigkeit und um eine Belebung von Unbefangenheit gegenüber der Geschichte geht. Seine Ordnung der Welt basiert auf drei Anliegen. Das erste dieser zentralen Anliegen bezieht sich auf Macht:»Wenn wir unsere Unschuld im Verhältnis zur Macht wiedergewonnen haben, werden wir auch unbefangen von Disziplin und Gehorsam sprechen können.«[19] Das zweite enthält eine atemberaubende Hinwendung zu einem»ungestörten Verhältnis zu Disziplin und zu Gehorsam«. Dieses sei erst zu gewinnen, wenn das Machtgefälle zwischen Erwachsenen und Kindern und Jugendlichen ohne Vorbehalte anerkannt würde.»Ein möglicher Missbrauch darf kein Einwand sein. Wir müssen uns dazu durchringen, legitime Macht als Autorität anzuerkennen, die Macht Gottes, die Macht des Staates und die Macht der Erziehungsberechtigten. Das Christentum besaß immer ein unbefangenes Verhältnis zur Macht.«[20] Und schließlich gipfelt Buebs Ordnungssinn in der Charakterisierung sozialer Tugend:»Soziale Tugenden, die Menschen für Extremsituationen qualifizieren, wie sie der Krieg mit sich bringt, bedürfen der Übung wie andere Tugenden auch.«[21]

Ausgehend von dieser ordnenden Zeitdiagnose und den daran sichtbar werdenden gesellschaftlichen und Erziehungszielen fällt eine historisch systematische Kritik nicht schwer. Ich möchte hier jedoch eine andere Perspektive und nicht die historisch kritische Sichtweise weiter verfolgen. Schließlich ist Bueb Pädagoge und sein Plädoyer für Ordnung an

19 a.a.O., S. 61
20 a.a.O., S. 60
21 a.a.O., S. 151

sich ist durchaus nachvollziehbar. Die Grenzen des Verstehens sind jedoch schnell erreicht: Zu fragen ist nämlich, welche konkreten Menschen der langjährige Schulleiter auf der Basis seiner Erfahrungen mit Kindern, Jugendlichen, Eltern sowie mit Lehrerinnen und Lehrern vor Augen, welches Menschenbild er im Kopfe haben kann, um seine Ordnungsvorstellung zu legitimieren? Welche Folgen hätte dieser Ordnungssinn für die heutige Erziehung? Wie lässt sich Macht gepaart mit Unschuld und Unbefangenheit pädagogisch übersetzen? Wie soll die Autorität des Erziehungsberechtigten die des Staates und die Gottes repräsentieren? Stellt er sich die Erziehung zu sozialen Tugenden wieder als Militärpädagogik vor, wenn er gerade in diesem Zusammenhang auf die Extremsituation im Krieg verweist? In der Naivität der Fragen zeigen sich die Schlichtheit der Intention des Buches und die intellektuelle Verlegenheit seines Autors.

Vor dem Hintergrund dieser Ordnung wird jedoch verständlich, warum Bueb demokratischen Aushandlungsprozessen wenig abgewinnen kann. Ferner wird klar, dass die Herstellung eines Konsenses, von dem er durchaus spricht, nicht das Aushandeln gleichrangiger Interessen, das Diskutieren von Normen und Werten, nicht die Teilhabe an gemeinsamen Anliegen, nicht die Bereitschaft, aufeinander zu hören, bedeutet. In der sozialwissenschaftlichen Forschung wird gerade der Familie im Unterschied zu den Fünfzigerjahren ein Wandel attestiert. Deshalb steht sie vermutlich im Mittelpunkt der Buebschen Kritik, die er als Verfallsgeschichte formuliert: »Vor unseren Augen spielt sich das eigentliche pädagogische Drama unserer Zeit ab: Die Erziehung in den noch bestehenden Familien verdient immer weniger den Namen Erziehung, denn sie wird nicht mehr von einem familienübergreifenden Konsens getragen; die einen erziehen ihre Kinder nach Grundsätzen, die anderen folgen den Launen der Zeit.«[22] Neben den auch hier sichtbar werdenden Schwächen der historischen Argumentation lässt sich zudem sein Verständnis von Konsens in der Familie freilegen: Es zielt auf die Bereitschaft von Frauen und Kindern, sich dem bürgerlichen Patriarchen wieder unterzuordnen.

Buebs Zeitdiagnose zur Familie blendet systematisch sozial relevante Kontexte nahezu komplett aus. Es gibt unterschiedliche empirische Erkenntnisse darüber, dass das Familienleben nicht unbedingt und überall ein Ort der Glückseligen ist, aber gleichwohl hat Familie in allen Generationen nach wie vor einen hohen Stellenwert. Beispielsweise hat die jüngste Shell-Jugendstudie die starke Familienorientierung der Jugendlichen aufgezeigt: »Jugendliche schreiben heute der Familie eine besonders hohe Bedeutung zu und bleiben lange in den Strukturen ihrer Herkunftsfamilie. So leben 73 % der Jugendlichen im Alter von 18 bis 21 Jahren noch bei ihren Eltern. ... Entgegen der These von der Auflösung von Ehe und Familie lässt sich bei den heutigen Jugendlichen eine starke Familienorientierung feststellen, die in den vergangenen vier Jahren sogar noch etwas angestiegen ist. 72 % der Jugendlichen sind der Meinung, dass man eine Familie braucht, um wirklich glücklich leben zu können (2002: 70 %).«[23]

Elternstudien belegen eine hohe Bildungsaspiration für ihre Kinder und eine große Bereitschaft, sich auf das kindliche Gegenüber einfühlsam einzustellen. Gleichwohl scheint auch Ratlosigkeit viele Eltern zu beschäftigen, auf unterschiedlichen Feldern ist der Beratungsbedarf gewachsen. Diese Ent-

---

22 a.a.O., S. 125
23 Shell Deutschland Holding (Hrsg.) Jugend 2006. Eine pragmatische Generation unter Druck. Konzeption und Koordination: Klaus Hurrelmann, Mathias Albert und TNS Infratest Sozialforschung. Hamburg/Frankfurt/M.: 2006, S. 17

wicklung ist aber eher ein Indiz dafür, dass gesellschaftliche
Veränderungen nicht vor der Wohnungstür der einzelnen Familie stehen bleiben: Die meisten Eltern wissen, dass ihr
Kind einen möglichst hohen Bildungsabschluss benötigt,
aber sie wissen ebenso, dass damit keine Garantie für eine erfolgreiche Berufsbiographie gegeben ist. Sei es im Umgang
mit zentralen Vergleichsarbeiten, neuen Schulstandards, mit
modularisierten Studiengängen, mit fehlenden Ausbildungs-
plätzen, Assessmentverfahren und Potenzialanalysen für
Hauptschülerinnen und -schüler, mit Medien oder Ernährung, der Beratungsbedarf von Eltern und Kindern wächst.
Darin einen Beweis allgemeiner elterlicher Inkompetenz, einen Hinweis für den Verfall nach 1968 oder einen fundamen-
talen Werteverlust zu sehen, heißt, die sozialen Bedingungen
des Aufwachsens sträflich zu ignorieren.

5. Vom Lob der Erziehung und der jungen Generation

Die Verlust- und Leidenssemantik Buebs geht – wie gesehen
– mit seiner Verfallssemantik einher. Damit liegt er im Main-
stream des bürgerlichen Feuilletons, der sich bereits seit einigen Jahren etabliert.[24] In diesen Diskursen folgen auf den
Verfall der Familie die »Erziehungskatastrophe« und der »Erziehungsnotstand«. So auch bei Bernhard Bueb: Im Grunde
ist nämlich Erziehung aus seiner Sicht gar nicht mehr exis-
tent, an ihre Stelle ist längst die Diskussion getreten.[25] Erziehung hingegen befähige, wenn sie den Namen verdiente, den
Menschen zur Herrschaft über Ordnung und zur bereitwil-

---

24 S. Andresen, Familie und Erziehung in Verfallsgeschichten. Naive Zugänge,
   literarische Dramatisierungen, banale Reden. In: Zeitschrift für pädagogische Historiographie, Zürich 2002, Heft 1, S. 3–6
25 B. Bueb, a.a.O., S. 83

ligen Unterordnung. Damit verbunden ist bei Bueb auch das Bekenntnis zur Strafe, ohne die Recht und Ordnung nicht möglich seien. »Wer Strafen skeptisch gegenübersteht, wählt das Gespräch, um Kindern und Jugendlichen zu Einsichten zu verhelfen. Doch vornehmlich darüber das Verhalten von jungen Menschen zu beeinflussen, es gar zu verändern, übersteigt die Kräfte von Eltern, Erziehern und Lehrern.«[26] Erziehung ohne Strafen ziehe eine permanente Überforderung von Erwachsenen, Kindern und Jugendlichen nach sich. Außerdem ermöglicht in Buebs Argumentation der Einsatz von Strafen die Tugend der Gerechtigkeit. Wer gerecht erziehen wolle, müsse bereit sein zu strafen. Auch in diesem Zusammenhang wird deutlich, dass Erziehung lediglich eine Stellvertretungsfunktion hat. Es geht um die Definitionsmacht über Kultur und Gerechtigkeit und um die Legitimation von Strategien, mit denen Macht und Einfluss auf wenige beschränkt werden. Erziehung kann zu einer solchen Strategie gehören, und sie tritt uns in diesem Fall als eine neue Volkserziehung entgegen.

Das provoziert die Erziehungswissenschaftlerin zu der Frage nach dem Erziehungsverständnis der jungen Generation, die erstens, wenn man Bueb folgt, unter dem Einfluss des Verfalls aufgewachsen ist und die zweitens nun selbst antritt, sich professionell mit Erziehung zu befassen. Gefragt wird nach Normalitätskonzepten von Studierenden der Erziehungswissenschaft, die sich noch am Anfang ihres Studiums befinden. Diese Studierenden repräsentieren selbstverständlich nicht unbedingt den Durchschnitt der jungen Erwachsenen in Deutschland, sondern ein kleines Segment. Gleichwohl ist die Untersuchung ihrer Normalitätsvorstellungen gerade für diesen Zusammenhang interessant.

---

26 a.a.O., S. 108

Konzipiert wurde im Rahmen meines Seminars »Einführung in die Kindheits- und Jugendforschung« an der Universität Bielefeld eine Methode, die Elemente des narrativen Leitfadeninterviews mit Elementen der in der Kindheits- und Jugendforschung vielfach erprobten Aufsatzmethode verknüpft: Diese Kombination haben wir »Selbstportrait« genannt[27]. Auf diesem Weg sind 182 detailreiche teils biographische Skizzen, die auf der Basis eines vorab ausgegebenen Leitfadens verfasst wurden, entstanden. Der Leitfaden bestand im Wesentlichen aus sechs normativen Aussagen, etwa »Kinder sind die glücklicheren Menschen«, und biographischen Schreibimpulsen. Davon haben insbesondere die Impulse »Stellen Sie sich vor, Sie wäre heute ein Grundschulkind …« und »Stellen Sie sich vor, Sie hätten keine Jugend gehabt, was würde Ihnen fehlen?« aufschlussreiche Erzählungen erzeugt.

Die Selbstportraits begannen alle mit der Darstellung, in welchem Umfang persönliche Erfahrungen mit Kindern und Jugendlichen vorliegen bzw. in welchem Maße und welcher Intensität das Zusammensein mit ihnen zum Alltag der einzelnen Studierenden gehört. Hier liegt ein sehr heterogenes Spektrum vor: Studierende berichten von jüngeren Geschwistern, Patenkindern und Verwandten, aber ebenso von Erfahrungen aus Praktika, pädagogischen Ehrenämtern und Nebenjobs. Gleichwohl gibt es auch viele junge Erwachsene in dieser Gruppe, die in ihrer Herkunftsfamilie und darüber hinaus kaum mit Kindern und Jugendlichen in Berührung kommen. Sie sind besonders auf ihre eigenen erinnerten Erfahrungen, auf erste Erkenntnisse aus ihrem Studium und ihre kulturelle Wahrnehmungen verwiesen.

Insbesondere die artikulierten Meinungen zu der Leitaus-

---

27 Vera Müncher war an der Konzeption und Durchführung beteiligt.

sage »Kinder müssen erzogen werden« geben das Spektrum der Auseinandersetzung mit »Erziehung« wieder. Die Notwendigkeit und Bedeutung von Erziehung wird von den Studierenden nicht in Frage gestellt, aber unterschiedlich begründet und ausdifferenziert. In den Selbstportraits taucht Erziehung beispielsweise als sozialer Bestandteil menschlicher Entwicklung, als Frage unterschiedlicher Stile, als anthropologische Notwendigkeit, als Eröffnung von Chancen für Kinder und anderes mehr auf. Studierende nehmen dabei sowohl die gesellschaftlichen »Interessen« als auch das »gelingende Leben« eines Kindes in den Blick. Damit verweisen viele – ohne sich bereits auf die theoretischen Debatten zu beziehen – auf eine erziehungswissenschaftlich begründete Grundfigur, nämlich zu einem Leben in Freiheit und Selbstbestimmung befähigen zu wollen und trotzdem Anpassungsleistungen erzielen zu müssen. In ihren Überlegungen tauchen besonders häufig Begriffe wie »Verantwortung«, »Regeln lernen«, »Normen und Werte«, »soziale Integration«, »Vorbildfunktion«, »Vertrauen« und »Anerkennung« auf. Ebenso fällt auf, dass in manchen Selbstportraits sowohl eine als »autoritär« als auch eine als »Laisser-faire« bezeichnete Erziehung abgelehnt wird. An Ersterer kritisieren Studierende mangelnden Respekt vor der Persönlichkeit des Kindes, die Nähe zur Gewalt, die Unangemessenheit rigider Erziehung angesichts einer demokratischen Gesellschaft. Die als »Laisser-faire« bezeichnete Erziehung vernachlässige hingegen die Bedeutung von Regeln, von Grenzen, die Angewiesenheit auf soziale Netze, denen man sich eben auch anpassen müsse. So artikuliert eine 1985 geborene Studentin im ersten Semester dieses Spannungsfeld: »Für mich liegt die Problematik nicht in der Frage, ob Kinder erzogen werden müssen, sondern wie. Es ist oft schwierig, nicht zu streng oder zu nachgiebig zu sein. Und wichtig ist es dabei insbesondere, dass das Ziel der Eltern nicht die Wahrung und Schaffung ihrer Autorität aus Egoismus ist, sondern, dass sie ihren Kindern Werte und Normen, die sie für ihre Zukunft benötigen, vermitteln.«

Nach diesem Beispiel soll die überblicksartige Darstellung an dieser Stelle genügen, um zwei kontrastierende Themen darzulegen: erstens Sprache und Diskussion und zweitens Erziehung als Vermittlung von Normen und Werten. Bueb betont, dass an die Stelle von Erziehung die Diskussion getreten sei, er führt zahlreiche Beispiele dafür an, dass Diskussionen bzw. die Bereitschaft zu verhandeln die »falsche« Erziehung sei. Demgegenüber findet sich in den Selbstportraits die Artikulation einer engen Verbindung von Erziehung und Diskussion bzw. dem Auseinandersetzen, Erklären und Darlegen beispielsweise von Regeln und dem Hören auf die Ansichten, Gefühle, Widerstände des Kindes. Hier verweisen die Überlegungen in den Selbstportraits auf eine grundlegende Erziehungshaltung. Eine 1982 geborene Studentin im 3. Semester schreibt: »Meine Eltern haben mir beispielsweise immer alle Fragen beantwortet, die ich als Kind hatte. Ich habe viel Zeit meiner Kindheit auf dem Schoß meines Vaters verbracht, habe von meiner Familie immer die Nähe bekommen, die ich gebraucht habe, und ich kann mich nicht erinnern, dass meine Mutter jemals mit mir in Babysprache gesprochen hätte, sondern mir alles geduldig erklärt hat.« In diesem Fall bezieht sich die Studentin auf den als positiv empfundenen Erziehungsstil der Eltern und leitet daraus allgemein zu verstehende »Regeln« ab. Ein 1984 geborener Student im zweiten Semester betont, dass Erziehung die Eltern immer wieder an ihre Grenzen bringe und auch deshalb sowohl die kontinuierliche Verständigung mit ihren Kindern als auch ein regelmäßiger kommunikativer Austausch mit anderen Eltern nötig sei.

Buebs Einlassungen lesen sich als eine Klage über den Verlust tragender Normen und Werte. Nun liegt gerade in dieser Deutung eine typische Variante kulturkritischer Krisenwahrnehmung, die in einer Erziehungssemantik auftritt, vor. In den Selbstportraits wird jedoch der Vermittlung von Normen und Werten im Interesse der Gesellschaft explizit »Autorität« eingeräumt. Es gibt unter den 182 Portraits nur wenige, die nicht auf Normen und Werte verweisen. Außerdem wird ein Zusammenhang zum Umgang mit Regeln hergestellt. Eine 1985 geborene Studentin im ersten Semester schreibt dazu: »Kinder müssen Regeln kennen lernen. Sie müssen lernen, Grenzen zu erkennen, aber auch Räume bekommen, diese zu überschreiten. Die Grenzen können von Eltern aufgezeigt werden. Aber auch Lehrer können diese Aufgabe übernehmen. Wenn Kinder niemals Regeln lernen, niemals erfahren, wie weit sie gehen dürfen, werden sie im Verhalten mit Mitmenschen Schwierigkeiten bekommen. Sie werden persönlich Grenzen der anderen nicht erkennen können.« Es scheint also nicht so zu sein, dass die Verfallsgeschichte, wie sie uns Bueb vorführt, in dieser Pauschalität gerechtfertigt ist. Vielmehr stellt sich die Frage, in welchen Kontext Normen und Werte, Regeln und Grenzen bezogen auf Erziehung gestellt werden. Auf der Ebene der artikulierten Haltung in den Selbstportraits hat jedenfalls insbesondere die Verantwortung der Erziehung für den gesellschaftlichen Zusammenhalt eine zentrale Position. Dies sei noch einmal mit einem Ausschnitt aus dem Selbstportrait eines 1985 geborenen Studenten im ersten Semester angedeutet: »Um dem Kind ein glückliches Leben ermöglichen zu können, eine positive Atmosphäre in einer Familie herstellen zu können und einem Menschen die Fähigkeit zu geben, in unserer Gesellschaft bestehen zu können, halte ich es für unerlässlich, ein Kind zu erziehen. Von grundlegender Bedeutung ist in dieser

Fragestellung natürlich das Verständnis von ›Erziehung‹. Für die Erreichung der von mir genannten Ziele ist natürlich keine *schlechte* Erziehung hinreichend. Unter einer *guten* Erziehung verstehe ich z. B.

- die Vermittlung von bestimmten sozialen Verhaltensweisen, die in unserer Gesellschaft ›normal‹, also allgemeingültig sind, darunter könnten Höflichkeit und Uneigennützigkeit fallen;
- die Vermittlung einer Moral, Achtung anderer Menschen usw.;
- die Möglichkeit der Bildung eines eigenen Willens/Individualisierung bzw. einer eigenen Meinung oder auch Urteilskraft;
- Vermittlung einer positiven Lebenseinstellung, die Durchhaltevermögen und Lebensfreude beinhaltet;
- Freiheiten bereitzustellen, um eigene Erfahrungen machen zu könne, Freunde zu finden;
- Vermittlung von Kulturtechniken (z. T. Aufgabe der Schule).«

Wie sich in dieser einzelnen Passage andeutet, hat die Reflexion über die fehlende Eindeutigkeit der »richtigen« Erziehung einen hohen Stellenwert. Die Studierenden diskutieren die Variationen der Erziehungsstile durchaus kritisch. Sie verweisen vielfach darauf, dass Kinder durch mangelnde Erziehung, durch fehlende Liebe und Zuwendung, durch Vernachlässigung und Gewalt eklatante Benachteiligungen erfahren. Diese Benachteiligung wird sozial verortet. Damit zeichnet die zwischen 1980 und 1986 geborenen Studierenden ein Potenzial für differenziertes, abwägendes Denken aus. Disziplin und Ordnung, Regeln und Normen sind aus diesem Denken jedenfalls nicht verbannt, aber sie basieren auf einem der gegenwärtigen Gesellschaft zugewandten Selbstverständnis. Buebs Schrift leistet zur Ausbildung der jungen Erziehungswissenschaftlerinnen und -wissenschaftler, die oft in der Kritik der bürgerlichen Feuilletons steht, im besten Fall keinen, im schlechtesten Fall einen fatalen Beitrag.

Wem dient nun Buebs Missbrauch der Erziehung, wem nützt diese kulturkritische Verbrämung der Familie? Sicherlich nicht den Kindern, den Studierenden, den Erzieherinnen oder den pädagogischen Institutionen, vermutlich auch nicht mehr den »jungen, durchaus heiratswilligen« Männern des 21. Jahrhunderts. Doch um all die scheint es dem pensionierten Schulleiter auch nicht ernsthaft gegangen zu sein. Vielmehr nutzt Bernhard Bueb seine Autorität für einen Etablierungs- und Stabilisierungsversuch einer patriarchalen Leitkultur, die sich durch eine rigide Ordnung zwischen den Geschlechtern, Generationen und Klassen auszeichnet.

Julius Langbehn, der Autor von »Rembrandt als Erzieher«, hatte sich in dem Moment von seiner Ikone Rembrandt abgewandt, nachdem dieser als moderner, facettenreicher, komplexer Künstler wahrgenommen wurde. Langbehn orientierte sich um, radikalisierte seine Kulturkritik und verfasste 1904 eine weitere Schrift: »Dürer als Führer«.[28]

Gründe gibt es demnach genug, der Autorität solcher Volkserzieher gründlich zu misstrauen.

---

28 J. Langbehn, Dürer als Führer. Vom Rembrandtdeutschen und seinem Gehilfen (Momme Nissen), München: 1904. Die Schrift publizierte er zusammen mit seinem »Schüler« Benedikt Momme Nissen, und sie erschien in der Zeitschrift »Kunstwart«, die von Avenarius, dem Gründer des deutschen Dürerbundes, herausgegeben wurde.

Claus Koch

Erziehung im Nationalsozialismus, 1968 und der erneute Ruf nach Disziplin und Unterordnung

1.

»Von den etwa zwölftausend Heidelberger Studenten sind 11.000 nicht zu sehen. Die restlichen tausend, angeführt von dem in dieser Stadt laut eigenen Angaben 130 Mitglieder umfassenden Sozialistischen Deutschen Studentenbund (SDS), halten weitgehend den Betrieb der Universität, ein Großaufgebot der Polizei und die Bevölkerung in Schach. Die Enge Alt-Heidelbergs machen sich die Rebellierenden zunutze. Die Polizei wirkt hilflos. Sie will den Einsatz des Schlagstocks offensichtlich vermeiden. Nicht wenigen Bürgern erscheint dies als unverständliche Milde. ... Der Aufruf einer soeben gegründeten ›Arbeitsgemeinschaft Heidelberger Bürger‹, die Demokratie nicht durch eine ›kleine, zu allem entschlossene Gruppe revolutionärer Utopisten‹ zerstören zu lassen und ›Schluss mit Provokation, Terror und Gewalt‹ zu machen, fand ein beachtliches Echo. ... Die politisch Verantwortlichen der Stadt befürchten, dass die Stunde der bürgerlichen Gegenwehr nicht mehr fern ist« – so schrieb die Frankfurter Allgemeine Zeitung vom 16. Februar 1969.[1] 37 Jahre später meldet sich in derselben Zeitung und dann mit einem ganzen Buch ein ehemaliger Internatsleiter mit folgen-

---

1 Zitiert nach »Heidelberger Winter. Analysen und Dokumente zum Wintersemester 68/69.« Herausgegeben vom Kollektiv AStA und SDS. Eigendruck: Heidelberg 1969, S. 81

den Worten zurück:»Die 68er-Bewegung hat ... alle Ordnungen, Rituale und Formen bekämpft und nur spontane Herzensäußerungen anerkannt. Darunter leiden wir heute noch.«[2] »Der Erziehung ist vor Jahrzehnten das Fundament weggebrochen: die vorbehaltlose Anerkennung von Autorität und Disziplin«[3], was dazu führt,»dass Eltern, Lehrer und Erzieher in ihrem alltäglichen pädagogischen Geschäft nicht mehr selbstbewusst als Autorität auftreten, nicht selbstverständlich Gehorsam fordern und daher Disziplin im Alltag kleingeschrieben wird. ... Die Folgen sind verheerend.«[4] Schuld daran sei»die antiautoritäre Erziehung der siebziger Jahre«:»Wie eine Art pädagogischer Heilslehre wird Erziehung ohne eine Autorität, die formend auf Kinder wirkt, gepredigt. Es entwickelten sich Utopien von sich selbst bestimmenden Kindern und Jugendlichen in Kindergärten und so genannten Freien Schulen. ... Viele Kinder und Jugendliche verloren die Orientierung und rutschten ohne Schulabschluss in die Arbeitslosigkeit oder gar in die Drogenszene.«[5]

Der nachfolgende Beitrag geht der Frage nach, was die so dämonisierte»68er-Bewegung« mit den ihr zugeschriebenen »verheerenden Folgen« eigentlich war, dass ihr sowohl zu ihrer Zeit als auch heute noch unterstellt wird, ein ganzes Land in seinen ethisch-moralischen Grundfesten erschüttert zu haben und offensichtlich weiter zu erschüttern. Er geht der Frage nach, auf was sich dieser Furor eigentlich bezieht, der sich vor fast vierzig Jahren, am 7. Februar 1968, auf der Titelseite der BILD-Zeitung so las:»Man darf über das, was zur Zeit geschieht, nicht einfach zur Tagesordnung übergehen.

---

2 B. Bueb, Lob der Disziplin. Eine Streitschrift, Berlin: List 2006, S. 101
3 a.a.O., S. 11
4 a.a.O., S. 54
5 a.a.O., S. 67/68

Und man darf auch nicht die ganze Dreckarbeit der Polizei und ihren Wasserwerfern überlassen«, und was das alles, fast vierzig Jahre später, mit dem »strengsten Lehrer Deutschlands«, wie BILD am 12. September 2006 titelte, und seinen Attacken gegen die »68er« zu tun hat. Und er stellt am Ende fest, dass es dabei bis heute um ein und dasselbe geht, nämlich um die geistige Auseinandersetzung mit den in Deutschland offensichtlich nach wie vor virulenten Spuren einer laut Bueb von den Nationalsozialisten lediglich »missbrauchten« Erziehungsideologie, die auf eine vorbehaltlose Anerkennung von Macht und Autorität abzielt.

2.

Der Ausgangspunkt der 68er-Bewegung dürfte in zwei ursprünglich getrennten, aber dennoch miteinander verwobenen Konflikten zu suchen sein. Wesentlich war ein Generationskonflikt mit den Eltern, dem in Deutschland aufgrund der damals noch nicht lange zurückliegenden nationalsozialistischen Ära eine ganz besondere Bedeutung zukam: Ein ungeheuerliches und einzigartiges Verbrechen war begangen worden und zu verantworten, das verschwiegen werden sollte.

Dem folgte – ab Mitte der sechziger Jahre mehr oder weniger zeitgleich – die Sympathie für den Kampf einer scheinbar schwachen und wehrlosen Nation gegen einen übermächtigen, offensichtlich zu jeder Gewalttat entschlossenen Gegner, anfangs aus einer pazifistischen Grundhaltung heraus, die sich dann – auch angesichts einer unverhältnismäßigen staatlich-polizeilichen Reaktion auf die Demonstrationen der »Vietnamgegner« – immer stärker politisieren sollte.

Zurück aber zu dem »Generationskonflikt«, dem Ausgangspunkt für alles, was folgen sollte.

Für viele derjenigen, die 1968 zu den »Achtundsechzigern« gehörten, lagen die Ursprünge ihres Engagements in den Jahren, die unmittelbar auf den »verlorenen« Krieg gefolgt waren, als die gesellschaftlichen Niederungen Familie und Schule noch weitgehend vom Nazismus infiziert waren – trotz oder vielleicht gerade wegen der von den »Besatzern« organisierten offiziellen »Entnazifizierung«. Was kein Wunder war, denn schließlich dürfte eine Mehrheit nicht nur der vom Krieg verschonten männlichen Bevölkerung, sondern auch der Frauen und Mütter in den vorausgegangenen Jahren des »Tausendjährigen Reiches« direkt an seinen Verbrechen beteiligt gewesen sein oder sie zumindest billigend in Kauf genommen – und dafür die herrschende Ideologie verinnerlicht haben. Was sich jetzt – nach »Niederlage« und »Entnazifizierungsprozessen« – in Öffentlichkeit und Politik aus bekannten Gründen nicht mehr offen ausleben ließ, fand seinen Niederschlag neben Stammtisch und Straße besonders in der familiären Erziehung und schulischen Pädagogik, was die meisten »Nachkriegskinder« denn auch unmittelbar zu spüren bekamen. In Elternhaus und Schule dauerten für viele jene Erziehungsideale fort, wie sie schon im »Dritten Reich« gegolten hatten: »Sicher war es leichter möglich, von heute auf morgen den Deutschen Gruß zu unterlassen als den Ton zu verändern, in dem dem eigenen Kind Befehle erteilt wurden«, fasst Sigrid Chamberlain diesen Sachverhalt in ihrem Buch »Adolf Hitler, die deutsche Mutter und ihr erstes Kind«, auf das ich im Folgenden häufiger Bezug nehme, treffend zusammen.[6]

---

6 S. Chamberlain, Adolf Hitler, die deutsche Mutter und ihr erstes Kind. Über zwei NS-Erziehungsbücher, Gießen: Psychosozialverlag 1997, S. 9

3.

Kohärent auf den Punkt gebracht wurden das nationalsozialistische Erziehungsideal und die Mittel seiner Durchsetzung von der erfolgreichsten Ratgeberautorin jener Zeit, Johanna Haarer, die ihre Erziehungsratschläge und ihre »Pädagogik«, die ausdrücklich auf das nationalsozialistische System hin erziehen sollte, seit 1934 im renommierten Münchner Medizinverlag Julius F. Lehmann unter die Leute gebracht hat. Als erstes von mehreren Büchern erschien dort »Die deutsche Mutter und ihr erstes Kind«, von dem Auflage auf Auflage folgte, bis dann zu Kriegsende die beachtliche Stückzahl von 690.000 Exemplaren zustande gekommen war.[7] Es folgten 1936 »Unsere kleinen Kinder« und 1939 »Mutter – erzähl' von Adolf Hitler«.

Ausgangspunkt der von Haarer in ihrem ersten Band zur Säuglingspflege vertretenen Erziehungsideologie war ein klares Feindbild vom Kind. Chamberlain fasst zusammen: »Danach sind Babys und kleine Kinder an der Brust bzw. beim Essen gierig oder faul, Flaschenkinder sind gefräßig, tendenziell sind alle Kinder unersättlich … Babys schreien aus Veranlagung, zornig und lang anhaltend, zum Zeitvertreib oder um etwas zu erzwingen. Babys und Kleinkinder wollen sich nicht fügen, wollen nicht so wie die ›Großen‹ wollen, sie erproben diese, widersetzen sich und tyrannisieren. Von Natur aus sind sie unrein, unsauber, schmuddelig, schmieren herum mit allem, was sich bietet. … Die dem Baby und kleinen Kind zugeschriebenen Eigenschaften sind unsauber bzw. unrein, unstet, zerstörerisch und gierig …«[8] Einmal ausgestattet mit diesem »Menschenbild« vom kleinen Kind leiten sich da-

---

7 a.a.O., S. 207
8 a.a.O., S. 95

von geradezu zwangsläufig Erziehungsprinzipien wie Zucht, unbedingter Gehorsam und bedingungslose Unterwerfung ab, um dieses unsauber und anarchisch auf die Welt kommende Wesen und sein unersättliches Streben nach Autonomie wieder in den Griff zu bekommen. Denn nichts ist für die Erziehung unter diesen Voraussetzungen schlimmer, als das Kind in seinem ihm zugeschriebenen asozialen Tun gewähren zu lassen und damit seine Gemeinschaftsfähigkeit zu gefährden. Im 1936 erschienenen Folgeband empfiehlt Haarer dann auch der Mutter, schon ihr kleines Kind im Sinne von »gemeinschaftsfähigen Lebensgewohnheiten« auf »Schule und andere Erziehungseinrichtungen bis hinaus zum Arbeitsdienst, ja zum Heer« vorzubereiten.[9] Eindeutiges Erziehungsziel ist hier die Vorbereitung schon des Kleinkindes auf die Unterwerfung unter die NS-Gemeinschaft. 1939 schrieb Johanna Haarer dann noch das bereits erwähnte »Kinderbuch« »Mutter – erzähl' von Adolf Hitler«, in dem sie antisemitische Hetze betreibt, antikommunistische Vorurteile propagiert und empfiehlt, beides den Kindern weiterzugeben.

Neben der geforderten Unterwerfung und Disziplin, wie sie sich ableiten aus dem von Haarer propagierten Bild des Kindes, tritt als zweite und für eine explizit »nationalsozialistische Erziehung«[10] wesentliche Säule hinzu, das Kind und den späteren Erwachsenen gegen Empathie und Mitgefühl mit einem leidenden menschlichen Wesen, egal ob Säugling oder Greis, zu immunisieren, das »Gelobt sei, was hart macht«, dessen Grundstein durch eine Erziehung zur »Bindungslosigkeit«[11] gelegt wird. Dazu gehört, sich das Baby nach seiner Geburt möglichst vom Leib zu halten, d. h. die

---

9 J. Haarer, Unsere kleinen Kinder, München: Verlag Julius F. Lehmann 1936, S. 182
10 S. Chamberlain, a.a.O., S. 7
11 S. Chamberlain, a.a.O., S. 1, S. 168

Vermeidung zu engen (Haut-)Kontakts mit ihm, um jede aufkeimende Bindung zu verhindern, eine mechanistische, sich in rigidem Zeitrahmen bewegende Ernährung und Sauberkeitserziehung, ein geordneter Rahmen des Tagesablaufs und überhaupt eine kindlichen Bedürfnissen, kindlichen »Herzensäußerungen«[12] gegenüber feindselige und abweisende Haltung. Alles was das Kind »verderben« oder verwöhnen könnte, hat zu unterbleiben. »Es findet also früheste Disziplinierung des Kindes statt durch Schreienlassen, durch Hungernlassen, durch Ignorieren aller seiner Signale als da sind Laute, Blicke, Gesichtsausdrücke; durch Zensierung jeglicher Äußerung des Kindes.«[13]

Damit sekundiert Haarer, die mehrere Jahre das von Hermann Lietz gegründete Landerziehungsheim »Haubinda« in der Rhön besuchte[14], in ihren weit verbreiteten Säuglings- und Kinderratgebern, die vielfach auch Pflichtlektüre in Kindergärten und Schulen waren, das zentrale Anliegen einer NS-Pädagogik, die es darauf anlegte, menschliche Beziehungsfähigkeit von Geburt an zu zerstören. »Bindungslosigkeit vom Beginn des Lebens an: Das ist die Basis für die Heranzüchtung des an kein Gewissen, an keine Werte oder Moral, des an keinen Menschen, auch keine Heimat wirklich gebundenen, für jedes Ziel einsetzbaren ›Typus‹.«[15] Es geht bei dieser Erziehung zur Bindungslosigkeit also um weit mehr als bloß um eine Spielart autoritärer Erziehung, sondern um einen von den Nazis betriebenen Kulturbruch dahingehend, dass Mütter ihren Babys möglichst frühzeitig Nähe und Geborgenheit verwehren sollen, um auf diese Weise vom ersten Lebenstag an für eine psychische Disposition zu

---

12 Siehe bei B. Bueb, a.a.O., S. 101
13 S. Chamberlain, a.a.O., S. 140
14 www.kindergartenpädagogik.de
15 S. Chamberlain, a.a.O., S. 168

sorgen, die für die praktische Umsetzung der barbarischen
Ziele des NS-Regimes unabdingbar war.

4.

Es gehört zu den typischen Merkmalen der Nachkriegszeit,
dass sich dieselbe Autorin, kurzfristig interniert, sofort nach
dem verlorenen Krieg wieder zu Wort meldete und ihre alten
Bücher – freilich in gereinigter Form – erneut auf den Markt
brachte: Aus »Die deutsche Mutter und ihr erstes Kind« wurde 1949 »Die Mutter und ihr erstes Kind«, der ein Jahr später
erschienene Folgeband hieß dann nur noch »Unsere Schulkinder«. Beide Bücher erschienen in hohen Auflagen bis in
die 1980er Jahre – die Auflage von Haarers Hauptwerk »Die
(bis 1945: deutsche) Mutter und ihr erstes Kind« brachte es
bis 1987 auf eine seit 1934 durchgezählte Gesamtauflage von
über 1,2 Millionen Exemplaren.[16]
Haarers Bücher dürften also nicht nur den Erziehungsstil
vieler Eltern im »Dritten Reich« maßgeblich beeinflusst, sondern diesem Erziehungsmodell nach Kriegsende neue Nah-
rung und neuen Auftrieb gegeben haben, konnten die Eltern
doch auch bei ihren erst nach dem Krieg geborenen Kindern
wieder dort anknüpfen, wo ihnen die Erziehungsideale des
»Dritten Reichs« noch ganz geläufig waren: Es dauerte
schließlich bis zum Jahr 1985, dass die Kontinuität der Haa-
rer-Bücher öffentlich in Frage gestellt wurde, als Julius
Schoeps sie in der »Zeit« als »typisches Lehrstück unbefange-
ner bundesdeutscher Vergangenheitsbewältigung« themati-
sierte.[17]

---

16 a.a.O., S. 210
17 www.shoa.de/content view/527/406

Im 1949 erstmals erschienenen ersten Band zur Säuglingspflege »Die Mutter und ihr erstes Kind« werden von Haarer
die alten Stereotypien weiter gepflegt. »Das Baby ist von Natur unsauber«[18], für die Erziehung werden wie ehedem Härte
und elterliche Distanz eingefordert, damit sich zwischen
Kind und Bezugsperson keine zu enge Bindung ergeben
kann: »Wenn wir das Kind in einem Ställchen unterbringen,
vermeiden wir auch das lästige und mühsame Herumtragen.
Es ist immer unzweckmäßig. Das Kind gewöhnt sich an die
ständige Nähe und Fürsorge eines Erwachsenen und gibt
bald keine Ruhe mehr, wenn es nicht Gesellschaft hat und
beachtet wird.«[19] Dazu gehört selbstverständlich die War-
nung davor, das Kind ohne Autorität gewähren zu lassen, es
zu verwöhnen, Strafen nicht konsequent durchzuführen, auf
spontane Bedürfnisse des Kindes liebevoll einzugehen, das
Kind in seinem »So-Sein« zu respektieren, das ganze Programm autoritärer Erziehung eben: »Der Haltegurt wird
auch dazu verwendet, ein lebhaftes Kind vor dem Einschla-
fen in seinem Bettchen zum Stilllegen zu zwingen«.[20]

Im Folgeband »Unsere Schulkinder«, erschienen 1950, also
fünf Jahre nach der Niederlage des nationalsozialistischen
Deutschlands, bringt Haarer dann ihr Plädoyer für Zucht
und Ordnung erneut auf den Punkt: »In einem Kulturvolk
ist ein unerzogener Mensch nicht tragbar«.[21] Als Erziehungsziel wird die Parole vom unbedingten Gehorsam ausgegeben:
»Das Kernziel aller Erziehung ist die Erziehung zum Gehorsam. Die Aufstellung der schönsten Erziehungsstile nützt

---

18 J. Haarer, Die Mutter und ihr erstes Kind, München: Carl Gerber Verlag
   1965, S. 100
19 a.a.O., S. 178
20 a.a.O., S. 193
21 J. Haarer, Unsere Schulkinder, München: Carl Gerber Verlag 1950, S. 101

nichts, wenn unsere Kinder nicht gehorchen.«[22] Woraus folgt: »Jeder Ungehorsam muss sofort und ohne Ausnahme bestraft werden.«[23] bzw. »Jeder Widerspruch ist sofort zu ahnden«.[24] »Die Erziehung zum Gehorsam wird erleichtert … in einem Haus mit straffer Hausordnung … dann laufen die Kinder aller Altersstufen gewissermaßen von selbst mit und kommen so leicht nicht auf den Gedanken, ›aus der Reihe zu tanzen‹.«[25] Strafe muss sein, denn sie »tilgt das Vergehen aus.«[26]

Dieses Erziehungsideal und seine es begleitende elterliche Distanz wurde in den 50er Jahren von vielen Eltern und Lehrern konsequent umgesetzt: Es bestand aus einem Loblied auf Gehorsam und unbedingte Gefolgschaft und kam einem Unterwerfungsritual gleich. Da aber das vormalige politische Ziel, die Unterwerfung unter das NS-Regime und die Gefolgschaft auf den »Führer« politisch abhanden gekommen war und stattdessen zumindest formal ein auf Dialog aufgebautes demokratisches Mitbestimmen und entsprechendes Miteinander gefordert wurden, liefen die Erziehungsprinzipen unbedingten Gehorsams immer mehr in die Leere, weil vielen jugendlichen Adressaten, aber auch den jüngeren Eltern, die in den 1930er Jahren geboren waren, spätestens Ende der 50er Jahre der Sinn dafür abhanden kam, wozu dieses Ideal von Unterwerfung und Gehorsam denn eigentlich noch dienen solle.

So folgte als Erziehungsexperte auf Johanna Haarer Anfang der 60er Jahre der liberale amerikanische Kinderarzt Dr. Benjamin Spock, dessen 1945 in den USA erschienener Erzie-

---

22 a.a.O., S. 106
23 a.a.O., S. 118
24 a.a.O., S. 116
25 a.a.O., S. 111
26 a.a.O., S. 127

hungsratgeber weltweit zu einem Megaseller mit über 50 Millionen verkauften Exemplaren wurde, der in fast 40 Sprachen übersetzt wurde – darunter eben auch ins Deutsche.[27] In Westdeutschland kam das Buch Anfang der 60er-Jahre unter dem Titel »Säuglings- und Kinderpflege« auf den Markt, löste die Schriften Haarers allmählich ab und läutete auch hier eine neue Ära, einen neuen Erziehungsstil ein.

5.

Spock, Arzt und mit psychoanalytischen Einsichten vertraut, empfahl den Müttern, bei der Erziehung ihrer Kinder mehr auf sich selbst statt auf irgendwelche »Spezialisten« zu vertrauen und plädierte dabei für das Selbstverständliche, nämlich für eine Erziehung zur Bindungsfähigkeit, sich also mit den Kindern von Geburt an emotional auszutauschen, auf ihr Bedürfnis nach Liebe einzugehen, sie als Individuen zu behandeln und weitgehend auf Gehorsams- und Unterwerfungsrituale zu verzichten. Die nach 1960, also 15 Jahre nach Kriegsende und später geborene Generation dürfte bis zu den Kindern heutzutage weitgehend von diesem Erziehungsstil, der sich in den 60er-Jahren nach und nach auch in Deutschland durchsetzte und den Geist des »Tausendjährigen Reichs« allmählich aus Kinderzimmern, Kindergärten und Schulen verbannte, profitiert haben, weshalb sie sich heute auch in so vielem von der Generation der »68er« unterscheidet.

Schon damals, also in den 60er Jahren, wurden in den USA gegen den freundlichen und durchaus »bürgerlichen« Dr. Spock von erzkonservativer Seite in den USA Seite ganz

---

27 B. Spock, Säuglings- und Kinderpflege, Berlin: Ullstein Verlag 1963

ähnliche Vorwürfe erhoben, wie sie später und heute gegen die »68er« und ihre »anti-autoritäre Erziehung« ins Feld geführt werden: Er habe mit seinen permissiven Erziehungsvorstellungen der »Protestgeneration« in den USA erst auf die Sprünge geholfen und sei verantwortlich für mangelnde Autorität, Drogenkonsum und Gesetzlosigkeit unter den Jugendlichen.

6.

Nun waren es in Deutschland aber gerade nicht die unter dem Erziehungsstil eines Dr. Spock aufgewachsenen Jugendlichen, sondern die unter ganz anderem Vorzeichen erzogenen Kinder des »Nachkriegsmilieus« gewesen, von denen ab Mitte der 60er Jahre eine Minderheit rebellierte, die dann später zu einer »Protestgeneration« hochgerechnet wurde. Die Mehrheit ihrer Eltern, der Lehrer und Professoren, die Politik und besonders die Springer-Presse wie die BILD-Zeitung oder ihre Berliner Ableger verfolgten und verurteilten diese anfangs noch ziemlich unpolitische Bewegung mit ihrer Vorliebe für englischsprachige Rockmusik und ihrem Ruf nach »sexueller Befreiung« wahlweise als »Gesindel«, »Faulenzer«, »Langhaarige« oder »Gammler«, die man besser mit Gartenschläuchen säubern und aus öffentlichen Anlagen und Parks verjagen sollte. Empfehlungen, die viele derer, die da saßen, schon in ihrer Kindheit auf der Straße zu hören bekommen hatten, wenn sie denn »aus der Reihe tanzten« – und je nach äußerem Erscheinungsbild ein »Arbeitslager« oder »KZ« anempfohlen bekamen. Wobei die Hetze gegen diese Jugendlichen – besonders in der Presse, aber auch von konservativen Politikern – immer begleitet war von den bekannten Reinlichkeits- und Ordnungsstereotypien, wie wir

sie bereits aus den Büchern Haarers kennen. Die »Gammler«
würden sich nicht waschen, sie seien triebhaft, dreckig, faul
und arbeitsscheu, die amerikanische Musik, die sie hörten,
würde ihre Sinne verwirren, sie zum Drogenkonsum animie-
ren usw.

7.

Die 68er-Bewegung war ein Aufstand gegen die Väter, sym-
bolisch, aber auch konkret. Aufstand gegen eine Elterngeneration, die geglaubt hatte, mit anderen Mitteln einfach so
weitermachen zu können, so als sei zwischen 1933 und 1945
nichts geschehen. Die sich ihrer Verantwortung ihren Kindern gegenüber nicht stellen mochte und in Familie und
Schule an ihren Freiheit und Individualität verletzenden Erziehungsprinzipien festhielt, häufig gepaart mit extremer
Lustfeindlichkeit bzw. der stets dazugehörigen Doppelmoral.
Das alles brachte bei manchen – beileibe nicht der Mehrheit
– ihrer Kinder, jetzt Jugendliche geworden, das Fass schlicht
zum Überlaufen. Sie weigerten sich, diese Art von Vergangenheitsbewältigung mitzumachen und sie stellten sich, neben alterstypischen »Schuldzuweisungen« oder jugendlicher
»Besserwisserei« , die ihre Eltern häufig verletzten, sie aber in
den meisten Fällen nur umso hartnäckiger an ihrem Schweigen festhalten ließ, schlussendlich auch die Frage, inwieweit
denn Erziehung und das, was da in Deutschland an Unge-
heurem geschehen war – und von dem sie weniger in der
Schule, als jetzt durch eine amerikanische Serie aus dem
Fernsehen erfuhren –, miteinander zu tun hatte. Diese Frage
war es, die dann im Weiteren das motivierte, was später »anti-autoritäre« Bewegung genannt werden sollte oder bei
manchen Gruppierungen in der Propagierung anti-autoritä-

rer Erziehung ihren Niederschlag fand: die Verbindung zwischen dem Ausüben nicht hinterfragbarer »Autorität« und »unbedingtem Gehorsam«, gepaart mit gefühlsmäßiger Distanz bis hin zu fanatisch befolgter Gefühlskälte als Wegbereiter totalitärer Regimes, als Wegbereiter des deutschen Faschismus.

8.

»Wie konnte es geschehen?« – die Frage nach dem »Warum« der nationalsozialistischen Verbrechen war 1950 bereits von den Emigranten Adorno und Horkheimer in den USA gestellt worden und mündete in der Abfassung der »Studies in Prejudice«, die dann von der Studentenbewegung 1968 unter dem Titel »Der Autoritäre Charakter. Studien über Autorität und Vorurteil« gut 15 Jahre später wieder zugänglich gemacht wurden.[28] Zu den soziologischen und sozialpsychologischen Schriften gesellten sich als Lesestoff die »Studien über Autorität und Familie« von Horkheimer, Fromm und Marcuse[29], aber auch die eher philosophisch gehaltenen Texte der »Frankfurter Schule« wie »Die Dialektik der Aufklärung«[30], die allesamt, wenn auch nicht explizit, in dem Begründungszusammenhang entstanden waren, wie sich etwas so Ungeheuerliches wie der deutsche Nationalsozialismus und schließlich Auschwitz, wenn überhaupt, erklären ließe. In der Schüler- und Studentenbewegung verbreiteter als die-

---

28 Adorno et al., Der Autoritäre Charakter, Band 1. Studien über Autorität und Vorurteil, Amsterdam: Verlag de Munter 1968
29 M. Horkheimer, E. Fromm, H. Marcuse, Studien über Autorität und Familie, Paris: Librairie Felix Alcan 1936
30 M. Horkheimer, T. W. Adorno, Dialektik der Aufklärung, Amsterdam: Querido 1944

se Texte aber waren die vielen Beiträge, die, psychoanalytisch
motiviert, einen Zusammenhang zwischen »Massenpsychologie des Faschismus« (W. Reich)[31] und dem »Dritten Reich«
herstellten, was in kürzester Zeit zu einem starken Hang zur
Psychologisierung in der Bewegung führte. Dabei wurden die
Koordinaten, in die man den Ausgangspunkt für die faschis-
tische Gefolgschaft glaubte einordnen zu können, mitunter
hemmungslos auf private Beziehungen und Konflikte herun-
tergebrochen, auch mit der Perspektive, wie sich Mittel und
Wege finden ließen, in Zukunft sowohl politische wie auch
private Katastrophen zu verhindern.

Spätestens Anfang der 70er Jahre geriet den Aktiven unter
den »68ern« der Generationskonflikt dann als Ausgangsfrage
immer mehr aus dem Sinn, und es stellte sich fortan die Aufgabe, sich nicht mehr nur mit dem, was zurücklag, auseinanderzusetzen, sondern eine politische Programmatik für das
Morgen zu entwickeln. Die ursprünglich vom Generationskonflikt motivierte Bewegung, die ausgehend von der
»Gammler«- und Hippiebewegung ja auch starke hedonisti-
sche Züge trug, politisierte sich immer stärker unter dem
Eindruck der Ermordung des Studenten Benno Ohnesorg,
des Mordanschlags auf Rudi Dutschke und einer von der
Springer-Presse ausgerufenen Hetze, die in eine regelrechte
Pogromstimmung mündete. Und sie suchte den Zusammenhang zwischen Herrschaft und gesellschaftlicher Unterdrückung jetzt weniger in psychoanalytisch orientierten oder
sozialpsychologischen Kategorien, sondern stattdessen in politischen Glaubenssätzen. Jetzt waren Kapitalismus und Im-
perialismus die Grundübel der Welt, auf die alles Sonstige
zurückgeführt wurde. Der Blick verengte sich zusehends. Die

---

31 W. Reich, Massenpsychologie des Faschismus. (1933) Wiesbaden: Marix
   Verlag 2005

schöne Zeit der Rebellion, auch das Ausleben von Gefühlen, die ihnen ihre Erziehung versagt hatte, war jedenfalls Anfang der 70er Jahre für die meisten »68er« vorbei, Seminarmarxisten übernahmen das Kommando und ihnen folgten 1972 die ersten Ansätze der straff autoritär geführten kommunistischen Kaderorganisationen.

9.

Gab es im Rahmen dieses ganzen Geschehens nun eine mehr oder weniger ausformulierte Erziehungstheorie oder gar Erziehungspraxis der »68er«, die ihren späteren Niederschlag in jenen unheilvollen oder »verheerenden Konsequenzen« finden sollte, wie sie von Zeit zu Zeit bis heute immer wieder beschworen werden? Natürlich gab es eine anfangs diffuse, später hauptsächlich im Rückgriff auf die Psychoanalyse geführte Auseinandersetzung mit den autoritären Idealen der Elterngeneration, denen man maßgeblich die Mitschuld an der Entstehung des Nationalsozialismus gab. Ebenso gab es bei den »68ern«, zu ihrer aktiven Zeit zumeist noch kinderlos, Vorstellungen von einer »besseren Erziehung« als die, welche die meisten von ihnen in der eigenen Kindheit genossen hatten. Eine Erziehung eben, in der Haarers Prinzipien konsequent zur Anwendung gekommen waren: zu Hause oder im Kindergarten in ein dunkles Zimmer oder einen Besenschrank gesperrt zu werden, weil man »aus der Reihe getanzt war« und jetzt auf »Vordermann gebracht wurde«, weil man nicht gehorcht hatte; oder in der Schule von einem Lehrer wegen mangelnder Disziplin geschlagen oder gedemütigt zu werden, von dem jeder wusste, dass er früher aktives Mitglied der örtlichen NSDAP war und sich immer noch in Durchhalteparolen erging, das hatten schließlich die meisten am eigenen Leibe erlebt. Kurzum, jede und jeder wusste aus eigener Anschauung, wie man seine Kinder besser n i c h t erzieht, politisch und in Ansätzen programmatisch aber wurde diese Frage lediglich von einer Minderheit der Bewegung aufgegriffen, die sich ansonsten von deren politisch theoretischen Inhalten mehr oder weniger losgesagt hatte.

An ihrer Spitze standen die Aktivisten der »Kommune 1«, die Ende 1966 hauptsächlich aus einem Münchner Zirkel von Bohemiens in Berlin entstanden war und aus der ein knappes Jahr später die »Kommune 2« hervorgehen sollte. Diese Zirkel, die mit der sich immer mehr politisierenden sozialistischen und kommunistischen Bewegung bald nichts mehr zu tun hatten, sahen das Primat der Politik in der Veränderung des Privaten, das, umorganisiert, eine entsprechende gesellschaftliche Veränderung erst ermöglichen würde. Da sich insbesondere die »Kommune 1« in der Form von teilweise bewusst übertriebenen Skandalgeschichten à la »Unser wildes Leben in der Kommune« an Illustrierte und Fernsehsender verkauft und sich damit einem voyeuristischen Kleinbürgertum nahe gebracht hatte, ist manches von dem, was bis heute über »die 68er« bei den an der Revolte Unbeteiligten im Umlauf ist, an derlei Berichten und Bildmaterial orientiert. Dies trifft besonders dann zu, wenn Themen wie »sexuelle Befreiung« oder eben die »anti-autoritäre« Erziehung im Spiel sind, Reizworte, die schon damals von den Medien für ihr spießiges Klientel zielsicher vermarktet wurden. In entsprechenden Artikeln war dann von hemmungslosem Partnertausch »Mit Mao für die freie Liebe« (BZ, 28. 11. 1966) die Rede oder von sich hemmungslos austobenden Kleinkindern, die ihre Notdurft verrichteten, wo sie wollten oder das Essen an die Wände warfen. Auch die bereits in Zusammenhang mit den Büchern von Johanna Haarer angesprochene Erziehung zur Reinlichkeit wurde damals entspre-

chend medial ausgeschlachtet, um den »Bürgern« einen
Schauer über den Rücken zu jagen. So heißt es in einem Artikel im Tagesspiegel vom 7. 10. 1967: »Machen die Mitglieder der sogenannten Kommunen zu wenig Gebrauch von
Moral und Seife?« Neben der Befriedigung voyeuristischer
Interessen dienten solche Artikel aber auch der Stimmungs-
mache und Hetze gegen die gegen den Vietnamkrieg immer
entschiedener protestierenden Studenten und Schüler.

Sieht man sich indes die wenigen Ansätze zu einer Neuori-
entierung in Fragen der Familie und Kindererziehung zu dieser Zeit an, zeigt sich, dass es mit der vermeintlichen Radika-
lität nicht so weit her war, wie es später immer wieder
behauptet wurde, und dass die wenigen theoretischen Ansätze eher von einer Art Hilflosigkeit dieser Generation zeugen,
sich in Erziehungsfragen endlich nicht mehr am autoritären
Geist ihrer Eltern, Erzieher und Lehrer zu orientieren. Hinzu
trat ansonsten die für jede Generation junger Eltern typische
Unerfahrenheit im Umgang mit ihren ersten Kindern.

So heißt es in einem Selbstbericht »Kommune 2 – Versuch
der Revolutionierung des bürgerlichen Individuums – Kollektives Leben mit politischer Arbeit verbinden«: »Wir haben
versucht, auf die Lebensäußerungen der Kinder nicht dauernd mit Verboten und Aggressionen zu reagieren, auch
wenn sie unseren eigenen bisherigen Vorstellungen (sic!, CK)
von Sauberkeit und Ordnung nicht entsprachen. Dabei erla-
gen wir in der ersten Zeit häufig der Gefahr, die Abwehr der
Kinder gegen eine bestimmte Forderung von uns manipulativ zu überwinden. Diese hinterhältige Art der Unterdrückung ist häufig bei liberalen Eltern anzutreffen, die sich
scheuen, offen Verbote auszusprechen oder physischen
Zwang auszuüben. Sie verschleiert dem Kind den objektiv
vorhandenen Konflikt zwischen seinen Wünschen und den
Forderungen an die Eltern. Die aggressive Energie kann sich

nicht mehr unverdrängt gegen die Quelle der Unterdrückung richten, sondern muss sich andere Auswege suchen. Das Kind wird bei einer solchen Erziehung dahin tendieren, entweder ziellos aggressiv zu sein oder die Aggression masochistisch gegen sich selbst zu richten, wie es sich im ständigen Nörgeln und Quengeln mancher Kinder äußert. Durch unsere gemeinsamen Gespräche sind wir den Tendenzen, die kindlichen Bedürfnisse manipulativ zu überspielen, bald auf die Spur gekommen. Wo es uns unumgänglich erschien, haben wir dann lieber klare Verbote ausgesprochen (und versucht, sie zu begründen), als die Kinder mit Tricks davon abzuhalten, bestimmte Dinge zu tun: Den Plattenspieler zu bedienen, im Arbeitszimmer zu spielen.«[32] Wohlgemerkt, es handelt sich um Protokolle aus einer Welt, die damals selbst vom »politischen« SDS gegen die »privatisierenden Genossen« als »Horrorkommune« umschrieben wurde, ganz zu schweigen von den »bürgerlichen« Medien hauptsächlich in Berlin. Dabei könnten die zitierten Sätze aus der Schrift der »Kommune 2«, in anderer, etwas weniger gestelzter Wortwahl heute in jedem Erziehungsratgeber stehen, der sich für das vernünftige, d. h. begründete Setzen von Grenzen in der Erziehung ausspricht. Weiter heißt es da: »Das mit Kinderspielzeug vollgestopfte Kinderzimmer ist das Korrelat zum Verbot, Dinge aus der Erwachsenenwelt als Spielmaterial zu benutzen. In der Kommunewohnung hatten die Kinder sehr viel Freiheit, Einrichtungsgegenstände (Matratzen, Stühle, Tische, Geschirr) in ihren Spielen zu verwenden. Es erscheint uns wichtig für die Realitätsbewältigung im Spiel, dass gerade die bedrohlichen Dinge der Erwachsenenwelt ihrer festgelegten Funktion entkleidet werden (wenn z. B. Stühle zu

---

32 Kommune 2. Versuch der Revolutionierung des bürgerlichen Individuums, Berlin: Oberbaumverlag 1969, S. 78

einer Eisenbahn zusammengebaut werden). Wie aus dem Protokoll hervorgeht, wurden die Kinder nicht gezwungen, zu essen oder ihren Teller zu leeren. Wir ließen sie lieber schmutzige Kleidung anziehen, wenn sie das unbedingt wollten, und nahmen dafür die Missbilligung der Kindergärtnerinnen in Kauf.«[33] Was letzteres betrifft, hatte die Kommune ihre beiden Kinder in einen städtischen Kindergarten geschickt, was in der schon zitierten Glosse des Tagesspiegels vom 7. 10. 1969 genüsslich so kommentiert wurde: »Die Kommunen haben je ein Nesthäkchen, dessen Befinden amtlich zu beurteilen war, weil die Kinder zum ganztägigen Kindergarten angemeldet waren. Zuvor fand das übliche Gespräch mit den Eltern statt, deren Besorgtheit nach offizieller Bekundung bürgerlichen Maßstäben hervorragend standhielt. Von den Kindern selbst berichtet der Jugendstadtrat, ohne eine gewisse Verwunderung zu verbergen, sie seien im besten Ernährungszustand, auffallend gepflegt, erschienen wohlerzogen und hätten sich mühelos in die Gemeinschaft der Bürgerkleinkinder eingefügt. Darauf könnte einer sagen: Na und? Selbst der Wolf pflegt seine Jungen. Schon, schon – aber welcher Wolf pflegt so anders zu sein als die anderen Wölfe wie die Kommunarden?« (Tagespiegel, 7. 10. 1967) Soviel aus berufenem Munde zu »den verheerenden Folgen« anti-autoritärer Kindererziehung, von der es in dem Bericht der Kommune über Kindererziehung zum Schluss heißt: »Die Überempfindlichkeit der Kinder für jede Art von Repression führt nahezu selbstverständlich zur Verdammung von Gewalt und Strafen auch in der Kindererziehung. Das bedeutet aber nicht automatisch die Abschaffung von überflüssigem Zwang oder Angst in der Sozialisation. Im Gegenteil. Das chaotische Laisser-faire – meist aus eigenen rationa-

---

33 a.a.O., S. 80

lisierten Schuldgefühlen der Eltern – führt zu einer völligen Beziehungslosigkeit und Orientierungslosigkeit der Kinder, die sich dann umso stärker in psychischen Zwang auswirken (vgl. die Selbstständigkeitsideologie, die die Kinder dauernd überfordert). Diese Erziehungspraxis, die noch unter manchen Linken verbreitet ist, kann nicht den Anspruch erheben, antiautoritär zu sein. Denn antiautoritär heißt nicht, die Kinder völlig sich selbst überlassen, sondern verhindern, dass die Autoritätshörigkeit in der Charakterstruktur verankert wird.«[34]

10.

Die Wende der »anti-autoritären Bewegung« trat spätestens 1972 ein, als eine bis dahin politisch immer noch recht bunte und in manchen Teilen nicht eben lustfeindliche Bewegung zerfiel und ein Teil ihrer Mitglieder in die linkssektiererischen K-Gruppen, Kaderorganisationen maoistischer Provenienz, übersiedelten. Diese Organisationen wie die KPD (AO), KPD/ML oder der Kommunistische Bund Westdeutschlands (KBW) errichteten ein streng autoritäres Regime über ihre Mitglieder, mit dessen Hilfe jede Abweichung von der Parteidisziplin bestraft wurde – egal ob es um »Sekundärtugenden« wie Pünktlichkeit oder Fleiß (d. h. Schulungen zu besuchen, Plakate kleben oder die Abzugsmaschine bedienen) ging oder mangelnden Gehorsam gegenüber »führenden Genossen« oder »Zellenleitern«. Geahndet und bestraft wurde mit stalinistischen Methoden wie Selbstkritik oder drohendem Ausschluss – zur Liquidation fehlten einigen der führenden Kader damals die Waffen. Es ist, ganz un-

---

34 a.a.O., S. 106

abhängig von der politischen Ausrichtung, auf die hier bewusst nicht eingegangen wird, bis heute kaum nachvollziehbar, wie sich die Mitglieder dieser Organisationen nach den Jahren des Aufbegehrens freiwillig in eine derart autoritär geprägte und auf Unterwerfung abzielende Parteidisziplin hineinbegeben konnten.

Neben der teleologisch auf den »Endsieg« hin orientierten kommunistischen Ideologie, der rational scheinbar kaum zu widersprechen war, da der Lauf der Geschichte objektiv schon im Voraus feststand, liegt die wohl zutreffendste Erklärung in der von den autoritären Erziehungsprinzipen geprägten Kindheit derer, die ihr privates Leben und ihre vorausgehende »antiautoritäre« Rebellion fortan »der Partei, die immer recht hat«, opferten: die in der Kindheit gelernten psychischen Mechanismen rasteten bei den meisten offenbar zielsicher dort wieder ein, wo es jetzt erneut um Gehorsam und Gefolgschaft ging – »nein zu sagen« hatten diese Genossen in ihrer Kindheit offenkundig nicht gelernt, und sie waren nur für kurze Zeit in der Lage gewesen, einer solchen Maxime zu folgen. Diese 68er wurden jetzt zu Opfern ihrer eigenen Kindheit, indem sie von neuem unbedingtem Gehorsam frönten und sich der Parteidisziplin unterwarfen. Ihre Kinder, sofern sie welche hatten, litten weniger unter »Laisser-faire« und vermeintlichen Freiheiten, die man ihnen gewährte, als unter der ständigen Abwesenheit ihrer Eltern, die neben dem Studium oder der geforderten Arbeit »im Betrieb« ständig auf »Zellensitzungen« waren oder sich zwecks Agitation des Proletariats vor den Fabriktoren aufzustellen hatten, ihren »bürgerlichen« Beruf aufgeben mussten, ihr Erbe der Partei stifteten usw. Dieser von außen, von der »Partei« erzeugte unmäßige Druck richtete sich aber auch häufig nach innen in die familiäre Struktur und führte dort zu unendlichen Debatten, auch um die durch den Gruppenzwang ausgelösten Aggressionen wenigstens im Privaten abzubauen.

Dieses zusammengefasst heißt nun nichts anderes, als dass der eigentliche Adressat heutiger Kritik an den »verheerenden« Erziehungsmethoden diejenigen sind, die gerade a u f - g r u n d autoritärer Beziehungsmuster, die sie in ihrer Kindheit erfahren hatten, in ihrer psychischen Struktur offensichtlich so ungefestigt waren, dass sie dem autoritären Gehabe einiger »führender« Genossen aufsaßen und über keine psychischen Ressourcen verfügten, sich dagegen zu wehren. Immerhin – und dies bleibt das positive Erbe der antiautoritären Bewegung und der mit ihr verbundenen Erfahrungen bis heute – vermieden es die meisten dieser Eltern, ihren Kindern noch einmal das zuzumuten, was sie am eigenen Leib im Nachkriegsdeutschland zu spüren bekommen hatten. Trotz aller Mängel und aller familiären Konflikte waren ihre Erziehungsprinzipien denen ihrer Eltern in jeder Hinsicht, sei es die gefühlsmäßige Bindung, sei es der Respekt vor den Bedürfnissen des Kindes, sei es das Ziel, die Autonomie der Kinder zu stärken und sie in Bezug auf die Gefahr »unbedingter Unterwerfung« zu sensibilisieren, bei Weitem voraus. Die gern aufgestellte und auch von Bernhard Bueb in seinem Buch vertretene These, dass nahezu alle diese Kinder in ihrem späteren Leben nicht zurechtkamen, ist empirisch völlig haltlos und bis heute unbewiesen. Festzuhalten bleibt, dass sich ein Teil der »68er« gerade aufgrund der ihnen in ihrer Kindheit zugedachten Erziehung ohne Aufhebens wieder einem autoritären Regime von Gefolgschaft und Gehorsam unterwarf, also unter anderen Vorzeichen wiederholte, was sie ihren Eltern gerade noch vor kurzer Zeit vehement vorgeworfen hatten, ihre Kinder aber in einem Erziehungsstil aufzogen, der diese weit besser auf demokratische Gepflogenheiten und einen freiheitlichen Lebensstil hin orientierte, als es ihre eigenen Eltern vermocht hatten. Dass Deutschland zu einer gefestigten Demokratie fand und sich zu dem Land entwickeln konnte, wie es sich 2006 während der Fußballweltmeisterschaft präsentierte, hat nicht unwesentlich damit zu tun.

11.

Der Erfolg von Ratgeberliteratur zu einer bestimmten Zeit stellt einen hochreaktiven Seismographen gesellschaftlicher Stimmungen dar. Ordnet man dem Erziehungsstil der letzten Jahrzehnte in Deutschland die jeweils am erfolgreichsten verkauften Erziehungsratgeber zu, dann ergibt sich folgendes Bild: Die Jahre bis 1945 waren geprägt von einem unmenschlichen und autoritären Erziehungsstil, wie er in den Ratgebern der Johanna Haarer direkt für die Durchsetzung der Ziele des »Dritten Reiches« empfohlen wurde. Zum einen setzte er ganz auf eine Erziehung zum Gehorsam und zur Unterwerfung, zum anderen auf die systematische Zerstörung von Bindung und Empathie schon gleich nach der Geburt, was dann, nach 1945, in abgemilderter Form in ihren wieder neu aufgelegten und leicht veränderten Schriften seine Fortsetzung fand. Die Rollen von Frau (Mutter) und Vater waren auch jetzt, nach der Niederlage des Faschismus, starr festgelegt, jetzt hatte die Mutter nicht mehr »der Rasse Kinder zu schenken«[35], sondern dem Mann zu dienen.

Dem folgte zu Beginn der 60er Jahre Dr. Benjamin Spock, ein liberaler Amerikaner, der den Eltern empfahl, ihre Kinder zu respektieren und sie zu selbstständigen Individuen zu er-

---

35 J. Haarer, Die deutsche Mutter und ihr erstes Kind. München, Verlag Julius Lehmann 1934, S. 8

ziehen. Die Kritik der 68er gegen die bislang propagierte und
praktizierte Autoritätshörigkeit in Familie und Gesellschaft
und ihre Ablehnung einer bigotten und unterdrückerischen
Sexualmoral führten bei vielen Eltern, die der 68er Bewegung
nahe standen, aber weder eine »antiautoritäre Erziehung«
praktizierten noch die politischen Ziele der diversen »linken«
Gruppierungen teilten, in den 70er Jahren zu einem eher diffusen Kanon von Kindererziehung, wobei sich nur eine Minderheit, die sich intensiv mit Erziehungsfragen beschäftigte,
an »anti-autoritären« Erziehungsmodellen orientierte und
diese zu Hause auch praktizierte. Dies kam zum Ausdruck
etwa in der »Kinderladen«-Bewegung, die auch mit neuen
Erziehungsformen experimentierte. Andererseits kam ein
sehr erfolgreicher Erziehungsratgeber in den 80er Jahren mit
dem Buch »Die ersten 5 Jahre« von der französischen, an der
Lacan-Schule orientierten und in Erziehungsfragen durchaus
konservativen Psychoanalytikerin Françoise Dolto auf den
Markt[36]. Der Erziehungsratgeber »Eltern setzen Grenzen«
von Jan Uwe Rogge, der dann in den 90er Jahren folgte,
dürfte schon als eine erste Replik auf eine angeblich aus-
ufernde »Laisser-faire« Erziehung zu verstehen sein, wobei
die Unterstellung, dass eine solche in die allermeisten deutschen Kinderstuben Eingang gefunden hätte, empirisch niemals verifiziert wurde. Parallel erschienen ab den 80er-Jahren
bis heute immer mehr Elternratgeber, die sich an der psychologischen Verhaltenstherapie orientierten. In einer häufig
technokratischen Sprache geht es oft darum, unverwünschtes
Verhalten, ein bestimmtes Problem, in den Griff zu bekommen: »Jedes Kind kann schlafen lernen«![37] Es dauerte dann
bis ins neue Jahrtausend, dass die schwedische Autorin Anna

---

36 Françoise Dolto, Die ersten fünf Jahre, Weinheim und Basel: Beltz 1985
37 Jan Uwe Rogge, Eltern setzen Grenzen, Reinbek: Rowohlt 1995; A. Kast-
   Zahn, H. Morgenroth, Jedes Kind kann schlafen lernen, Ratingen: 1982

Wahlgren mit ihrem Bestseller »Das KinderBuch«[38] ein Plädoyer dafür schrieb, die Kinder wieder in die Welt der Erwachsenen aufzunehmen, anstatt sie auszusondern und ihnen eine besondere Rolle am Rande der Gesellschaft zuzuweisen. Die Familie, die Liebe zum Kind und der Zauber, den Kinder in einer zunehmend auf Materielles zugerichteten Welt verbreiten, stehen ganz im Vordergrund der Bücher der neunfachen, mehrmals geschiedenen und dennoch eher konservativ argumentierenden Autorin, die sich auch dafür ausspricht, die Kinder, wenn möglich, in den ersten drei Lebensjahren in der Familie zu erziehen, um ihnen die notwendige Bindungsfähigkeit mit ins Leben zu geben.

12.

Wenn Bernhard Bueb schreibt, »die deutsche Variante der Jugendrevolte nach 1968 war selbst nur eine Folge der deutschen Katastrophe. Wir dürfen nicht hinnehmen, dass der Nationalsozialismus weiterhin unsere pädagogische Kultur beschädigt«[39] und gleichzeitig weiß, dass die »autoritäre Erziehungstradition in einer Diktatur« endete[40], hätte sich, wenn er es so meinen würde, wie es da schwarz auf weiß steht, diese Replik von vornherein erübrigt. Denn ebenso richtig wie seine Feststellung, dass die Revolte von 68 eine Reaktion auf die nationalsozialistische Vergangenheit Deutschlands war, ist sein Satz, dass die Erziehungsprinzipien dieser Zeit – ganz sicherlich nicht sie allein – in die nationalsozialistische Barbarei führten. Warum dann ein Buch

---

38 Anna Wahhlgren, Das KinderBuch. Wie kleine Menschen groß werden, Weinheim und Basel: Beltz 2004
39 B. Bueb, a.a.O., S. 12
40 a.a.O., S. 16

zum »Lob der Disziplin«? Wäre es doch die logische Folge,
von derlei Erziehungsprinzipien künftig abzurücken –
schließlich war das, wohin sie geführt haben, nicht nur eine
»Erziehungskatastrophe«, sondern sie dienten auch, wie im
Buch von Chamberlain schlüssig ausgeführt wird, dem Ziel,
die nationalsozialistischen Verbrechen den an ihnen mittel-
bar und unmittelbar Beteiligten zu ermöglichen, bzw. sie den
vielen überhaupt erträglich zu machen, die mit ihnen konfrontiert waren.

13.

Betrachtet man die Abfolge von Erziehungsstilen in den letzten Dekaden mit der ihnen korrespondierenden Ratgeberliteratur, dann ist offensichtlich, dass Bernhard Bueb in seiner
Propagierung von Disziplin und Ordnung in der Tradition
der Erziehungsratgeber von Johanna Haarer schreibt, wie die
Autorin sie nach 1945 veröffentlicht hat. Wie sie, geht auch
er von einem Kind aus, das als Finsterling mit »naturgegebe-
nem Egoismus«[41] auf die Welt kommt und damit die Erwachsenen zur Verzweiflung bringt: »Da Kinder nicht gehorsam geboren werden, ignorieren sie Anweisungen, rebellieren
gegen Erziehungsmaßnahmen, missachten Gebote und wenden alle Mittel an, um ihren eigenen Willen durchzusetzen.
Wutanfälle eines dreijährigen Kindes auszuhalten, dessen Äußerungen ohne Verstand sind, und sich nicht ab und zu
Klapsen gar Schlägen hinreißen zu lassen bedarf gehöriger
Selbstdisziplin von Vater oder Mutter.«[42] »Ein Kind flunkert,
redet sich heraus, wirft Nebelkerzen, gibt schwammige Aus-

---

41 a.a.O., S. 83
42 a.a.O., S. 17

künfte, schiebt andere vor …«[43] Kleine Kinder»stellen den
Führungsanspruch der Eltern in Frage. Sie schreien, schlagen
um sich, werfen sich auf den Boden und sind nicht zimper-
lich bei der Wortwahl, sobald sie der Sprache mächtig sind
…«[44] Abgesehen davon, dass der Leser sich fragt, mit welchen Kindern Bernhard Bueb in seinem Leben eigentlich Be-
kanntschaft gemacht hat – wissenschaftlich haltbar sind diese
Aussagen nicht.[45] Aber sie sind – wie bei Haarer – die notwendige Voraussetzung, um zur Bändigung dieser Wesen –
rebellisch und ohne Verstand – mithilfe von Zucht und Ordnung aufrufen zu können. In diesem Punkt sind sich Haarer
und Bueb jedenfalls einig:»Erziehung ist schließlich die Kindern täglich abgerungene Überwindung ihres Egoismus und
ihrer Trägheit.«[46] Nur zwei Passagen aus dem Buch von Bueb
seien diesbezüglich zitiert, man wird aber auch an vielen an-
dern Stellen seines Buches fündig. Bueb schreibt auf Seite 36
seines Buches:»Schüler müssen sich jedoch auch Lehrern
unterordnen, die durch ihre Persönlichkeit den Anspruch
auf Autorität nicht einlösen können. Das kann nur gelingen,
wenn diesen Lehrern eine Art Amtsautorität zukommt, die
ihnen Respekt verschafft und ihre Würde schützt.« Hier, wie
im ganzen Buch wird ein Konzept von Disziplin in Sinne
von unbedingtem Gehorsam vertreten, egal, um welchen Inhalt es geht. Es ist dieselbe Unterwerfungsdisziplin, wie wir
sie bei Haarer vor und nach der»deutschen Katastrophe«
finden.

Insgesamt bleibt dem Leser unverständlich, dass der gebildete Bueb nicht in der Lage zu sein scheint, solche und ähn-

---

43 a.a.O., S. 5
44 a.a.O., S. 49
45 Vgl. u a. M. Dornes, Der kompetente Säugling, Frankfurt a. M.: Fischer
1993; D. Stern, Tagebuch eines Babys, Stuttgart, Klett-Cotta 2003
46 B. Bueb, a.a.O., S. 96

liche Textstellen in ihren historischen Rahmen, dem sie ganz offensichtlich dienten und jederzeit wieder dienen könnten, einzuordnen. Er scheint sich wie in einem abgeschlossenen Raum zu bewegen, den seine geforderten Erziehungspraktiken nicht verlassen. Wie weit seine geschichtliche Ignoranz reicht, macht auch der abschließend zitierte, nicht weiter kommentierte Absatz deutlich:»Wir sollten uns wieder darauf besinnen, dass Jugendliche nicht nur verbale Orientierung brauchen, sondern ihnen physische Grenzen gesetzt werden müssen. Strafen wie mehr arbeiten zu müssen, sich körperlich oder geistig anzustrengen oder die Bewegungsmöglichkeiten eingeschränkt zu bekommen besitzen eine physische Komponente.«[47]

14.

Was die Elternliebe und das Bindungsvermögen des Kindes betrifft, stellen beide in Buebs Sicht zweifellos eine Bedingung dar, dem Kind gegenüber Autorität ausüben zu können. Ein gewisses Maß an elterlicher Liebe ist einer Erziehung zur Disziplin also durchaus förderlich, aber auch nicht zu viel:»Bei der Suche nach der echten Mitte zwischen den Gegensätzen Gerechtigkeit und Güte, Disziplin und Liebe, Konsequenz und Fürsorge, Kontrolle und Vertrauen müssen wir lernen zu gewichten, wir müssen aber v o r a l l e m (Herv. CK) lernen, uns nicht verführen zu lassen, der Güte, der Liebe und der Fürsorge immer den Vorrang zu geben.«[48] Dazu kommt, dass»Liebe« bei Bueb ständig mit der Ausübung von»Macht« assoziiert wird, ganz als würden Macht-

---

47 a.a.O., S. 109
48 a.a.O., S. 31

ausübung und Liebesäußerung ein und dasselbe sein, bzw. die Ausübung von Macht Voraussetzung zur Liebesfähigkeit sein: »Was zunächst wie eine Folge schneidender Befehle klang, wurde von den Spielern als fortdauernde Liebeserklärungen erlebt.«[49] »Die Macht von Eltern wandelt sich zu Autorität durch die Liebe zu ihren Kindern. Durch Liebe üben sie ihre Macht rechtmäßig aus. Ebenso legitimiert sich die Macht des Polizisten und wird zur Autorität, wenn er sie nutzt, um die Ordnung aufrecht zu erhalten.«[50] Der mancherorts erhobene Vorwurf, Buebs Buch sei geradezu ein Wiedergänger nationalsozialistischer Erziehungsideale, ist insofern ungenau und unterschätzt – wie die meisten dieser Vergleiche – den Terror, den die Nazis ausübten – nicht nur, aber auch in Erziehungsfragen. Andererseits: Sein durchgängig negatives Urteil über das Wesen des Kindes und seine überall im Buch anzutreffenden rigiden, sich über den jeweiligen Gefühlszustand des Kindes hinwegsetzenden Erziehungspraktiken – in diesem Zusammenhang darf auch die Erwähnung der zu nachgiebigen Mutter beim Schreien ihres Babys nicht fehlen[51] –, lassen schon die Frage offen, ob ein Kind einen Erziehungsstil, wie Bueb ihn den Eltern empfiehlt, ganz ohne innere Verwerfungen übersteht, und ob es am Ende nicht doch fungibel für ein politisches System ist, wie es Bueb am Anfang seines Buches ja selbst als Folge einer autoritären Erziehung andeutet. Für eine Rückkehr zu einem Mehr an Liebe[52] dürfte es dann jedenfalls zu spät sein.

---

49 a.a.O., S. 14
50 a.a.O., S. 48
51 a.a.O., S. 55f.
52 a.a.O., S. 32

15.

Kommen wir zum Schluss zu der Frage, warum um alles in der Welt sich Bueb auf diese Sichtweise mit geradezu erstaunlicher Konsequenz einlassen konnte.

Eine weitere Parallele zwischen Haarer und Bueb besteht in der Abwehrhaltung äußerer Kräfte, die dem Kind und Jugendlichen schaden. Bei Haarer finden wir die bekannten NS-Stereotypien, wie gesagt, nach 1945 in gereinigter Form. Es sind dies der Moloch Großstadt, das Geld, auch als »bequemer Ausweg für nachlässige oder überlastete Mütter«[53], der Konsum – »Gibt es doch in der Großstadt Läden, deren ganzer Bestand auf das gedankenlose Ausgeben von zehn, zwanzig oder fünfzig Pfennig gegründet ist«[54] –, und das Kino, die verderben. Bei Bueb finden sich stattdessen ein »aggressiver Materialismus«[55], die »Herrschaft des Geldes als letzter sinngebender Instanz«[56], »Fernsehen«, »plakativer Wohlstand«. »Fernsehen, Internet und Computer sind eine Quelle des Glücks, Drogen, Alkohol und Zigaretten eine andere Quelle.«[57] Auch die Metapher vom »Reichen« gegenüber dem, der sich müht, darf – ebenso wie bei Haarer[58] – nicht fehlen: »Wer wohlhabend ist, sorgt für ›anregende‹ Ferien in der Karibik oder in Skiparadiesen, wer sparen muss und noch an Erziehung glaubt, kämpft gegen Fernsehen, Computer und Internet.«[59] Während Haarer jedoch in der »blutmäßig bedingten Zuneigung der Familienmitglieder«[60]

---

53 J. Haarer, Unsere Schulkinder, a.a.O., S. 192
54 a.a.O., S. 193
55 B. Bueb, a.a.O., S. 11
56 a.a.O., S. 13
57 a.a.O., S. 43
58 J. Haarer, a.a.O., S. 195f.
59 B. Bueb, a.a.O., S. 131
60 J. Haarer, Unsere Schulkinder, a.a.O., S. 225

die Barriere gegen den sittlichen Verfall sieht, sieht Bueb diese Lösung nicht. Im Kapitel»Die Familie ist nicht alles« wird gerade ihr Verfall hinlänglich beschrieben.[61] Woraus folgt, dass sich Bueb in diesem Kapitel für die Ganztagsbetreuung von Kindern stark macht, um den zersetzenden Einflüssen der modernen Familie entgegenzuwirken. Verkehrte Welt.

Während Haarer ihre Nachkriegslektion gelernt hat und Abstand nehmen muss von der staatlichen Bevormundung der Erziehung im»Dritten Reich« und ganz grundgesetzkonform den Wert der Familie preist, wendet sich Bueb wieder einer Erziehung im Sinne der Gemeinschaft zu, und dreht wieder diese ihm eigene argumentative Pirouette:»Die Nationalsozialisten waren Meister der Gemeinschaftserziehung, das darf man nicht verschweigen.«[62]

Bueb sieht in dem Erlernen von Disziplin und Gehorsam buchstäblich die letzte Möglichkeit, das Individuum der Postmoderne vor seinem Untergang zu bewahren. Es ist diese Untergangsstimmung, die er, indem er sie an die Wand malt und fest daran glaubt, mit denen teilt, die eine»verlotterte Weimarer Republik« zum Teufel wünschten und stattdessen einem zujubelten, der versprach, für Ruhe und Ordnung zu sorgen und dabei auf Disziplin und Kadavergehorsam setzte. Bueb weiß, wohin es geführt hat, was sein Buch in manchen seiner Passagen noch unverständlicher macht.

16.

Bleibt zuletzt die Frage, warum Bueb, um seine Thesen für eine Rückkehr zu den»guten, alten Werten« vorzutragen,

---

61 B. Bueb, a.a.O., S. 125 ff
62 a.a.O., S. 133

immer wieder Bezug auf die »68er« und die »verheerenden Folgen« nimmt.

Natürlich weiß Bueb ebenso wie seine konservativen Mitstreiter, wohin in Deutschland eine an Unterwerfungsritualen orientierte autoritäre Pädagogik und Erziehung geführt haben und auch, dass sie sich mit demokratiefreundlicher Erziehung nicht vertragen. Und so ist ihnen, im Gegensatz zu Ländern wie England oder Frankreich, wo alterhergebrachte Erziehungstraditionen ganz unauffällig weiter funktionieren, der Rückgriff auf die guten »Erziehungstraditionen« in Deutschland verstellt.

Dass die »68er« mit ihrer Revolte dazu maßgeblich beitrugen, nimmt man ihnen bis heute dann ebenso übel wie dem Nationalsozialismus, diese »an sich« doch guten Werte verraten zu haben. Und so arbeitet man sich immer wieder an den »68ern« und ihrer Wirkungsgeschichte ab, um auf diesem Umweg doch noch ans in Deutschland historisch für immer verbaute Ziel zu kommen. Die »68er« werden noch einmal zum Bürgerschreck stilisiert. Denn wenn es »die Prediger der anti-autoritären Erziehung« und ihre Botschaft sind, was heute zur »Nichterziehung« geführt hat, zu »neuen psychischen Verirrungen, die junge Menschen auf neue Art liebes- und arbeitsunfähig machten«[63], zu »Restfamilien«, die den »Samstagvormittag verschlafen« oder »vor dem Fernseher verdämmern«[64], dann kann man sich an ihnen schadlos halten und sich offenbar auch diese frappierende Sorglosigkeit und geschichtliche Ignoranz im Loblied auf die Disziplin leisten. Dann muss wenigstens ein pädagogisches Biotop gefunden werden, in dem aus ungezogenen Kindern doch noch

---

63 a.a.O., S. 69
64 a.a.O., S. 139

anständige Erwachsene werden. Der Pädagoge Bueb vertraut dabei ganz auf den Einsatz vermeintlich bewährter Kräfte im Glauben, die Welt würde dadurch besser werden.

Aber er irrt, wie die Vergangenheit gezeigt hat.

S. Karin Amos

Internate bei Bueb und anderen: Zwischen Heilserwartung und Elitereproduktion

Im *Lob der Disziplin*[1] wird häufig und sehr positiv auf die angelsächsische (gemeint sind England und Amerika) Internatstradition Bezug genommen. Ja es lässt sich sogar sagen, dass dem Verweis auf die Internatserziehung in England und Amerika eine Schlüsselrolle in der gesamten Darstellung zukommt. Mit dem Stichwort »angelsächsische Internate« mag man zunächst Bilder verknüpfen: Bilder von Eton, das man über die Boulevardpresse und das englische Königshaus kennt; Bilder aus Filmen, wie dem »Club der Toten Dichter«, der den Bekanntheitsgrad des Mottos »Carpe Diem« entscheidend beförderte und die Sensibilität des europäischen Publikums für die Distinktionen amerikanischer sozialer Klassen schärfte; auch weniger bekannte Bilder, wie die unnachahmlichen Illustrationen zu Geoffrey Willans' und Ronald Searles *The Compleet Molesworth*[2]. Insbesondere ist das »Bild«, das Tim Rice in der Ausgabe von 1984 zur Illustration der Lebenshaltung des Internatszöglings evozierte, erinnerungswürdig: »Molesworth entdeckte bereits im zarten Alter, dass das Leben wie ein Liegestuhl war, schwierig, es in eine kohärente, nützliche und dauerhafte Form zu bringen, und anfällig, in jedem Moment ohne Vorwarnung in sich zu-

---

1 B. Bueb, Lob der Disziplin, Eine Streitschrift. Berlin: List 2006
2 G. Willans & R. Searle, The Compleet Molesworth. With a foreword by Tim Rice, London: Pavilion 1984

sammenzubrechen.« Molesworth' Beobachtungen verzweifelter mit ihren Liegestühlen kämpfender Zeitgenossen, um im Bild zu bleiben, gleich, ob es sich bei diesen Zeitgenossen um offizielle Autoritätspersonen der Schule oder um Mitschüler handelt, sind voller feiner Ironie, Humor und Lebensweisheit. Hinter der autoritären Fassade des Lehrkörpers entdeckt er menschliche Schwäche und auch die »tintenbefleckten Insassen« entpuppen sich bei näherer Betrachtung als weit weniger homogen als sie auf den ersten Blick erscheinen. Liebevolle Demaskierungen à la Willans und Searle sind in einem Land möglich, in dem die Internatserziehung zu einem veritablen *Topos* geworden ist.

Andere Bilder werden Internate mit sozialreformerischen Projekten in Verbindung bringen. Man mag an Summerhill denken oder an die Tradition der Landerziehungsheime.

Wieder andere Bilder sind weniger anregend, pittoresk, glanz- oder humorvoll: Internatserziehung wurde auch dazu benutzt, um die indigene Bevölkerung Nordamerikas zu assimilieren und hat in England historisch Tradition in der Armenerziehung. In beiden Fällen tritt der Zwangscharakter der Maßnahmen deutlich hervor – das Internat als Internierungsanstalt.

In Buebs Darstellung ist für Unterscheidungen, Zwischentöne und Ambivalenzen kein Platz. Er verfasst, so der Untertitel, eine Streitschrift. Hinter Buebs »Bild« der angelsächsischen Internate stehen klare Vorstellungen über ihre Funktion im gesellschaftlichen Gefüge und über ihre Aufgabe für die individuelle Erziehung. In Bezug auf die gesellschaftliche Funktion dient ihm das Beispiel der Internatserziehung als Beleg dafür, dass »reife« Demokratien – wie eben England und die USA – einen Weg gefunden hätten, das menschliche Bedürfnis nach Hierarchie und Auszeichnung (von Bueb als anthropologische Konstanten eingeführt) mit dem Wert der

Gleichheit zu vereinbaren und damit zu einer gelingenden und allseits akzeptierten Elitebildung zu kommen. In Bezug auf die Aufgaben der Internate für die individuelle Erziehung schreibt Bueb dieser Form der Beschulung sogar »heilende« Wirkung zu.

Bevor auf diese beiden Perspektiven näher eingegangen wird, sei zunächst zur Verortung der »Internatserziehung« im »Lob der Disziplin« von B. Bueb an den Zusammenhang der Darstellung erinnert, die sich grob gesprochen zu folgenden Thesen verdichten lässt:

● Es ist nicht hinzunehmen, dass der Nationalsozialismus die Erziehungsverhältnisse nachhaltig bestimmt.
● Indiz für ein fehlgeleitetes Erziehungsverständnis ist die antiautoritäre Erziehung und mit ihr die 68er-Bewegung, wobei
● die Praxis der englischen und amerikanischen Internate das beste Beispiel für die Kompatibilität von Disziplin und Hierarchie in der Erziehung mit einer demokratischen Gesellschaft liefert.

Des Weiteren lassen sich aus den Darlegungen konkrete Folgediagnosen und Schlussfolgerungen benennen:

1. In Deutschland wird nicht erzogen und es herrscht auch keine Disziplin;
2. es wird nicht erzogen, weil es keine verantwortlichen Erwachsenen gibt und diese gibt es
3. deswegen nicht, weil die 68er, die »Erfinder« der antiautoritären Erziehung mit ihrer »ideologischen Verblendung« (mein Ausdruck, K.A.) weiterhin wirksam sind. Um endlich erwachsen zu werden (individuell wie kollektiv), müssen nicht nur die Nazis, sondern auch die 68er überwunden und ein unbedingt positives Verhältnis zur

Disziplin gewonnen werden. Dieser »Mut zur Erziehung«[3]
4. ist die Voraussetzung von Freiheit, die »man durch Disziplin erwirbt«.

Im Folgenden werde ich die Ausführungen von Bueb zur
angloamerikanischen Internatserziehung referieren und
»kontextualisieren« – nicht um zu belehren, sondern um zu
zeigen, dass er bei dem Versuch, die Neigung des Schiffchens
auszugleichen und das richtige Maß zu finden – um in seinem Leitbild zu bleiben –, Dinge aus ihrer Verankerung
reißt, um sie als Gewichte zu gebrauchen. Die angelsächsische Internatserziehung ist ein solches »Ding«, bzw. genau
genommen handelt es sich um zwei »Dinge«, da es sich bei
England und Amerika um zwei verschiedene Länder mit
zwei verschiedenen Gesellschaftsstrukturen handelt – ein
Sachverhalt, dem Bueb bezeichnenderweise keine Rechnung
trägt.

England und Amerika als Beispiele für die Vereinbarkeit von Elitebildung mit dem Gleichheitsprinzip ...

... weil, so Bueb, dortzulande Autorität und Disziplin nicht
in Verruf geraten seien (anders als in Deutschland, wo der
lange Schatten der 68er noch immer für eine Verdunkelung
der Verhältnisse sorge). Immerhin: »Wir dürfen uns am Vorbild der alten Demokratien orientieren, an Frankreich, England und den Vereinigten Staaten. Sie kennen keinen Zweifel
an der legitimen Macht des Staates oder an der rechtmäßigen

---

3 Im Januar 1978 fand in Bonn der Kongress »Mut zur Erziehung« statt, mit
  Hermann Lübbe, Robert Spaemann u. a. Der Kongress fand in konservativen Kreisen großen Beifall.

Macht von Eltern, von Lehrern und von Erziehern«.[4] Disziplin, Autorität, Macht befinden sich in einem ausgewogenen Verhältnis, weil ihnen eine realistische – Bueb spricht von pragmatischer – Einschätzung der menschlichen Natur voraus- und damit ein »richtiges« Demokratieverständnis einhergehe:

»Das Beispiel Großbritannien zeigt, dass es anders viel besser funktioniert. An britischen Internaten herrscht ein größerer Gemeinschaftsgeist, weil Egoismus und Individualismus nicht durch das System legitimiert werden. Erziehung ist nur erfolgreich, wenn sie die zum Egoismus neigende menschliche Natur gegen den Strich bürstet. Das leistet unser derzeitiges deutsches Erziehungssystem nicht. Wenn Deutsche amerikanische Elite-Internate besuchen, irritieren sie die Einschränkungen, denen sich amerikanische Schüler unterwerfen: rigide Schließzeiten der Häuser, harte Regeln und Sanktionen beim Umgang mit Alkohol und Zigaretten, hohe Leistungsanforderungen, Unterordnung unter die geschriebenen und ungeschriebenen Gesetze. Diese auf uns autoritär wirkende Erziehung verbindet sich mit einem heiteren und lockeren Lebensstil, die Schüler treten selbstbewusst auf und sind stärker am Gemeinwohl orientiert als bei uns.

Und noch etwas: Die führenden Schüler in britischen Internaten besitzen Privilegien. Wenn ein Schüler im Rang eines Helfers einen jüngeren rauchen sieht und nicht einschreitet, verliert er sein Amt und die damit verbundenen Privilegien. Auch die Tatsache, dass ein Amt mit Privilegien verbunden ist, widerspricht den Vorstellungen der Deutschen von Demokratie. Schüler in verantwortlichen Positionen brauchen sich beim Essen nicht in die Warteschlange einzureihen, sie besitzen eigene Aufenthaltsräume, ihnen sind

---

4 B. Bueb, a.a.O., S. 61

sogar Eingänge in den repräsentativen Hauptgebäuden reserviert. Diese Aufzählung ließe sich noch weiter fortführen. Ich bin ein Befürworter des angelsächsischen Systems, weil es dem menschlichen Bedürfnis nach Hierarchie, nach damit verbundenen Vorteilen und nach ein wenig Glanz entspricht. Angelsachsen betrachten die menschliche Natur pragmatisch, wir Deutsche sehr idealistisch. Der Vorwurf, an englischen Internaten würden die Jüngeren unterdrückt, gilt heute nicht mehr. Dass aber die Jüngeren Respekt vor Älteren haben und dieser Respekt institutionell verankert ist, wirkt sich segensreich im Alltag aus.«[5]

In dieser Passage wird merklich mehrmals die Perspektive geändert. Am Anfang steht die These vom größeren Gemeinschaftsgeist in britischen Internaten einhergehend mit einer angeblich institutionellen Delegitimierung von Egoismus und Individualismus; nach dieser pauschalen Aussage wird abrupt der Bezug geändert und es geht dann für einige Sätze um die amerikanischen Internate: Keine Zigaretten, kein Alkohol, jede Menge geschriebener und ungeschriebener Gesetze, hohe Leistungsanforderung, Unterordnung bei gleichzeitigem »lockeren« und »heiteren« Lebensstil, »selbstbewusstem Auftreten« der Schüler und Gemeinwohlorientierung. An diese grobe Skizze wird nachgeschoben angehängt: »Und noch etwas: Die führenden Schüler in britischen Internaten besitzen Privilegien …«. Vorher war aber von der amerikanischen Internatsstruktur die Rede.

Den Erziehungserfolg weiter begünstigend kommt nach Bueb hinzu, dass nicht nur die Autorität der Eltern, Erzieher, Lehrer nicht hinterfragt werde (s. o.), sondern Eltern, Erzieher und Lehrer zusammen und nicht gegeneinander arbeite-

---

5 a.a.O., S. 88 f.

ten. Die Kritik am Verhalten der deutschen Eltern kommt dabei in der folgenden Passage zum Ausdruck:

»Als Leiter eines Internats konnte ich über Jahrzehnte beobachten, dass Eltern aus dem Ausland, wie etwa aus Frankreich, England oder China, von einem Internat erwarteten, dass ihr Kind eine gute Erziehung genießt. Es sollte sich auch wohlfühlen; wenn es dies dann nicht tat, dann war das bedauerlich, aber nicht zu ändern. Deutsche Eltern wollen natürlich auch eine gute Erziehung, aber vor allem soll sich das Kind wohlfühlen. Strenge Maßnahmen werden nur so lange akzeptiert, wie sie das Wohlgefühl des Kindes nicht stören. Deutsche Eltern geben schneller dem Drängen des Kindes nach, das Internat verlassen zu dürfen, wenn ihm zu viel Disziplin abverlangt wird.«[6]

Mit dieser Skizze entsteht ein Bild von der Internatserziehung als Indikator für den gesellschaftlichen Gesamtzustand. England und Amerika gelten als eindeutige Belege für die Kompatibilität von Demokratie mit Disziplin, Autorität und Macht – Begriffe, die Bueb zwar einführt, aber weniger durch klare Definitionen bestimmt als vielmehr assoziativ anregt. Beispielhaft dafür sind Passagen wie die folgende, in der dem Wunsch nach einem »unschuldigen« Verhältnis zu Macht Ausdruck verliehen wird, als Voraussetzung für eine unbefangene Rede von Disziplin und Gehorsam. Diese »Unschuld« sei erst dann wieder zu gewinnen, »wenn wir Macht nicht nur intellektuell als unverzichtbar in einem Gemeinwesen, aber doch immer als notwendiges Übel anerkennen, sondern wenn wir Macht emotional positiv besetzen können, was sich zum Beispiel darin äußern kann, dass man sich zur

---

6 a.a.O., S. 65–66

Freude an der Macht bekennt und niemanden wegen seiner Macht als verdächtig ansieht«.[7]

In England und Amerika gelte all dies und noch ein weiteres: Es herrsche ein von den maßgeblichen Akteuren, Eltern, Erziehern und Lehrern, geteiltes Erziehungsverständnis; im Unterschied zu Deutschland, wo (siehe auch das oben zitierte Beispiel) Eltern durch falsche Erwartungen (das Kind soll sich wohlfühlen statt: Es soll eine gute Erziehung erhalten), den Erfolg des Unternehmens Internatserziehung gefährdeten, indem sie ihm erlaubten, die Erziehungsanstalt »bei Nichtgefallen« wieder verlassen zu dürfen. Im Umkehrschluss heißt das, dass einem gesellschaftlichen und für alle bindenden Konsens über Erziehung wie eben in den »alten, keinen Zweifel kennenden Demokratien« zentrale Bedeutung zukomme, denn »die Zukunft Deutschlands wird davon abhängen, dass wir die bewusstere Erziehung unserer Kinder, orientiert an gemeinsamen Maßstäben und Überzeugungen zum ersten Thema der Nation machen ... Nur durch offensiv betriebene Erziehung und Bildung und den Mut, konsequent die anerkannten Werte in Tugenden bei jungen Menschen zu wandeln, können wir Kinder und Jugendliche für ein Leben mit wenigen Zukunftserwartungen stärken.«[8] (Der letzte Halbsatz ist in seiner Ambivalenz eine angemessenere Problembeschreibung als Bueb bewusst ist, aber dies ist nicht das Thema meiner Ausführungen.) Ob die von ihm so genannten »alten« Demokratien tatsächlich gleichgesinnt mit einer Stimme über Erziehung reden, ist der Uninformiertheit des Lesers/der Leserin überlassen.

Das in diesem Abschnitt angeführte lange Zitat dient als

---

7 a.a.O., S. 61
8 a.a.O., S. 32

Beleg dafür, dass Bueb zwischen England und den USA keinen Unterschied macht, die Differenzen unter dem Stichwort »alte Demokratien« nivelliert und jedes Beispiel so nutzt, wie es gerade passt: Alkoholkonsum ist in Amerika untersagt, aber in England? In England gibt es offensichtlich ein hierarchisches Disziplinierungssystem, in das auch ältere Schüler eingebunden sind, aber in Amerika?

Internate, soziale Reproduktion und die Rolle des kulturellen Kapitals. Oder: Wenn Bueb Recht hätte, müsste dann die Komposition sozialer (oberer) Klassen[9] in England und den USA nicht dynamischer sein?

In der (bildungs-)soziologischen Diskussion ist die zentrale Rolle von Schule bei der Reproduktion von sozialer Zugehörigkeit schon lange Thema. Nicht nur ist ihre grundsätzliche reproduktive Funktion unbestritten; ebenso unzweifelhaft ist, dass sie den status quo tendenziell bestärkt. Unter status quo ist aber gerade nicht zu verstehen, dass die sozialen Schichten bei wechselndem Personal erhalten bleiben, dass es also zu »Auf- und Abstiegsbewegungen« von Individuen und Familien kommt, sondern dass sich die soziale Zugehörigkeit für Individuen im Generationenwechsel als für moderne Gesellschaften überraschend konstant erweist (auch wenn dies konjunkturell skandalisiert wird, wie jüngst durch die PISA-Studien). Aus der Sicht der so genannten Reproduktionstheoretiker ist über diese allgemeine Feststellung hinaus zu konstatieren, dass die in Zertifikaten und Bildungstiteln geronnenen schulischen Zuweisungsprozesse als individuelle Leistungen kodiert sind, von den Schülern und Schülerinnen

---

9 Ich verwende hier den Ausdruck soziale Klassen im angloamerikanischen Kontext. In Deutschland ist das Modell sozialer Schichten etablierter.

also als gerecht verteilte, aufgrund von Anstrengung und Begabung verdiente, Klassenpositionen erscheinen – eben als Resultat des Leistungsprinzips. Wenn aber die gesellschaftliche Ungleichheit ausschließlich das Resultat der Wirkung des meritokratischen Prinzips ist, wie kann es dann sein, dass sich die soziale Hierarchie in ihrer personalen Zusammensetzung als überraschend konstant erweist? Offensichtlich liegt hier ein Widerspruch vor: Entweder ist das Leistungsprinzip verwirklicht, dann kann das Arbeiterkind ebenso sozial aufsteigen, wie das Akademikerkind sozial absteigen kann, oder die vertikale Differenzierung der Gesellschaft (an dieser Stelle mache ich der Einfachheit halber keinen Unterschied zwischen dem Klassen- und dem Schichtenmodell) erweist sich vor allem »oben« als relativ undurchlässig. Letzteres ist auch in der Argumentation von Bueb nahe gelegt, denn wenn man schon vom menschlichen Bedürfnis nach Hierarchie und Macht spricht, so muss man annehmen, dass diejenigen, die an der Spitze der sozialen Hierarchie stehen, ihre Position für sich und ihre Nachkommen zu sichern bestrebt sind. Welche Mechanismen sind dabei am Werk? Um diese Frage zu beantworten genügt es nicht, einzig und allein Einkommens- und Besitzunterschiede zu berücksichtigen; in modernen Gesellschaften muss der soziale Status über bestimmte Lebenslaufmodelle legitimiert und gesichert werden. Anders gesagt: dem meritokratischen Prinzip ist Rechnung zu tragen. In diesem Kontext hat sich in der Forschung als außerordentlich produktiv das In-Beziehung-Setzen des in Geld konvertierbaren Kapitals mit dem so genannten kulturellen Kapital erwiesen – ein eng mit dem Namen des französischen Soziologen Pierre Bourdieu verbundenes Konzept.[10] Dieses

10 P. Bourdieu/J. C. Passeron, Reproduction in Education, Society and Culture, Beverly Hills: Sage 1977 (1979)

Konzept eignet sich gerade und vor allem für die Untersuchung von Eliten und ihren Reproduktionsprozessen. Am Beispiel der USA und Großbritanniens kann man die eminent wichtige Bedeutung der Internatserziehung für die Elitebildung und die Strategien der Eliten zum Statuserhalt untersuchen.

Die Rolle der Internate bei der Reproduktion sozialer Eliten: das Beispiel England und Amerika

Für England existiert schon lange eine reichhaltige Literatur, die sich mit der herausragenden Rolle von weiterführenden Schulen in Form von Internaten bei der Entstehung und Aufrechterhaltung von sozialen Klassenunterschieden befasst, in den USA ist dieser Forschungsbereich weniger stark ausgeprägt. Mit diesem simplen Befund liegt ein erstes Indiz für den Zusammenhang zwischen Elitebildung und Sozialstruktur vor.

In einer vergleichenden Untersuchung aus dem Jahre 1985, die sie in der Comparative Education Review diskutieren, sind Peter Cookson und Caroline Persell zu folgenden Ergebnissen gekommen[11]: Zunächst stellten sie wesentliche Unterschiede zwischen der englischen und der amerikanischen Gesellschaft dahingehend fest, dass in England eine auf Landbesitz basierende anerkannte Aristokratie sozialstrukturell grundlegend sei. Die Kerneinheit für soziale Unterschiede

---

11 P. W. Cookson/C. Hodges Persell, Preparing for Power: American's Elite Boarding Schools, New York: Basic 1985; P. W. Cookson/C. Hodges Persell, English and American Residential Secondary Schools; A Comparative Study of the Reproduction of Social Elites, in: Comparative Education Review 29/1985, S. 283–298; C. Persell, Education and Inequality: The Roots and Results of Stratification in American Schools. New York: Free Press 1977

bilde damit die Zugehörigkeit zu bestimmten Familien. In den USA hingegen bilde materieller Wohlstand das Hauptkriterium, zu welchem Familienhintergrund und Ethnizität als weitere Distinktionsmerkmale hinzutreten könnten. Trotz dieser Unterschiede in kultureller Erfahrung und gesellschaftlichen Praktiken gilt, dass die Mitgliedschaft zu einer Statusgruppe dadurch gekennzeichnet ist, dass Individuen einen Sinn für soziale Ähnlichkeit entwickeln, der sich auf die Heiratspolitik, gemeinsame soziale Netzwerke, bestimmte ökonomische Strategien, gemeinsame Berufe und Positionen sowie geteilte Traditionen und Konventionen auswirkt. Die englischen Statusgruppen zeichnen sich durch klarere und distinktere kulturelle Charakteristika aus als die amerikanischen. In England erkennen sich die Statusgruppen-Mitglieder an »Zeichen« wie der Sprache, der Kleidung; kurz: an ihrem jeweiligen Habitus. Dies bedeutet nicht, dass es in den USA keine Distinktionskriterien gibt, diese sind jedoch anders definiert und insgesamt gesehen durchlässiger als in England. In England führt der Weg der Eliten über Cambridge und Oxford als Spitze der akademischen und sozialen Hierarchie. In den USA hingegen gibt es neben den »Markennamen«, den (alt-)ehrwürdigen privaten *Ivy League* Institutionen, auch staatliche Universitäten von hervorragendem Ruf wie die Universität von Kalifornien mit dem Standort Berkeley, die mit der »*Efeu Liga*« durchaus konkurrieren kann. In England tragen die privaten Eliteschulen die irreführende Bezeichnung *public schools*, in den USA nennt man sie auch *prep schools*, eine Abkürzung für *preparatory*, also vorbereitende Schulen. Diese Bezeichnung ist insofern präziser, weil damit ihre Funktion benannt ist: Sie sollen auf die Aufnahme in die Eliteuniversitäten vorbereiten. Hier wird deutlich, was reproduktionstheoretisch so interessant ist an den Internaten: Sie spielen eine herausragende Rolle bei der

Legitimation und dem Erhalt der Eliten und ihrer sozialen Beziehungen.

Die institutionellen Mechanismen der Internatserziehung für die Elitereproduktion

Cookson und Persell haben sich vor diesem Hintergrund eine Vielzahl von Internaten – darunter auch die angesehensten, die *Clarendon Nine* (dazu zählen in erster Linie Eton und Winchester) und ihre amerikanischen Äquivalente – vorgenommen und hinsichtlich der Kriterien »leadership« (Führungsstil), »discipline« (Disziplin im Sinne von Schulordnung), »curriculum« (Lehrplan) und »teaching style« (Unterrichtsstil, Lehrstil) vergleichend untersucht. Auch wenn besonders in den USA viele der Eliteinternate inzwischen koedukativ sind, geht es grundsätzlich um die Erziehung des männlichen Nachwuchses und ist das Erziehungsverhältnis zwischen Lehrern und Schülern, zwischen Erzieher und Zögling ein ebenfalls männlich bestimmtes.

Sie halten als Ausgangspunkt fest, dass traditionell den *Schulleitern* eine Vorbildfunktion zukomme, wobei davon ausgegangen werde, dass ein angemessenes Verständnis von (später von den Schülern selbst auszuübender) Autorität am besten durch Beobachtung und Nachahmung gelernt werden könne.

Schulleiter in beiden Ländern seien männlich, mit protestantischem und meist privilegiertem sozialen Hintergrund – soziale Aufsteiger seien eher eine Seltenheit. Die englischen Schulleiter seien akademisch besser ausgebildet, selbst Absolventen von Cambridge oder Oxford; nicht wenige von ihnen hätten auch in der Wissenschaft einen Namen und seien anerkannte Gelehrte. Auch unterrichteten die englischen

Schulleiter häufiger selbst als ihre amerikanischen Kollegen. Diese verstünden sich eher als Manager und von ihnen werde auch eher die Wahrnehmung von Manageraufgaben erwartet. Der Erfolg des amerikanischen Schulleiters werde an der Höhe der Mittelakquise und der Rekrutierung von Lehrern und Schülern gemessen, wohingegen der persönliche Ruf des Schulleiters ein kritischer Faktor bei der Bewertung der Internate in England sei. Der englische *Headmaster* steht an der Spitze einer komplexen hierarchisch gegliederten Organisationsstruktur, die von den *Second* und *Third Masters*, den *Housemasters*, den Fachleitern, den Tutoren und dem *Head Boy* der Schule reichten. Den in »*Houses*« untergebrachten Schülern steht der *Housemaster* vor; eine privilegierte Position, die oft erst nach langjähriger Tätigkeit als Lehrer oder Tutor erreicht werden kann. Die Schüler, bzw. deren Eltern entschieden sich eher für ein bestimmtes Haus, dem sie während ihrer gesamten Schulzeit angehörten, denn für die ganze Schule. In jedem Falle wenden sie sich bei der Anmeldung ihrer Kinder direkt an den Schulleiter oder den *Housemaster*. Dem *Housemaster* unterstehen die aus der Schülerschaft rekrutierten *House Captain* und die *Hauspräfekten*. Anders als in den USA könne man sich seine Zimmergenossen nicht aussuchen, sondern werde in ein rigides System eingepasst. In den USA entspricht Cookson und Persell zufolge der Führungsstil des Schulleiters eher dem Managementstil in großen Firmen. Autorität werde zwar auch delegiert, aber der Entscheidungsprozess sei eher entpersonalisiert. Die Schülervertretung wird zwar ermutigt, aber die Macht wird selten geteilt. In beiden Ländern ist die Vorstellung zentral, dass Mannschaftssport eine entscheidende Funktion bei der Entwicklung von Führungsqulitäten zukomme. Bei aller Hierarchisierung sehen Cookson und Persell in England mehr Zugeständnisse an die Individualität, was sie darauf zurückführen, dass sich das der Oberklasse angehörende Individuum seiner sozialen Position gewiss sei. Als Beispiele führen sie an, dass Alkoholkonsum offiziell eher akzeptiert sei, was in Eton sogar so weit gehe, dass es dort Pubs für Schüler gäbe und dass über Themen wie Homosexualität, Drogen und Alkohol freier gesprochen werden könne.[12]

In den Verhaltensregeln der Schuldisziplin sind die zentralen Werte und Normen einer Gemeinschaft niedergelegt; daher gelte Disziplin in gewisser Hinsicht als Maß für die Seele der Schule. Die Disziplin regele die sozialen Beziehungen zwischen Schülern, Lehrern und Leitung, definiere Verhaltensstandards und bestimme den Ton. Auch hier zeigen sich zwischen amerikanischen und englischen Schulen gravierende Unterschiede. In den meisten amerikanischen Schulen sind die Schulregeln schriftlich detailliert fixiert. Diese bilden die Grundlage für die minutiöse Gestaltung des Schülerlebens. Am großen Gewicht auf schriftlicher Fixierung lässt sich ablesen, dass an amerikanischen Schulen eine legalistische und bürokratische Auffassung von Disziplin herrsche, es dominieren die geschriebenen Gesetze. Der Schulleiter wird in die Lösung von Disziplinproblemen erst dann einbezogen, wenn ein Schulverweis ansteht, der in Amerika – anders als in England – keine drastischen Konsequenzen für das weitere Leben des Schülers hat. Dieser Punkt ist besonders bedeutsam, lassen sich hieran doch die in die jeweilige gesellschaftliche Sozialstruktur eingelassenen unterschiedlichen Lebenslaufmodelle ablesen. In England hat der *Housemaster* eine Schlüsselfunktion bei der Regelung der Disziplinfrage, aber vieles ist der Regelung der Schüler untereinander überlassen. Machtbefugnisse werden von den *Masters* an die Schüler delegiert, denn die älteren Jungen haben das Recht, die

---

12 a.a.O., S. 292

jüngeren für diverse Zuwiderhandlungen zu bestrafen: für Verspätungen zu den Mahlzeiten, Verstöße gegen die Kleiderordnung u. Ä. mehr. Für ihre Vorbild- und Disziplinierungsfunktion erhalten die Präfekten besondere Privilegien. Erst dann, wenn ein Konflikt nicht innerhalb der Schülerschaft gelöst werden kann, kommen *House-* oder *Headmaster* ins Spiel. An diesen Unterschieden zeigt sich ebenfalls, wie die Internatsdisziplin die Sozialstruktur reflektiert. In den USA finde sich, parallel zum Problemlösungsstil der Gesamtgesellschaft, eine formalistische und legalistische Herangehensweise, mit starker Akzentuierung von Moral und Rehabilitation. In England richte sich die Strafe selten auf das innere Leben des Schülers. Deshalb würden auch körperliche Strafen als weniger drastisch empfunden, sondern als Mittel, um Verstöße schnell aus der Welt zu schaffen.[13]

Das »Curriculum« und die vorherrschenden »Lehrstile« spiegeln die intellektuellen Werte und Aspirationen der Schule und dienen als Instrument zur Erreichung von geschätzten Bildungstiteln. In England – mit der klaren Orientierung auf die alten Sprachen und Französisch – sei das Curriculum eindeutig klassenorientiert. Amerikanische Internate seien dagegen weniger traditionalistisch und innovationsfreudiger, wie man an der Einführung des Mikrocomputers sehen kann (Persell and Cookson 1987).[14] Wichtig ist in jedem Falle, dass die Eliteschulen eine wichtige Vorbereitungsfunktion haben für den Anschluss, die Aufnahme in die Eliteuniverstitäten. Das im Curriculum sedimentierte kulturelle Kapital ist in den USA breiter diffundiert und steht den Schülern öffentlicher und privater Schulen gleichermaßen

---

13 a.a.O., S. 294
14 C. Persell/P. W. Cookson Jr., Microcomputers and Elite Boarding Schools: Educational Innovation and Social Reproduction. Sociology of Education, Vol. 60, No 2 (1987), pp. 123–134

zur Verfügung. In England haben die oberen Gesellschafts-
klassen noch eher eine Art Monopol bei der Definition kul-
turell bedeutsamen Wissens. Auch der Lehrstil unterscheidet sich signifikant. In England ist der Umgang zwischen Lehrern und Schülern hoch
formalisiert, während in den USA Lehrer und Schüler mehr
Raum für informelleren, demokratischeren und persönliche-
ren Umgang haben. Eliteforschung wie von Cookson und Persell betrieben (für
Deutschland vgl. Michael Hartmann[15]) geht in der Tradition
Max Webers davon aus, dass die oberen gesellschaftlichen
Klassen nicht nur durch Macht und Wohlstand zusammen-
gehalten werden, sondern auch durch gemeinsame Werte
und Lebensstile. Internate sind als totale Institutionen kon-
zeptualisiert, die formell und informell die Schüler auf die
Ausfüllung ihrer sozialen Position vorbereiten. Es geht also
nicht nur um die Formung einer kollektiven Identität, sondern auch um die Legitimität des Privilegienerhalts. Negativ
vermerkt die Forschung, dass die auf diese Weise sozialisier-
ten jungen Leute keine risikofreudigen, kreativen Menschen
seien. Sie seien zwar auf die Ausübung von Macht vorbereitet, aber nicht darauf, innovativ tätig zu sein.

Wie die beiden letzten Abschnitte ausführlich verdeutlicht
haben, besteht die gesellschaftliche Funktion von Internaten
als Teil stratifizierter Bildungssysteme vor allem darin, zur
Reproduktion sozialer Eliten beizutragen. Somit gilt eher,
dass sie sich trotz und nicht wegen demokratischer Gesell-
schaftsverhältnisse halten können – im Gegensatz zum von
Bueb postulierten Zusammenhang eines konfliktlosen Mit-

---

15 M. Hartmann, Elitesoziologie. Eine Einführung, Frankfurt a. M.; Campus
2004

einanders von Macht, Hierarchie, Disziplin, Elite und
Gleichheit.

Im folgenden Abschnitt geht es um die Wirkung der Internatserziehung auf das Individuum, wobei wiederum die Darstellung von Bueb den weiteren Überlegungen vorangestellt
wird.

Internate als Therapieersatz?

In Bezug auf die individuelle Entwicklung erscheint das Internat, vor allem das britische, in der Darstellung von Bueb
als veritable Rettungsinstanz.

Bereits die Überschrift des Kapitels: »Disziplin wirkt heilend«[16] bringt einen äußerst fragwürdigen Anspruch zum
Ausdruck: die therapeutische Funktion von Disziplin im
Kontext von Autorität und Hierarchie. Stütze dieses Arguments sind die Praktiken in amerikanischen und englischen,
hier vor allem in englischen Internaten. Unmittelbar eingeleitet wird das Kapitel mit einem in diesem Kontext hoch
problematischen Beispiel: dem Fall Helen Keller. Bueb diskutiert den Fall Keller nicht als Fall veränderter Wahrnehmung und daraus resultierender veränderter pädagogischer
Praktiken im Umgang mit taubblinden Menschen, sondern
als verallgemeinerbares Disziplinproblem. Übergangslos
spricht Bueb dann über die aktuelle Situation, von unterschiedlichen Formen von »Verwahrlosung« und im Zusammenhang der besonderen »Verwahrlosung« von Kindern
privilegierter Eltern als Unfähigkeit zum Verzicht, als Unfähigkeit zum Aufschub von Bedürfnisbefriedigung. Dazu ist
zunächst festzustellen, dass es sich keineswegs um ein rezen-

---

16 B. Bueb, a.a.O., S. 63–77

tes Phänomen handelt, wie in der Formulierung:»In den
letzten Jahren hat sich ein Typus von Verwahrlosung verbreitet, der sich vor allem in einer schwer erträglichen Ich-zen-
trierten Anspruchshaltung äußert«[17] angedeutet wird. Diese
gern zitierte Formel:»Ich, Alles, Sofort« bringt einen Topos
der wissenschaftlichen und öffentlichen Diskussion zum
Ausdruck, der vor allem seit dem Einzug der modernen Mas-
senkultur regelmäßig dann wiederholt wird, wenn über »die
Jugend« gesprochen wird. Insofern finden sich fast identische
Formulierungen schon in der Jugend-Debatte der späten
fünfziger und frühen sechziger Jahre. Die postulierte Unfähigkeit zum Bedürfnisaufschub wird übrigens auch gerne zur
Charakterisierung der nicht am Mittelschichtsideal orientierten gesellschaftlichen Schichten genutzt und findet sich in
dieser Tradition schon im frühen neunzehnten Jahrhundert.
Es handelt sich also nicht um eine Folge der aufgrund der
Wirkung antiautoritärer Erziehung zu beklagenden Unfähigkeit zur Erziehung (Disziplinlosigkeit) und daraus resultie-
renden psychischen Auffälligkeiten bei Jugendlichen. Nach
einer ausführlicheren Passage, in der das Scheitern von nicht
auf strenger Disziplin beruhender Erziehungsexperimente
(A. S. Neill, Makarenko) sowie deren Einfluss auf die antiautoritäre Erziehung konstatiert wird, lautet die sich auf
Freud berufende Diagnose: Neurosen aufgrund von Nicht-
Erziehung führen zu psychischen Verwirrungen.[18]

So eingeleitet, spricht Bueb über eigene Erfahrungen, er
stilisiert sich als Kronzeugen der Heilung durch Disziplin.
Die Passage verdient es, in Gänze zitiert zu werden:
»Viele psychische Erscheinungen bei Jugendlichen, die wir
als krank diagnostizieren, entpuppen sich in vielen – nicht in

---

17 a.a.O., S. 64
18 a.a.O., S. 69

allen – Fällen als Folge mangelnder klarer Führung und Disziplin. Unter den zahlreichen Beispielen meiner Internatstätigkeit will ich einen besonders plakativen Fall der ›Heilung‹ durch Disziplin herausgreifen.

Eines Tages wurde ein fünfzehnjähriger Junge zu mir geschickt, der trotz guter Begabung drohte in der neunten Klasse erneut sitzen zu bleiben. Ich sollte ihm mitteilen, dass er aufgrund seiner mangelnden Anstrengungsbereitschaft, seines Alkoholproblems und seiner insgesamt laschen Haltung die Schule verlassen müsse. An psychologischer Beratung hatte es nicht gemangelt, wir waren mit unserem Latein am Ende. Als er so reuig und hilflos vor mir saß, kam mir die Idee. Ich sagte Folgendes: ›Wenn du mir jetzt erklärst, dass du bereit bist, ein Jahr unsere strengste britische Internatsschule, ein sehr traditionelles Jungeninternat, zu besuchen, dann darfst du nach Salem zurückkehren.‹ Er sagte spontan Ja. Was er in England antraf, war eine hierarchisch geordnete Gemeinschaft, es herrschten Disziplin und Ordnung, Gehorsam galt als selbstverständlich, Schuluniform war verpflichtend, auf Regelübertretungen folgten Strafen, die Autorität der Erwachsenen, aber auch der Funktionäre der Schülermitverwaltung war unbestritten. Alle Aktivitäten in der Freizeit waren verpflichtend, der Tag begann mit einer Morgenandacht, an der alle teilnehmen mussten, ob christlichen, jüdischen oder islamischen Glaubens oder atheistisch. Die Schule entsprach dem Horrorbild einer pädagogischen Einrichtung, wie es die Prediger der antiautoritären Erziehung nicht schlimmer hätten an die Wand malen können.

Der Aufenthalt wurde eine Erfolgsgeschichte. Der Junge hörte auf zu trinken, wurde ein begeisterter Cross-Country-Läufer, er begann zu arbeiten, begeisterte sich für neue Sportarten, kurzum, aus einem psychisch angeschlagenen Jungen wurde ein junger Mann, der Erfolg hatte, der sich etwas zutraute und den viele Versuchungen nicht mehr erreichten, die ihn bislang vom geraden Weg abgebracht hatten. Er kehrte nach einem Jahr nach Salem zurück und ging seinen Weg erfolgreich bis zum Abitur. Der Erziehungsstil an heutigen britischen Internaten erklärt den Erfolg. Humor, Ermutigung und Zuversicht begleiten die strenge Disziplin; außerdem herrscht ein Konsens unter Erwachsenen und Schülern, dass dieser pädagogische Weg der einzig richtige ist. Deutsche Familien und Internate schicken seit Jahren Jungendliche dorthin, denen es an Disziplin und Selbstdisziplin mangelt und die zum Teil Symptome in ihrem Verhalten zeigen, die die Erziehenden vor die Alternative stellen: psychologische Behandlung oder strenges Ambiente.«[19]

Die Entscheidung, den Jungen rigider Disziplinierung auszusetzen, hat sich als richtig erwiesen, die Maßnahme ist geglückt. Aber: Es hätte ebenso anders ausgehen können und in anderen Fällen geht es auch tatsächlich anders aus. Buebs positives Beispiel lässt sich mit Gegenbeispielen beantworten: mit Beispielen, die von der deformierenden Wirkung strenger Internatserziehung handeln, von Fällen prominenter oder obskurer Persönlichkeiten, die direktes oder indirektes Zeugnis über die nachteiligen Wirkungen dieser Art der »totalen Erziehung« geben.

Das Problem ist aber nicht der Individualfall. So lange es darum geht, lässt sich das Spiel von Rede und Gegenrede noch lange fortsetzen, ohne dass zu einem eindeutigen Ergebnis zu kommen wäre. Der Einzelfall hängt immer von einer spezifischen Konstellation von Faktoren ab und diese sind ebenso zu berücksichtigen wie die nicht vorhersehbare

19 a.a.O., S. 69 f.

und nicht einsehbare Eigensinnigkeit des Subjekts. Das Problem liegt auch nicht darin, dass sich über Vor- und Nachteile der Internatserziehung als pädagogisches Programm nicht reden ließe, was im folgenden Abschnitt auch getan werden soll; das Problem liegt in der Rahmung des Kapitels, in seinem Anspruch, Disziplin wirke heilend in Verbindung mit einer Rede über psychische Verwirrungen, Störungen, Auffälligkeiten. Hier wird einerseits leichtfertig mit professionellen Kompetenzen gespielt, denn die berechtigte Kritik von Bueb an einer Psychologisierung der Pädagogik gilt auch für die Gegenrichtung: eine Pädagogisierung der Psychologie ist ebenso fatal und eine – hier angedeutete – Pädagogisierung der Psychoanalyse oder der Psychiatrie erst recht. Andererseits wird hier aber auch der Eindruck erweckt, dass Jugendliche nur mit fester Hand zu führen seien, einen durchorganisierten, hierarchisierten, streng geregelten Tagesablauf benötigten, um zur »Besinnung« zu kommen. Verharmlosend dann auch der institutionelle Kontext der Erziehungsmaßnahme. Selbst wenn man die These, an britischen Internaten herrsche eine gelungene Mischung aus »Humor«, »Ermutigung«, »Zuversicht« und »Disziplin« unkommentiert stehen lässt, obwohl sie als allgemeine Aussage durchaus fragwürdig ist, so kann man die vermeintliche Übereinkunft zwischen Jugendlichen und Erwachsenen hinsichtlich des »einzig richtigen« pädagogischen Weges nur mit einigem Befremden zur Kenntnis nehmen, denn hier treffen sich nicht gleichberechtigte Parteien auf freiwilliger Basis und führen einen »herrschaftsfreien Diskurs« über ihr Erziehungsverständnis. Schon das Beispiel von Helen Keller als Fall von fehlgeleiteter elterlicher Liebe und Disziplinlosigkeit ist äußerst schräg, weil es die Hilflosigkeit der Eltern mit Verzärtelung und Erziehungsunfähigkeit verbindet, und nicht mit dem damals verfügbaren Wissen und herrschenden pädagogischen Praktiken im Umgang mit taubblinden Menschen. Disziplin war in der Erziehung Helen Kellers kein Selbstzweck, sondern ein Mittel zur Entfaltung individueller Entwicklungspotenziale.

»Das pädagogische Programm« von Internaten

Wenn hier von pädagogischem Programm die Rede ist, so soll mit der Qualifizierung »pädagogisch« zum einen eine Abgrenzung von der oben angesprochenen gesellschaftlichen Funktion erfolgen; zum anderen soll damit angedeutet werden, dass es bei aller Unterschiedlichkeit von Internaten hinsichtlich Weltanschauung, Finanzierung, Klientel, Größe, Prestige usw. einige gemeinsame Kennzeichen gibt.

Man muss nicht im Sinne Erwin Goffmans von totaler Institution reden, ein Ausdruck, den er bekanntlich vor allem am Beispiel stationärer psychiatrischer Behandlung gewonnen hat, um das auffälligste Merkmal in den Blick zu nehmen.[20] Auch in der Diskussion um Internatserziehung gibt es eine Tradition, in der von totaler Erziehung die Rede ist, so spricht Wilson von der Erziehungsgemeinde Internat:

»Das Internat ist keine zufällige Einheit, sondern eine geplante Gemeinschaft, die dem Zweck einer totalen, umfassenden Erziehung dient. Jedes ihrer Mitglieder genießt auf diese Weise den Vorteil, dass sein Leben, seine Freizeitaktivitäten wie seine Arbeit, einzig und allein dem Ziel dient, im breitesten und umfassendsten Sinne erzogen zu werden.«[21]

---

20 E. Goffman, Asyle. Über die soziale Situation psychiatrischer Patienten und anderer Insassen, Frankfurt am Main: Suhrkamp 1972
21 J. Wilson, Public Schools and Private Practice. London: Allen & Unwin: 1962

Damit ist auch gesagt, dass die Zahl der »Miterzieher« in dieser Schule gering gehalten wird. Auch Wilson wusste schon, dass unter den Bedingungen der »normalen« Tagessschule, Schüler und Schülerinnen nur zwanzig Prozent ihrer Wochenzeit in der Schule und damit unter der Kontrolle des professionellen pädagogischen Personals verbringen, im Unterschied zur Internatserziehung:

Bei einer Wochenstundenzahl von insgesamt 168, so die Rechnung, entfallen auf den Unterricht 30–35 Stunden. Diese sind für Internats- und für Tageschüler und -schülerinnen gleich. Die Zeit der Tagesschüler ist aber anders aufgeteilt: Von den verbleibenden vier fünfteln verbringen sie einen beachtlichen Teil der Zeit auf dem Weg hin zur Schule und wieder zurück, mit Hausaufgaben, ihren Eltern, Freizeit, Schlafen und Essen. Auch wenn ein Teil dieser Aktivitäten ebenso auf Internatsschüler entfällt, so ist der Hauptunterschied doch der, dass die Schüler (auch Wilson spricht häufig von »boys«) für die gesamten 168 Stunden unter der Verantwortung und Aufsicht des Internats stehen. Daraus ergibt sich die Rede von der totalen Erziehung, denn da die gesamte Zeit in der Schule verbracht wird, ist die Schule für deren Planung, Organisation, Einteilung usw. zuständig. Auch wenn nicht jede Minute und jede Stunde des Tages mit bestimmten Aktivitäten verplant sind, muss die Schule die zur freien Verfügung stehende Zeit genauso planen wie die für bestimmte Aufgaben reservierte Zeit. Prinzipiell hat damit das Internat einen größeren Gestaltungsraum: Da alle im Internat lebenden und arbeitenden Personen in räumlicher Nähe zueinander wohnen, kann der Schulleiter auch zu ungewöhnlicher Zeit Versammlungen und Konferenzen einberaumen, da er auf keine Fahrpläne und Verkehrsbedingungen Rücksicht nehmen muss. Aus diesen Rahmenbedingungen, gemeinsamer Raum und gemeinsame Zeit, ergebe sich die Besonderheit in der Gestaltung des Gemeinschaftslebens. Im Folgenden vertieft Wilson diese besondere Gemeinschaftsgestaltung anhand der Kategorien von Aktivitäten: Gottesdienst (worship), Arbeit (work), Freizeit (leisure). Es sind aber nicht nur die gemeinsamen Aktivitäten, die in ihrer ritualisierten Abfolge für Ordnung und Verlässlichkeit sorgen; eine weitere Besonderheit des Internats besteht in seiner Altersgemischtheit. Anders als in der Familie, mit ihrer kleinen Mitgliederzahl, lebten die Schüler und Schülerinnen in Internaten mit vielen anderen Kindern und Jugendlichen – teils gleichaltrig, teils jünger, teils älter als sie selbst – und mit unterschiedlichen Erwachsenen zusammen. Eine weitere Auffälligkeit ist die für die Organisation des Internats typische Delegation von Autorität, die sich in einer verschachtelten, für Außenstehende schwer durchschaubaren Hierarchie niederschlägt. An diesem Punkt ist erkennbar, wie die pädagogische Programmatik mit der oben behandelten gesellschaftlichen Funktion verwoben ist, deshalb soll an dieser Stelle auf den auffallendsten Ausdruck der britischen Internatshierarchie, das Präfektensystem, nicht näher eingegangen werden. Nur so viel sei hier unter pädagogischen Gesichtspunkten gesagt: Es geht idealerweise darum, Disziplinierung und Verantwortung zu übernehmen. Dass damit in der Realität negative Eigenschaften befördert werden, vom Drangsalieren bis zum Quälen Jüngerer, d.h. der mögliche Missbrauch von Macht, wird dabei nicht thematisiert. Bueb hat in seiner Darstellungsvariante des britischen Internats diesen dunklen Punkt ebenfalls schnell abgehandelt mit dem lapidaren Hinweis darauf, dass der »Vorwurf, an englischen Internaten würden die Jüngeren unterdrückt,«… heute nicht mehr« gelte. Stattdessen wird vollkommen unproblematisiert die Helferfunktion der älteren Schüler betont sowie deren Verpflichtungen zum bedingungslosen Einschreiten, wenn jüngere Schüler bei Zuwiderhandlungen ertappt werden. Die Schwächen in der Konstruktion, die potenziell fatale Koppelung von Privilegien an Macht in einem hierarchischen Gefüge, werden ausgeblendet zugunsten des pauschalen Verweises auf die Verankerung von Privilegien in Verantwortlichkeiten.

Festzuhalten ist, dass die besondere Art der Gemeinschaftsbildung, die Form der totalen Erziehung in einer überwachten »vorbereiteten« Lern- und Lebensumgebung, kurz die Besonderheit der Pädagogischen Provinz Internat, als Alternative zu der Offenheit und Vielfalt der Erziehungsverhältnisse der Tagesschüler diskutiert wird. Pädagogisch indiziert sind Internate vor allem dann, wenn Eltern und andere Erzieher gute Argumente dafür haben, dass diese Form der strukturierten und reglementierten Tagesabläufe am besten geeignet sei, um die Entwicklung eines Kindes oder Jugendlichen zu befördern. In diesem Kontext hat man in England schon früh über ein Recht auf Internatserziehung nachgedacht. Gleichzeitig ist mit der Frage nach der Internatserziehung als totaler Erziehung noch ein weiteres Problem angesprochen, nämlich das nach dem Verhältnis der Erziehungsrechte der Eltern und dem anderer gesellschaftlicher Akteure; denn schließlich ist es ja so, dass unter den bestehenden staatlichen Regelungen zur Beschulung von Kindern und Jugendlichen Eltern nicht auf ihr Erziehungsrecht verzichten, sondern nur akzeptieren, dass sie nicht die einzigen Erziehungsinstanzen sind. Anders in der Internatserziehung: Hier geben Eltern ihr Erziehungsrecht ab und nehmen hin, dass sie in Erziehungsfragen während der Schulzeit wenig »Macht« ausüben können. So gesehen ist der von Bueb bei deutschen Eltern beobachtete Wunsch, das Kind möge sich wohl fühlen, Ausdruck des Wunsches nach Fortsetzung des familialen Erziehungsverhältnisses, das durch Liebe und Intimität gekennzeichnet ist. So wie die Familienmitglieder im Idealfall am wechselseitigen Wohlergehen interessiert sind, so wünscht man, mögen auch die Erziehenden im Internat ein persönliches Verhältnis zu dem ihnen anvertrauten Kind oder Jugendlichen aufbauen und im wahrsten Sinne des Wortes in loco parentis handeln. Die aus anderen Nationen stammenden Eltern haben Bueb zufolge dagegen einen anderen Aspekt im Blick, wenn sie den Wunsch nach guter Erziehung ausdrücken. Sie konzentrieren sich auf den Wissensvermittlungs- und Qualifikationsaspekt von Schule. Ihnen geht es weniger um das Programm der Internatserziehung zur individuellen Förderung als eher um die gesellschaftliche Funktion beim sozialen Statuserwerb. Beide Anliegen haben ihre Berechtigung und verdienenen eine eigene Betrachtung.

Wer soll erziehen?

Die Frage, wer die nachwachsende Generation erziehen soll, beschäftigt die abendländische pädagogische Debatte seit der griechischen Antike und findet – je nach historischer und gesellschaftlicher Konstellation – unterschiedliche Antworten. Diejenige Partei, die durch die Geschichte hindurch an dieser Frage immer beteiligt ist, ist die Familie, die sich teils harmonisch, teils konfliktär mit anderen gesellschaftlichen Kräften arrangiert oder auseinandersetzt: mit korporativen Organisationen, wie den mittelalterlichen Zünften, mit der organisierten Religion, mit dem Staat. Es ist vor allem der letztgenannte Akteur, der unter modernen gesellschaftlichen Bedingungen eine herausragende Rolle spielt. Dies hängt entscheidend damit zusammen, dass erst in der Moderne, erst mit der Durchsetzung des Nationalstaats als Gesellschaftsform und mit dem Aufkommen des bürgerlichen Zeitalters, die Frage nach dem »Wer erzieht?« für alle Gesellschaftsmitglieder verbindlich entschieden wird. Den Hintergrund dafür bildet eine neue Rationalität, die dem zugrunde liegt, was wir als Moderne verstehen: Zum einen wird das Individuum aus seinen ständischen Bindungen herausgelöst; nicht mehr die Herkunft, sondern die individuellen Begabungen und Neigungen sollen über die gesellschaftliche Position entscheiden.

Diese Durchsetzung von Verdienst und Leistung als maßgebliche Kriterien der Statuszuweisung hat sich, wie oben dargelegt, auch auf die Reproduktion sozialer Eliten ausgewirkt. Unter der meritokratischen Rationalität entsteht das, was wir als modernen Individualismus bezeichnen, Lebenserfolg und Lebensrisiken werden direkt auf den einzelnen Menschen zurückgerechnet. Er (über weite historische Strecken vor allem der männliche Mensch) wird so sozialisiert und erzogen, dass er lernt, systematisch in sich selbst zu investieren, er lernt, dass sein Leben von eigenen Entscheidungen abhängt, für die er verantwortlich ist. Gleichzeitig wird der Mensch als unfertiges Wesen begriffen, als ein über einen längeren Zeitraum seines Lebens in Entwicklung befindliches Wesen. Die Pädagogen sprechen in dieser Umbruchzeit zwischen achtzehntem und neunzehnten Jahrhundert verstärkt davon, dass der Mensch zwar »selbsttätig« und »bildsam« sei, im frühen Alter aber nicht der Lage, seine eigenen Kräfte selbst zu entwickeln und zu fördern. Kurz: Das Kind kann sich noch nicht selbst regieren. Es muss erzogen werden. Für diese Erziehung ist zunächst die Familie zuständig. Da das, was in der Familie geschieht, aber zumeist unreflektiert geschieht, wodurch nicht notwendigerweise falsch erzogen wird, aber wie Schleiermacher in seiner berühmten Vorlesung von 1826 sagt, »unbewusst«, braucht es die Pädagogik, welche als die »Kunstlehre« die Theorie zu einer vorgängigen Praxis, der Kunst des Erziehens bildet.[22] Der (professionelle) Pädagoge (auch hier ist die männliche Form mit Absicht gewählt) ist derjenige, der die individuellen Kräfte (Begabungen und Neigungen) des jeweiligen Kindes (des Zöglings) zu erkennen und systematisch zu entwickeln in der Lage ist. Gedacht ist aus der Perspektive der individuellen Förderung des Individuums an ein komplementäres Verhältnis zwischen Eltern und Kind und zwischen Erzieher und Zögling. Beide kooperieren in der Erziehung, um die Selbsttätigkeit des Individuums anzuregen; Erziehung geht in Bildung über und das Individuum entwickelt sich zum autonomen Subjekt.

Nun ist die Moderne aber nicht nur dadurch gekennzeichnet, dass sich das bürgerliche Subjekt aus seinen ständischen Zwängen löst; die Moderne ist auch dadurch charakterisiert, dass der Staat eine andere Form annimmt und dass zu dieser Form ein verändertes Verhältnis zwischen Staat und Gesellschaft zählt. Ich sollte es eigentlich besonders im Blick auf die deutsche Tradition anders ausdrücken und sagen: Der Staat wird als Garant oder Hüter der Gesellschaft verstanden. Dem wiederum liegt die Vorstellung zugrunde, dass die Gesellschaft und mithin der Staat, der die Gesellschaft (Nation) verkörpert, aus Individuen zusammengesetzt ist. Daraus ergibt sich eine bis heute folgenreiche Schlussfolgerung: Wenn die Individuen als selbsttätige und bildsame Wesen begriffen werden, mit unterschiedlichen Neigungen und Begabungen ausgestattet, dann besteht ein kollektives Interesse daran, jeden Einzelnen bestmöglichst zu fördern und ihn gleichzeitig an die Gemeinschaft zu binden: Dann wird die individuelle Vervollkommnung gleichbedeutend sein mit gesellschaftli-

---

22 F. D. Schleiermacher. Die Vorlesungen aus dem Jahr 1926. In: F. Schleiermacher, Pädagogische Schriften, hrsg. von E. Weniger unter Mitwirkung von Th. Schulze, Band 1, München und Düsseldorf: 1957

chem Fortschritt. Nur der Staat, der das Kollektiv der nationalen Gemeinschaft verkörpert, so die Argumentation des neunzehnten Jahrhunderts, sei daher der geeignete Akteur, diese doppelte Aufgabe von individueller Förderung und gemeinschaftlicher Bindung zu gewährleisten. Anders gesagt: Die Gemeinschaft, in dieser Sicht gedacht als vertreten durch den Staat, hat ein Interesse daran, systematisch in jedes Individuum zu investieren, um es als Humanressource optimal zu entwickeln und auszuschöpfen. Hält man sich besonders die deutsche Situation vor Augen, bzw. den Staat, der damals als avanciertester galt, nämlich Preußen, so sieht man, dass die Durchsetzung dieser Rationalität keinesfalls selbstverständlich war, sondern dass unterschiedliche partikulare Kräfte und Interessen eingebunden oder auch überwunden werden mussten. Trotz dieser Konflikte: Das Ende vom Lied ist uns so vertraut, dass wir es gar nicht mehr hinterfragen: ein staatlich finanziertes, organisiertes und kontrolliertes »öffentliches« Bildungswesen mit verbindlicher Schulpflicht für alle. In den meisten Ländern haben Eltern schulpflichtiger Kinder und Jugendlicher nur die Wahl, sich für eine private oder eine öffentliche Schule zu entscheiden. Eine andere Möglichkeit, etwa einen Hauslehrer zu beschäftigen, wie dies in früheren Zeiten der Fall war, oder gar die Erziehung selbst zu übernehmen, wie es die in den USA verbreitete Form des *home schooling* vorsieht, gibt es daher in der Regel nicht. In diesem Sinne ist für die Erziehung des reiferen Kindes dann der Staat zuständig. Nicht umsonst sprach man daher früher nicht von »Schuleignung«, sondern von »Schulreife«. Festzuhalten ist: Die Frage, wer erzieht, ist eine kontingente. Unsere gegenwärtige Praktik hat eine Geschichte und kann auch wieder verändert werden.

Zum Verhältnis Individuum – Kollektiv in der Erziehung

Wenn die moderne öffentliche Erziehung, die an die Seite der elterlichen Erziehung tritt, die Form von Unterricht annimmt und wenn moderner Unterricht als Massenbeschulung organisiert ist, wie kann dann noch individuell gefördert werden? In der Tat ist dies ein Problem, das die Pädagogen, Philosophen und Theologen, die den Prozess der Durchsetzung der öffentlichen Schulen begleitet und teils auch mitbefördert haben, sehr deutlich im Auge hatten. Vor allem Herbart, der die Formel vom »Erziehenden Unterricht« prägte, sah hierin ein Spannungsverhältnis. Ihm galt das Hauslehrerprinzip als zwar nicht flächendeckend realisierbares, aber doch als richtungsweisendes Prinzip, weil darin das personale, für die Erziehung konstitutive Verhältnis zwischen Erzieher und Zögling zum Ausdruck gebracht wurde (es sei kurz daran erinnert, dass Rousseaus Emile, Vorbild und Stimulans für die pädagogischen Überlegungen der Zeit, von nur einem dem Erzieher zugeordneten Zögling sprach). Die Grenzen optimaler individueller Förderung unter Massenbeschulungsbedingungen wurden also durchaus schon früh gesehen. Andererseits sprach für die öffentliche Schule als Masseneinrichtung viel: Kinder unterschiedlicher Herkunft werden gemeinsam erzogen – eine unabdingbare Voraussetzung für die Entwicklung einer kollektiven Identität. Die Schulgemeinschaft, die die größere Gemeinschaft vorwegnimmt. Der berühmte Reformpädagoge John Dewey, eine der herausragenden Persönlichkeiten zum Thema Demokratieerziehung, sprach von Schulen als »Gemeinschaften im Embryonalzustand«.[23] Die Schule ist nicht ein separater,

---

23 J. Dewey, The School and Society. Ed by J. A. Boydston. London/Amsterdam: SIUP 1980

vom Geschehen in der übrigen Gesellschaft abgetrennter Raum, sondern die Schule ist Teil der demokratischen Gemeinschaft. Daher muss die Schule in die umgebende Gemeinschaft integriert werden, so dass ein Austausch entstehen kann und Demokratie als Lebensform schon früh eingeübt wird.

Buebs Gemeinschaftsverständnis revisited

In diesem komplexen diskursiven Geflecht, in das Erziehung in modernen Gesellschaften eingelassen ist, positioniert sich auch Bueb und ich würde vor dem Hintergrund des Dargelegten behaupten, dass er der Familie nicht über den Weg traut, der bildungsfernen Problemfamilie sowieso nicht und auch nicht der wirtschaftlich und sozial wohlsituierten Kleinfamilie. Viele altbekannte topoi werden von ihm aufgegriffen und als neue Entwicklungen dargestellt: Die »falschen« – sprich die ungebildeten und fremden »Kulturkreisen« entstammenden Frauen bekommen zu viele Kinder, die »richtigen« – sprich die einheimischen und gebildeten – zu wenige, die Familien zerbrechen. Aber auch die sozio-ökonomisch »richtigen« Familien können es in der Erziehung nicht »richtig« machen, weil die Mütter überfürsorglich sind und ihre Kinder zu lange an sich binden. »Die Familie ist nicht alles« (Kapitelüberschrift):

»Das hängt auch damit zusammen, dass Eltern, vor allem die Mütter, die Heranwachsenden brauchen, um mit ihrer eigenen Unerfülltheit und Einsamkeit fertig zu werden. Da die Erziehung eines Einzelkindes normalerweise eine Mutter nicht ausfüllt, sollte man gute Bedingungen schaffen, damit Mütter einem Beruf nachgehen können. Pädagogische Ganztagseinrichtungen von der Kinderkrippe bis zur Ganztagsschule wären ein Segen für Kinder und Mütter. Denn Kinder brauchen gestaltete Gemeinschaften, um mit Gleichaltrigen aufzuwachsen und zeitweise der Überfürsorge der Mutter entrinnen zu können.«[24] War im Kapitel über die heilende Wirkung der Disziplin noch die Rede von psychischen Störungen bei Jugendlichen, so erweist sich am Ende der Darstellung, dass die Störung bei den Eltern liegt – und zwar quer durch alle gesellschaftlichen Schichten. Auch in gesicherten Verhältnissen lebenden Müttern traut Bueb nicht zu, dass sie zur Gestaltung ihres Lebens in der Lage seien. Die sich durch die gesamte Darstellung durchziehenden Vereinseitigungen, Überzeichnungen und Pauschalisierungen dienen der Stütze des eigentlichen Arguments:

»Wir müssen dafür sorgen, dass Kinder aller Schichten den ganzen Tag in einer von Erwachsenen geführten Gemeinschaft leben, arbeiten und spielen können. Bereits im ersten Lebensjahr sollten Mütter ihre Babys Kinderkrippen anvertrauen dürfen, es sollte flächendeckende Kindertagesstätten geben und natürlich Kindergärten.«[25]

Zwar wird die Familie wenig später als Kernzelle der menschlichen Gesellschaft beschworen, aber: »Gemeinschaftserziehung ... bildet ... den einzigen Ausweg aus dem Erziehungsnotstand, der aus dem Zerfall der Familien resultiert. ... Im Gegensatz zur Gemeinschaftserziehung lassen sich Familien nicht planen, Trennungen nicht verbieten, erziehungsunfähige Eltern nicht oder kaum erziehen. ... Daher mein Plädoyer, den Weg der Gemeinschaftserziehung entschlossen zu gehen.«[26]

---

24 B. Bueb, a.a.O., S. 132
25 a.a.O., S. 139 f.
26 a.a.O., S. 144

Im Klartext: Das Problem ist nicht die Disziplinlosigkeit. Das Problem ist nicht, dass Eltern zu wenige Grenzen setzen. Zwar ist dies irritierend, doch es trifft nicht den Kern der gegenwärtigen Erziehungskrise. Der Kern ist vielmehr der: Eltern werden qua Rolle immer den Individualismus der Kinder fördern, sie haben die Einzigartigkeit und Einmaligkeit ihrer Sprösslinge im Blick. Echte Erziehung ist nach Bueb aber Einpassung in eine größere Gemeinschaft und diese ist im Unterschied zur Familie durchweg positiv besetzt. Die englischen und amerikanischen Internate werden von ihm in klassischer Weise im Sinne von das »Ausland als Argument« verwendet, um eine Formulierung Bernd Zymeks[27] zu bemühen; sie werden aus ihrem sozialstrukturellen Gefüge herausgelöst und ihre gesellschaftliche Funktion bei der Elitereproduktion wird gänzlich ausgeklammert. Ebenso ignoriert werden die potenziell schädlichen Einflüsse der totalen Internatserziehung: Nicht jeder junge Mensch wächst und gedeiht unter derartigen Bedingungen, gleichwohl sie für manche die richtige Maßnahme sein mag. Insgesamt könnte man sagen, Bueb stehe mit seiner Sicht der Internatserziehung und ihrem »Ersatz«, der Ganztagsschule, in reformpädagogischer Tradition, oder präziser: in der Tradition einiger reformpädagogischer Projekte, wie die positiven Verweise auf Kurt Hahn belegen. Für die reformpädagogische Tradition spricht noch ein weiteres: auch Bueb knüpft an die pädagogische Erneuerung eine gesellschaftliche Heilserwartung, man beachte seine großzügige Verwendung des Wortes »Segen« und seiner Variationen.

---

27 B. Zymek, Das Ausland als Argument in der pädagogischen Reformdiskussion. Schulpolitische Selbstrechtfertigung, Auslandspropaganda, internationale Verständigung und Ansätze zu einer vergleichenden Erziehungswissenschaft in der internationalen Berichterstattung deutscher pädagogischer Zeitschriften, 1871–1952, Ratingen: Henn 1975

»Wir sollten unsere Zuversicht nicht verlieren. Auf eine Umkehr zum Konsens in der Erziehung dürfen wir hoffen.«[28]

Bernhard Bueb hat keine Streitschrift verfasst, sondern eine Jeremiade.

---

28 B. Bueb, a.a.O., S. 126

Manfred Spitzer
Kritik der Disziplin aus (neuro-)biologischer Sicht

Sehr vieles, was in Buebs Streitschrift steht, kann ich aus meiner Erfahrung als Vater und (Universitäts-)Lehrer nur unterstreichen, also aufgrund meiner Lebenserfahrung. Da ich jedoch als Wissenschaftler gefragt wurde, mich zu Buebs Schrift zu äußern, spielt dies nur randständig eine Rolle, geht es doch in der Wissenschaft nicht um (wie auch immer gut begründete) Meinungen, sondern um Wahrheit. Wenn im Folgenden von der Kritik der Disziplin aus neurobiologischer und biologischer Sicht die Rede ist, dann ist das Wort »Kritik« etwa so zu verstehen wie in der »Kritik der reinen Vernunft«, in der Kant nicht an der Vernunft herumkrittelt, sondern sich mit ihr heftig und – was kaum der Erwähnung bedarf – affirmativ auseinandersetzt. Ich weiß aus meinen Erfahrungen der letzten Jahre, dass die hier diskutierte neurowissenschaftliche Sicht von Lernprozessen ihrerseits die (krittelnden) Kritiker auf den Plan ruft: Aus der Sicht der Neurobiologie gäbe es zur Pädagogik nichts zu sagen und damit auch nichts zu einem ihrer Gegenstände, der Disziplin. Ich könnte entgegenhalten, dass »Schüler« nicht zufällig auf Englisch »disciple« heißt. Und dass Disziplin nicht nur beim Militär, sondern auch in der Kunst und in der Wissenschaft eine große Rolle spielt, bezeichnet man doch ganze Fachgebiete – auch dies ist kein Zufall – als »Disziplinen«. Aber hierum geht es im Folgenden nicht. Es geht vielmehr um die wichtige und grundlegende Frage, was Kinder und Jugendliche zum Erwachsenwerden brauchen.

Aber kann man hierzu (und damit zur Disziplin) überhaupt etwas aus neurobiologischer Sicht sagen? Ich möchte in meiner Kritik zeigen, dass die Antwort auf diese Frage »Ja!« lautet. Und nicht nur das: Durch die naturwissenschaftliche Sichtweise wird manches klarer und deutlicher; die Argumente werden besser begründbar; es bleibt nicht bei bloßen Meinungen, etwa nach dem Motto: Über Disziplin in der Erziehung lässt sich ebenso wenig streiten wie über den Geschmack: Der eine mag Käsebrot/Disziplin, der andere nicht. Ende der Debatte.

Wie ich zu zeigen versuchen werde, erlauben die Erkenntnisse zu den Grundzügen der Funktion und der Entwicklung des Gehirns Schlüsse auf das, was Kinder und Jugendliche brauchen. Aus dem »Sein« folgt also ein »Sollen«, etwa in der Art, wie aus der Physik der Luft und der Bewegung folgt, was Flugzeuge brauchen, um zu fliegen. (Ingenieure denken selten über die Zulässigkeit alltagsnaher Fehlschlüsse nach. Das brauchen sie auch nicht, denn sie entscheiden nicht darüber, ob überhaupt bzw. wohin geflogen wird.)

In einem zweiten Argumentationsgang möchte ich im Rückgriff auf die Erkenntnisse der Evolutionsbiologie, Anthropologie und experimentellen Ökonomie die Debatte um Disziplin durch eine differenziertere Sicht des Verhältnisses von angeborenen (biologischen) und erworbenen (anerzogenen) Charaktereigenschaften ergänzen. Menschen kommen nicht als Rohlinge (im doppelten Wortsinn von roh) zur Welt, aus denen durch Disziplin überhaupt erst ordentliche Menschen werden. Vielmehr lehrt die Biologie gerade der letzten fünf Jahre, dass Fairness, Hilfsbereitschaft und Gemeinsinn (wenn nicht gar Nächstenliebe) genau so zum Menschen gehören wie seine hochspezialisierten Hände oder sein aufrechter Gang.

Gehirnfunktion und Neuroplastizität

Nervenzellen empfangen, verarbeiten und produzieren Aktionspotenziale, d. h. elektrische Impulse, die Information repräsentieren (Abb. 1a und b)

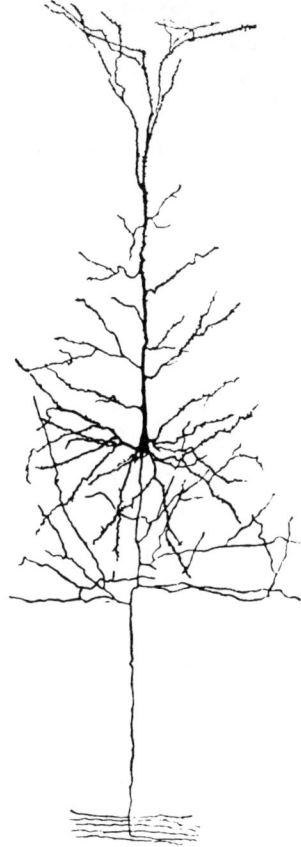

Abb. 1a: Links eine vom Neuroanatomen Ramon y Cajal vor gut einhundert Jahren gezeichnete Nervenzelle der Großhirnrinde. Besonders auffällig sind die weiten baumartigen Verzweigungen, die daher auch »Dendriten« (griechisch Dendron: Baum) genannt werden und dem Empfang vieler Impulse über bis zu zehntausend ankommende Fasern von anderen Neuronen dienen. Jedes Neuron besitzt zudem eine auf die Weiterleitung des selbst generierten Impulses spezialisierte Faser, das Axon des Neurons, mit dem es seinerseits Informationen zu anderen Neuronen aussendet.

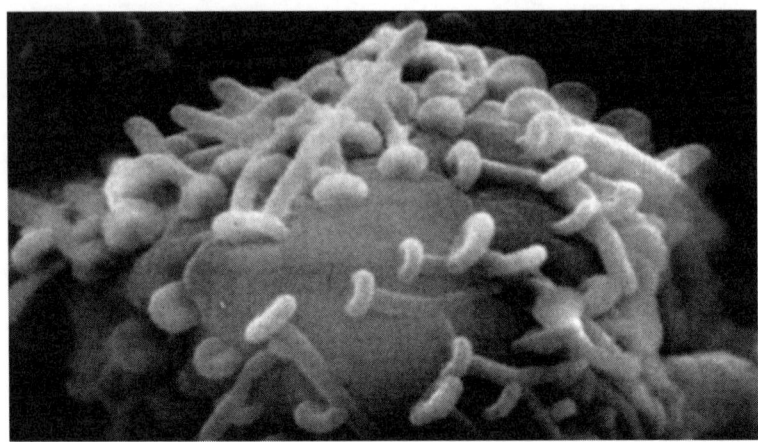

Abb. 1b: Oben ist eine elektronenmikroskopische Aufnahme eines Neurons (nur Zellkörper, ohne Dendriten und Axon) mitsamt einigen eingehenden Fasern und deren Endknöpfchen zu sehen (die weitaus meisten Fasern gelangen jedoch nicht am Zellkörper, sondern an den Dendriten an ein Neuron).

Milliarden solcher Zellen sind im Gehirn auf unterschiedliche Weise gruppiert, zum Beispiel in der Großhirnrinde (Kortex) und unter ihr (subkortikal) gelegenen Strukturen. Die Großhirnrinde lässt sich ihrerseits in vier große »Lappen« – vorne, hinten, Scheitel, Schläfe (Abb. 2), jeweils links und rechts – unterteilen.

Wenn ein Organismus nichts weiter besitzt als Sinneszellen und Muskeln, kann er nichts weiter, als in einfachster Weise auf die Umwelt zu reagieren. Erst eine zwischen Sensorik (Input) und Motorik (Output) geschaltete Informationsverarbeitung erlaubt dem Organismus, differenziert auf die Umwelt zu reagieren: Kommt die geliebte Person von links, laufen wir nach links; kommt hingegen der Löwe von links, rennen wir nach rechts. Wer sich anders herum verhielt, setzte sich hinsichtlich der Evolution nicht durch, gehörte also

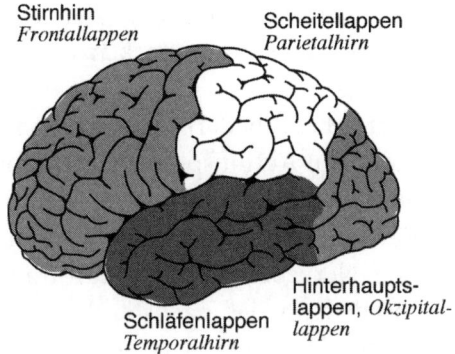

Stirnhirn
Frontallappen

Scheitellappen
Parietalhirn

Hinterhaupts-
lappen, *Okzipital-*
Schläfenlappen *lappen*
Temporalhirn

Abb. 2: Das Gehirn, den Menschen von links betrachtet. Mit seinen 1,3 (Frau) bzw. 1,4 kg (Mann) Gewicht macht es nur etwa 2 % des gesamten Körpergewichts aus, macht uns jedoch zugleich zu dem, was wir sind. Bezeichnet sind die vier »Lappen« der Großhirnrinde (Cortex cerebri; cortex lateinisch: Rinde; cerebri lateinisch: des Gehirns), die oft auch einfach als Kortex bezeichnet wird und als Sitz der menschlichen Intelligenz, Sprache und Kreativität gilt. Der Kortex des Menschen ist flächenmäßig zehnmal so groß wie der eines Affen und tausendmal so groß wie der einer Maus (P. Rakic, No more cortical neurons for you. Science 2006, S. 928–929).

nicht zu unseren Vorfahren! Wie aber setzen wir Lichtflecken im Auge in eine Bewegung um, die unsere Erfahrungen mit geliebten Menschen und Löwen in Rechnung stellt? Dieses Problem der Mustererkennung wird von Neurowissenschaftlern wie Ingenieuren gleichermaßen und mit wechselseitiger Befruchtung bearbeitet.[1]

Die Art, wie sehr viele Neuronen sehr viele Impulse verarbeiten, lässt sich mathematisch mittels Vektoren beschreiben, was in den vergangenen gut zwei Jahrzehnten zu einem tieferen Verständnis dessen geführt hat, was es heißt, dass Neuronen Informationen verarbeiten, speichern und dadurch anhand von Beispielen lernen: entweder die einzelnen

---

1 Für eine Einführung vgl. M. Spitzer, Geist im Netz, Heidelberg: Spektrum Akademischer Verlag 1996

Beispiele (was eher die Ausnahme ist) oder die allgemeinen Regeln, die hinter den Beispielen stecken (was meistens geschieht). Um dies zu verstehen, bedarf es noch einiger weniger funktionaler Details. Ein Aktionspotenzial (im folgenden Impuls genannt) gelangt zu einem anderen Neuron über eine Synapse. Beim Eintreffen eines Impulses wird an dieser Kontaktstelle zwischen Nervenzellen ein Neurotransmitter ausgeschüttet, wodurch dann das nächste Neuron erregt wird. Der Witz daran ist, dass sich Synapsen durch diesen Gebrauch ändern (Abb. 3). Laufen viele Impulse über eine Synapse, wächst sie und leitet den Impuls stärker weiter. Läuft nichts darüber, wird sie kleiner und verschwindet schließlich ganz. Die Hardware Gehirn ändert sich also beständig in Abhängigkeit von der Software-Erfahrung, die auf ihr läuft. Man bezeichnet dies als Neuroplastizität.

Abb. 3 Synapsen ändern sich durch ihren Gebrauch. In dieser nach einer elektronenmikroskopischen Abbildung (aus Toni, N. et al., LTP promotes formation of multiple spine synapses between a single axon terminal and a dendrite. Nature 402, 1999, S. 421–425) erfolgten Zeichnung ist links eine wenig gebrauchte, rechts eine viel gebrauchte Synapse dargestellt, die größer ist und damit eine größere Kontaktfläche aufweist, an der die Erregung übertragen werden kann.

Betrachten wir zur Verdeutlichung ein Beispiel: Ein Kleinkind hat keine Ahnung von der Welt – aber ein frisches Gehirn mit veränderbaren Synapsen. Keine Ahnung zu haben
bedeutet in diesem Fall, dass die Synapsen in den Bereichen
des Gehirns, die für die Speicherung von Wissen zuständig
sind, in ihrer Stärke zufällig variieren und insgesamt eher
schwach sind. Die wachsame Mutter ist beim Kind und weiß,
was gut für es ist. Eines Morgens sieht das Kind Brombeeren
und greift danach. Die Mutter tut das Gleiche, es gibt also
Beeren zum Frühstück. Was geschieht dabei im Gehirn des
Kindes? Die Verbindung von »Beeren sehen« zu »zugreifen
und pflücken« wird geknüpft und mit jeder gepflückten Bee-
re stärker. Wenn das Kind einige solcher Mahlzeiten hinter
sich hat, wird es beim Anblick von Brombeeren irgendwann
von selbst beginnen, zu pflücken. Es hat etwas gelernt.

Und so geht es nicht nur mit Brombeeren. Alles Mögliche
wird auf diese Weise gelernt. Laufen zum Beispiel. Wer wissen will, was Frustrationstoleranz ist, der beobachte einmal
ein etwa 10 Monate altes Baby beim Laufenlernen. Es zieht
sich am Stuhlbein, am Tischbein, am Sofa oder der Kom-
mode hoch, balanciert und plumpst zurück auf seinen weichen Po. Immer wieder. Wochenlang. Und siehe da, erst ganz
schwankend und nur ein paar Schritte und dann immer si-
cherer beherrscht die kleine Zwergin oder der kleine Zwerg
das Laufen auf zwei Beinen. Ohne Unterricht, niemand erklärt etwas. Und doch hat das Baby die Gravitationskonstan-
te abgeschätzt, die Hebelgesetze neu erfunden und einige
Dutzend Muskeln zu programmieren gelernt – mit Differen-
zialgleichungen, deren Komplexität man gut daran ermessen
kann, wie die meisten Roboter bis heute laufen: staksig und
unsicher. Wer hat die Gleichungen programmiert? – Das Gehirn des Babys! Wie? – Anhand einzelner Plumpser, die gerade NICHT *als einzelne* im Gehirn abgespeichert wurden. Es

geht nicht darum, dass sich das Baby merkt »beim blauen Sofa bin ich auf die linke Pobacke gefallen, beim grünen Tisch auf die rechte und beim braunen Stuhl auf beide«, sondern darum, dass das Baby aus den vielen Plumpsern, bei jedem ein kleines bisschen, immer besser die Steuerung seiner Muskeln, die den Körper gegen die Schwerkraft aufrecht halten, erlernt. Ein Baby lernt also das Laufen nicht durch Instruktion, sondern *von Fall zu Fall*. Weil sich Synapsen durch Gebrauch ändern und dadurch *Spuren* im Gehirn entstehen. Aus flüchtigen einzelnen Erfahrungen wird auf diese Weise feste allgemeine Struktur (Abb. 4). Die indogermanische Wurzel von »Lernen« hat übrigens die Bedeutung *Spuren legen*.

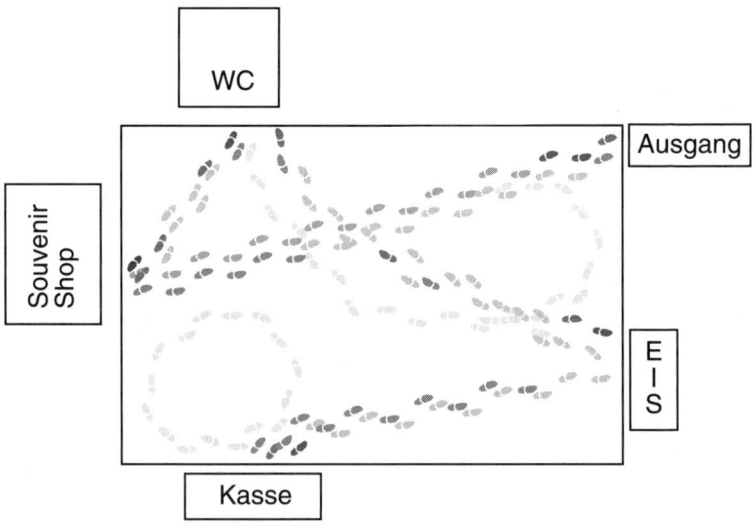

Abb. 4: Cartoon, der die erfahrungsabhängige Bildung von Strukturen im Gehirn verdeutlichen soll. Spuren im Schnee oder auf einer Wiese zeigen den Gebrauch beispielsweise eines Parks, an dessen gegenüberliegenden Ecken eine Eisbude und eine Toilette gelegen sind.

Die Konsequenzen dieses recht einfachen Funktionierens sind angesichts von etwa 10^{15}, d. h. einer Million Milliarden, Synapsen im Gehirn kaum überzubewerten: Wann immer das Gehirn gebraucht wird, ändert es sich, jeweils nur ein ganz klein wenig, aber eben doch. Es entstehen Spuren dieses Gebrauchs, so wie Spuren im Schnee oder auf einer Wiese entstehen, wenn die Leute immer wieder den gleichen Weg nehmen.

Seit über hundert Jahren spricht man in der wissenschaftlichen Psychologie von *Gedächtnisspuren*, aber erst seit wenigen Jahren ist klar, wie genial dieser Ausdruck gewählt ist: Unser Gedächtnis ist nichts anderes als die Spuren vergangener Erlebnisse, die darin bestehen, dass durch diese Erlebnisse Synapsen in ihrer Verbindungsstärke verändert wurden. Lernen ist nichts weiter als Änderung der Stärke von Synapsen. Und Wiederholung ist gut für das Lernen, weil dann Impulse immer wieder über die entsprechenden Synapsen laufen und sich diese durch den wiederholten Gebrauch eben auch nachhaltig ändern.

Das Bild der Spuren im Schnee (Abb. 4) trägt noch weiter: Stellen Sie sich vor, dass am einen Ende der verschneiten Wiese eine Glühweinbude, am anderen Ende eine Toilette gelegen ist. Dann laufen die Leute von dieser Bude, obwohl sie niemand zwingt, mehr oder weniger gerade zur Toilette und es entsteht eine Spur. Wenn am nächsten Tag der besagte Glühweinbudenbesitzer keine Lust hat, jedoch sein Nachbar, der ebenfalls Glühwein verkauft, dies tut, dann werden die Leute auch von seiner Bude aus den schon vorhandenen Trampelpfad nutzen, denn trotz des kleinen Umwegs ist es viel leichter, in ausgetretenen Spuren den tiefen Schnee zu überqueren als eine neue Spur zu treten.

Nicht anders geht es im Gehirn zu, wie wir seit einigen

Jahren wissen.[2] Einmal angelegte Spuren werden weiter benutzt, selbst dann, wenn sie nicht mehr optimal zur Erfahrung passen. Sie sind nun einmal schon da, und die Impulse treten (wie die Menschen) nicht so schnell einen ganz neuen Pfad aus. Aus dem Genannten folgt: Die Wiederholung ist die Mutter des Lernens! Wer meint, dies gelte nur für das Lernen von Vokabeln, der irrt. Im Gegenteil ist es vielmehr so, dass gerade im Hinblick auf das, was wir lernen, ohne es zu merken – das Laufen, Sprechen und sich Verhalten, das Bewerten und Handeln – auf diese Weise gelernt wird. Insofern hat Bueb Recht, wenn er hervorhebt, dass »Rituale [...] das Fundament des Aufwachsens [bilden]«.[3] Er erläutert dies am Beispiel der Mahlzeiten: »Das Frühstück, das Mittagessen und das Abendessen sollten möglichst immer zur gleichen Zeit und auf die gleiche Weise stattfinden...«.[4] Wer glaubt, Kinder und Jugendliche müssten dies von selbst hervorbringen, der irrt und handelt letztlich so, als würde er nicht mit einem Kleinkind sprechen, um es seine eigene Sprache entwickeln zu lassen. Wir wissen aus Erfahrungen mit den so genannten Wolfskindern, dass dies nicht funktioniert: Sprache muss von einer bereits existierenden Gemeinschaft übernommen werden, sonst entwickelt sie sich gar nicht. Bei Haltungen und Werten ist dies nicht anders: Wir wachsen in einer Wertegemeinschaft auf, genau so, wie wir in einer Sprachgemeinschaft aufwachsen, und Rituale dienen der Aneignung von Haltungen und Werten, die unser Handeln leiten. »Wir überfordern sie [die Jugendlichen] fortwährend,

---

2 E. F. Chang/M. M. Merzenich, Environmental noise retards auditory cortical development. Science 300 (2003), S. 498–502
3 B. Bueb, Lob der Disziplin, Eine Streitschrift, Berlin: List 2006, S. 96
4 a.a.O., S. 97

wenn wir ihnen nicht die ritualisierten Stützen bieten«, kommentiert Bueb vollkommen zu Recht.[5]

Allgemeines und Einzelnes

Das menschliche Gehirn hat letztlich eine einzige Funktion: Es dient dem Überleben. Die gespeicherten Zufälle von gestern und vorgestern sind dem Überleben heute und morgen wenig förderlich, weswegen das Gehirn sie erst gar nicht speichert. Wenn mir gestern die rote Vase auf den grünen Teppich gefallen ist und ich mir dies gut merke, nützt mir das morgen wenig. Wenn mir jedoch schon öfters etwas heruntergefallen ist und mein Gehirn daraus die Regel »Dinge fallen nach unten« gelernt hat (ja, auch das haben wir einmal gelernt!), dann kann ich morgen einen mir entgleitenden Gegenstand mit etwas Glück auffangen. Und gerade weil man nicht jeden einzelnen Satz, den man je im Leben gehört hat, gespeichert hat, sondern weil man anhand der einzelnen gehörten Äußerungen die Wörter und die allgemeinen Regeln ihrer Verwendung (d. h. die Grammatik) gelernt hat, kann Sprechen und Schreiben, unter Verwendung der allgemeinen Kenntnis der Muttersprache, *immer neue* Sätze hervorbringen. Unser Gehirn funktioniert nicht wie ein Kassetten- oder Videorekorder. Es ist besser und speichert meist nicht Einzelheiten, sondern allgemeine Gesetzmäßigkeiten in der Welt. Denn es ist das Allgemeine, was uns morgen besser in der Welt handeln lässt.

Das meiste, was wir in dieser Hinsicht gelernt haben, wissen wir nicht, aber wir *können* es: Laufen, Sprechen, uns benehmen, bewerten und handeln. Gewiss können wir uns die

---

5 a.a.O., S. 45

Prinzipien von Sprechen oder Handeln, die Grammatik und die Ethik, auch bewusst machen. Dies bedeutet aber nicht, dass wir dies müssen, um richtig zu sprechen oder zu handeln, und schon gar nicht, dass wir diese Prinzipien durch bewusste Instruktion lernen. Wer anderen Liebe predigt, macht sie nicht zu Liebenden, sondern zu Predigern, sagt Virginia Woolf treffend.

Manchmal behalten wir aber doch auch eine einzelne Begebenheit. Man legt die Hand nur einmal auf eine heiße Herdplatte, um gelernt zu haben, dass man das nicht tut. Und es gibt nur einen ersten Kuss, eine erste Nacht, und man erinnert sich dennoch zeitlebens daran. Besonders üble oder besonders schöne Ereignisse können also durchaus als einzelne abgespeichert werden. Unser Gehirn hat hierfür eigens spezialisierte Module. So ist der Hippocampus (Abb. 5) für das Lernen von neuen Einzelheiten (dazu gehören neben Ereignissen auch Vokabeln, Gesichter, Namen und Orte) zuständig. Diese Einzelheiten verbleiben allerdings nicht im

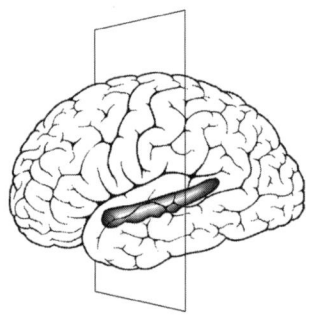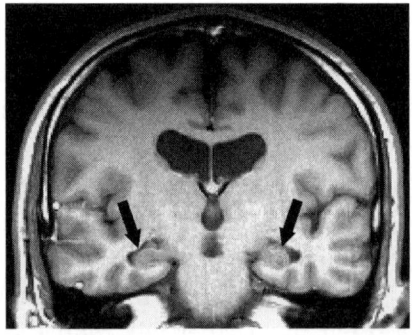

Abb. 5: Der Hippocampus liegt beidseits tief im Temporalhirn, wie das Schema links und das Schnittbild rechts zeigen. Er hat etwa die Größe des kleinen Fingers.

Hippocampus, denn dieser ist zu klein und daher nur ein Zwischenspeicher. Langfristig werden auch diese Einzelinformationen in der immerhin einen viertel Quadratmeter messenden Großhirnrinde abgelegt.

Manche Pädagogen neigen dazu, den Vorgang des Lernens mit diesem bewussten Zur-Kenntnis-nehmen von Einzelheiten gleichzusetzen. Lernen wird damit zu einem sprachlichen Vorgang der Instruktion von Faktenwissen. Dieser »Ernst des Lebens« beginnt in der Schule, wo erstmals »wirklich gelernt« und nicht nur »gespielt« wird, und er endet, wenn es gut geht, an der Universität, wo sich der Student, instruiert von Professoren, vermeintlich »Wissen aneignet«. – Diese Sicht des Lernens, die sich leider auch die Schulverwaltungen und viele Politiker zu eigen gemacht haben, der zufolge Schule (Wissensaneignung durch Instruktion) bereits im Kindergarten beginnen und an der Universität nicht aufhören soll, ist dem Lernen abträglich! Im Kindergarten geht es eben *nicht* um das explizite Wissen um den Zahlenraum von 1 bis 20 oder die Buchstaben des Alphabets. Und an der Universität geht es *nicht* um völlig verschulte, »schlanke« Studiengänge (ohne Zeit für das »Bohren eines dicken Brettes«, d. h. die intensive und tiefe Auseinandersetzung mit einem Problem), denn Universität bedeutet »Alles« und gerade *nicht* »frühe Spezialisierung«.[6] Universität ist *nicht* in erster Linie Ort der Berufsausbildung, sondern Ort der Bildung. »Bildung heißt, sich das Wissen der Vorfahren aneignen, mithilfe dieses Wissens sein Leben deuten und daraus Impulse für sein Handeln gewinnen können«.[7] Daher geht es bei

---

6 M. Spitzer, Die Idee der Universität. Studium als Selbsterfahrung im »Jahrzehnt des Gehirns«. Reden und Aufsätze der Universität Ulm, Heft 4, Ulm: Universitätsverlag Ulm 1999
7 B. Bueb, a.a.O., S. 25

Erziehung und Bildung keineswegs nur um Faktenwissen, sondern immer auch (und vor allem!) um Haltungen und Werte.

Die genannten Beispiele von den verschulten Kindergärten und Universitäten machen deutlich, wie sehr wir uns an das Bild vom Lernen als Aneignung von Faktenwissen durch Instruktion gewöhnt haben! Und leider hat die Politik dieses verkürzte und dem Menschen nicht gerecht werdende Bild des Lernens übernommen, was Bueb zu Recht anmahnt: »Aus Kostengründen haben Bildungspolitiker viel Spielerisches an Staatsschulen zugunsten des akademischen Lernens reduziert«.[8] Leider! Denn diese Sicht des Lernens ist nicht aus einem vermeintlich veralteten romantisierenden Bildungsverständnis zu kritisieren, sondern sie ist gerade aus neurobiologischer Perspektive völlig unzutreffend und hoffnungslos verkürzt. Gute Pädagogen haben schon immer betont, dass es beim Lernen nicht um Fakten geht, sondern um Einstellungen und Haltungen, Fertigkeiten und Fähigkeiten, Werte und Ausdauer, Freude und Disziplin. Im (beispielsweise in Baden-Württemberg nahezu abgeschafften) Schulfach Musik geht es nicht um das Geburtsdatum von Bach oder um die Akkorde des Quintenzirkels, sondern darum, wie eine Gemeinschaft zusammen klingt, und wie man gelegentlich ein Solo dagegen setzt. Und im zuweilen belächelten Schulfach Sport geht es nicht nur um das Einüben von Bewegungsabläufen (und schon gar nicht um das Auswendiglernen von Basketballregeln), sondern – wie Bueb treffend feststellt[9] – um Fairness und Willensstärke, um das Überwinden von Angst und um die Erfahrung, dass es unterschiedli-

---

8 a.a.O., S. 155
9 a.a.O., S. 14

che Begabungen gibt: Der Sprinter ist kein Langstreckenläufer, der Ringer kein Schwimmer und der Ballspieler kein Geräteturner.

Wenn die empirische Säuglings- und Kleinkindforschung der letzten drei Jahrzehnte eines gelehrt hat, dann ist dies das Faktum, dass Kinder von der Geburt an (und sogar schon davor) begnadete Lerner sind. Sie lernen Gesichter, das Laufen, die Muttersprache (mitsamt ihren komplizierten grammatischen Regeln), sich zu benehmen, zu geben und zu nehmen, zu feilschen und zu lügen, aber auch »Danke« und »Bitte« zu sagen. Die Menge der im Kindergarten verbrachten Zeit ist einer der besten Prädiktoren für den Schulerfolg im Alter von 15 Jahren. Dieses unerwartete und fast zufällig gewonnene Ergebnis der PISA-Studie (persönliche Mitteilung des für die Studie (2003) verantwortlichen Leiters und Koordinators A. Schleicher) bedeutet nicht, dass im Kindergarten die Schule vorweggenommen werden soll, sondern dass im Kindergarten Dinge gelernt werden, die man später in der Schule braucht: Stillsitzen, Zuhören, sich benehmen und nicht zuletzt: sich in einer Gemeinschaft zurechtzufinden. Wer dies *nicht* kann, hat in der Schule Schwierigkeiten.

Aus all dem folgt: Kinder brauchen die richtigen Erfahrungen, denn sie werden langfristig zu diesen Erfahrungen. Sie müssen die Möglichkeit haben, sich an anderen Kindern zu reiben, im Spiel, damit es später im Ernst des Erwachsenenlebens reibungslos klappt. Spielen ist also nicht das Gegenteil von Lernen, sondern genau dasselbe! Auch ist Freude (um das Wort Spaß zu vermeiden, das so sehr nach Spaßpädagogik oder Spaßgesellschaft klingt; beides wird hier nicht thematisiert und schon gar nicht favorisiert!) nicht der Feind des – vermeintlich ernsten – Lernens in der Schule, sondern seine Bedingung. Im Spiel können Kinder und Jugendliche »den Ernstfall erproben«, und deswegen ist das Spiel das wichtigste »Medium der Erkenntnis, der Charakterbildung und der Selbstfindung«.[10]

Emotionen

Die oben angeführten Beispiele des raschen Lernens an der heißen Herdplatte oder durch ein freundliches Lächeln haben nicht zufällig einen emotionalen Gehalt – im Gegenteil: Wir lernen Einzelheiten sehr schnell, wenn sie mit heftigen Emotionen einhergehen. Lernen funktioniert mit negativen und mit positiven Emotionen also schneller als mit gar keinen. In Untersuchungen aus den Ulmer Labors konnte dies im Detail geklärt werden. Hierzu war es zunächst notwendig, die Emotionen der Inhalte dessen, was zu lernen war, von den Emotionen des Lernenden zu trennen. Wer einen Hai mit aufgerissenem Maul sieht, wird sich ihn besser merken als eine Französischvokabel. Dies könnte aber eher am Anblick vieler Zähne als an der durch sie verursachten Emotion des Lerners liegen. Wir gingen daher so vor, dass wir *zunächst* die Emotion des Lernenden durch entsprechende Bilder oder später kurze Filmchen beeinflussten und *dann* emotional neutrale Wörter zeigten. Danach wurde geprüft, wie viele der neutralen Wörter behalten worden waren. Durch diese Studien konnten wir zeigen, dass man besser lernt, wenn man sich gut fühlt (also z. B. gerade ein grinsendes Baby gesehen hat) als wenn man sich schlecht fühlt (weil man gerade einen Hai mit aufgerissenen Maul gesehen hat) oder emotional gerade nicht besonders stark gefordert ist (weil man gerade irgendetwas Langweiliges gesehen hat). Emotio-

10 a.a.O., S. 150

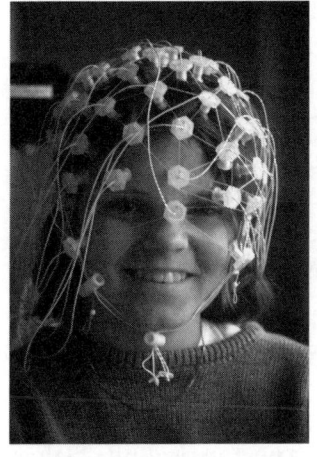

nen sind dem Lernen förderlich! Dabei haben positive Emotionen einen stärkeren Effekt auf das Lernen als negative. Derartige Studien führten wir auch mit zusätzlich eingesetzten neurowissenschaftlichen Methoden durch: Die Versuchspersonen lagen während der ganzen Prozedur im Magnetresonanztomographen (MRT) oder es wurden die Gehirnströme mit 64 Elektroden abgeleitet, um ereigniskorrelierte Potenziale (EKP) zu messen (Abb. 6.1). Hierdurch konnte gezeigt werden, dass negative Emotionen die Verarbeitung in der Großhirnrinde stören und daher das Gelernte weniger vernetzt wird. (Abb. 6.2).

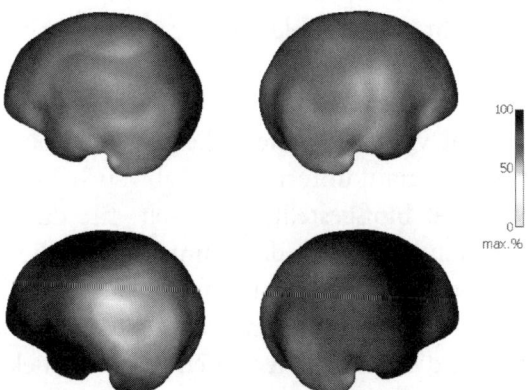

Abb. 6: Darstellung der elektrischen Gehirnaktivität beim Lernen unter positiven und negativen Emotionen; je dunkler der Farbton in der Abb., desto stärker die jeweilige Gehirnaktivität (Kiefer, M., Schuch, S., Schenck, W., Fiedler, K., Mood states modulate activity in semantic brain areas during emotional word encoding. Cerebral Cortex: in press).

Zweitens konnten wir nachweisen, dass neutrale Inhalte, die unter negativen Emotionen (Angst) gelernt werden, unter Beteiligung des Mandelkerns abgespeichert werden, einer Gehirnstruktur, die für die Angstreaktion zuständig ist. Wird der Mandelkern aktiviert, kommt es zu einer Erhöhung des Blutdrucks, einer Beschleunigung des Pulses und einer Steigerung der Muskelspannung. Kurz: Unser Körper bereitet sich auf Flucht oder Kampf vor. Zugleich ändert sich unser kognitiver Stil: Wer sich angesichts drohender Gefahr erst einmal zurücklehnte und das Problem auf sich wirken ließ, gehörte nicht zu unseren Vorfahren! Wer Angst hat, ist nicht mehr kreativ! Wenn ein neutraler Inhalt unter Angst abgespeichert wird, dann wird er mit der Angst verknüpft. Daher wird bei seinem Abruf die Angst mit abgerufen. Selbst wenn also mit Angst etwas gelernt wird, hat die Sache einen entscheidenden Haken: Es wird beim Lernen mit Angst schon dafür gesorgt, dass beim Abruf des Gelernten die Kreativität gleichsam blockiert wird. Was unter Angst gelernt wird, taugt daher nicht zum Problemlösen, ganz unabhängig vom Inhalt.

Betrachten wir ein wahrscheinlich vielen Lesern vertrautes Beispiel: Es gibt viele Menschen, die das Pech hatten, einen schlechten Mathematikunterricht gehabt zu haben. Sie wurden an der Tafel bloßgestellt, gehänselt, für dumm erklärt etc. Ganz oft handelt es sich dabei um sehr intelligente Menschen, die beruflich voll leistungsfähig sind und komplexe Aufgaben mit Leichtigkeit lösen. Wenn sie aber eine Formel sehen, verfallen diese Menschen in eine Art intellektuelle Totenstarre und können nicht mehr klar und vernünftig denken. Sie haben – leider – gelernt, Mathematik mit Angst zu verbinden; mit all den oben genannten Konsequenzen.

Wer nun meint, dass wir die Angst im Unterricht zusammen mit dem Rohrstock verabschiedet haben, der irrt: Sarkasmus, Zynismus und Ironie durch den Lehrenden sind im deutschen Schulalltag weit verbreitet, haben dort aber nichts zu suchen, denn sie sind »Waffe[n] in der Hand von Erwachsenen«, weil sie Angst verbreiten und diese Angst später kreatives Problemlösen verhindert. Daher ist Bueb unbedingt beizupflichten, wenn er festhält, dass Selbstironie die einzige in der Erziehung erlaubte Form der Ironie ist.[11]

Entwicklung

Das Gehirn ist bei der Geburt eines Menschen noch nicht voll entwickelt. Beim Neugeborenen wiegt es etwa 350 Gramm, beim Erwachsenen hingegen 1.300 (Frau) bis 1.400 (Mann) Gramm. Das Gehirn des Neugeborenen hat also nur etwa ein Viertel des Gewichts und der Größe des Gehirns eines erwachsenen Menschen, obwohl sowohl die Neuronen als auch deren Verbindungsfasern bereits vorhanden sind und nach der Geburt zahlenmäßig kaum zunehmen. Dennoch entwickelt sich das Gehirn nach der Geburt noch deutlich weiter und vervierfacht sein Gewicht. Es ist vor allem Fett, das im Laufe der Entwicklung des Gehirns nach der Geburt das Gehirn so groß werden lässt. Dabei handelt es sich um eine ganze besondere Art von Fett, *Myelin* genannt, mit dem bestimmte Zellen (Schwann'sche Zellen) die Nervenfasern ummanteln (man spricht von Myelinisierung). Myelin wirkt als Isolationsschicht und sorgt dafür, dass die Impulse nicht mehr langsam entlang einer Nervenfaser *laufen*, sondern schnell entlang der Faser *springen*. Dadurch steigt die Geschwindigkeit der Impulse entlang der Nervenfasern von etwa 3 Metern pro Sekunde auf bis zu 115 Meter in der Se-

---

11 a.a.O., S. 30

kunde. Der Unterschied ist für die Gehirnfunktion sehr bedeutsam, denn das Gehirn verarbeitet Informationen vor allem dadurch, dass diese zwischen verschiedenen Bereichen (Modulen) hin und her fließen. Geht dieses Informations-Ping-Pong mit einer Geschwindigkeit von maximal nur drei Metern pro Sekunde, dann geht es im Grunde eben noch gar nicht! Erst die schnelle Fortleitung von Informationen macht deren Verarbeitung im Gehirn überhaupt möglich.

Hieraus erklärt sich die enorme Bedeutung der Myelinisierung für die Gehirnfunktion. Die Zeit, die Impulse von einem kortikalen Areal zu einem anderen, sagen wir 10 Zentimeter entfernten Areal benötigen, beträgt bei einer Nervenleitgeschwindigkeit von 3 Metern pro Sekunde etwa 30 Millisekunden. Dies mag kurz erscheinen, ist jedoch für eine Informationsverarbeitung im Sinne des kortikalen Ping-Pong (die Information fließt dauernd zwischen Arealen hin und her) sehr lang. Der rasche Austausch zwischen kortikalen Arealen setzt schnelle Leitung voraus, woraus sich wiederum ergibt, dass ein Areal, dessen Verbindungsfasern noch nicht myelinisiert sind, nur wenig zur Informationsverarbeitung beitragen kann. Damit ist eine nichtmyelinisierte Nervenfaserverbindung im Kortex so etwas wie eine tote Telefonleitung; die Verbindung ist physikalisch zwar vorhanden, sie ist jedoch zu langsam, um eine Funktion gut zu erfüllen.

Vor etwa neunzig Jahren begann der Neurologe Paul Flechsig damit, detaillierte Karten des Gehirns zu erstellen, auf denen verzeichnet war, wann bzw. in welcher Reihenfolge die zu einzelnen kortikalen Arealen ziehenden Fasern zur Ausreifung kommen.[12] Zum Zeitpunkt der Geburt sind die

---

12 P. Flechsig, Anatomie des menschlichen Gehirns und Rückenmarks auf myelogenetischer Grundlage. Leipzig: 1920

primären sensorischen und motorischen Areale myelinisiert, also Hirnrindenbezirke, die für die primäre Verarbeitung von Sehen, Hören und Tasten verantwortlich sind sowie zum Ausführen von Bewegungen gebraucht werden. Damit kann der Säugling erste Erfahrungen machen, die Information jedoch noch nicht sehr tief verarbeiten. Danach werden sekundäre Areale myelinisiert, und erst gegen Ende der Entwicklung um die Zeit der Pubertät herum (bzw. noch danach!) werden die Verbindungen zu den höchsten kortikalen Arealen im Frontalhirn mit Myelinscheiden versehen (vgl. Abb. 7). Teile des Frontallappens des Menschen sind aufgrund die-

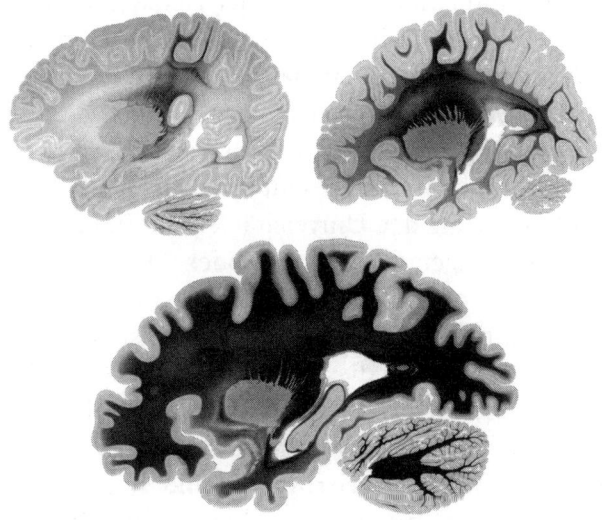

Abb. 7: Myelinisierung (Darstellung durch Anfärbung von Fett mit einer schwarzen Farbe) der Faserverbindungen kortikaler Areale (nach Flechsig 1920). Links oben im Bild ein Schnitt durch das Gehirn eines Neugeborenen, rechts der Gehirnschnitt von einem Kind im Kindergartenalter und unten ist der Schnitt durch das Gehirn eines Erwachsen dargestellt. Man sieht deutlich, wie beim Säugling nur wenige Areale mit schnell leitenden Fasern verbunden sind.

ser Entwicklung erst zur Zeit der Pubertät funktionell voll mit dem Rest des Gehirns verbunden (Fuster 1995).[13]

Diese, verglichen mit anderen Primaten, sehr stark verzögerte Gehirnreifung beim Menschen wurde lange als Nachteil interpretiert und der Mensch beispielsweise als Mängelwesen[14] oder als Nesthocker charakterisiert, jeweils mit Blick auf den unausgereiften Säugling. Kern dieser Unausgereiftheit ist das unausgereifte Gehirn, und Kern dieser Unausgereiftheit bei der Geburt ist die noch nicht erfolgte so genannte »funktionelle Verdrahtung« kortikaler Areale, insbesondere des Frontallappens.

Computersimulationen neuronaler Netzwerke, die sich eigens mit den Wechselwirkungen von Gehirnreifung und Lernen beschäftigten, warfen ein ganz neues Licht auf den Sachverhalt der Gehirnreifung nach der Geburt. Man konnte zeigen, dass die Reifung des Gehirns letztlich den Lehrer ersetzt. Der Gedanke ist im Grunde ganz einfach: Wenn wir in der Schule oder an der Universität ein kompliziertes Stoffgebiet lernen (sagen wir: Latein oder Mathematik), dann sorgt der Lehrer oder Professor dafür, dass wir mit einfachen Beispielen beginnen und uns daraus zunächst einfache Strukturen erschließen. Sind diese erst einmal gefestigt, kommen im nächsten Schritt etwas kompliziertere Strukturen »oben drauf«, die man nur dann richtig verstehen kann, wenn man zunächst die einfachen gelernt hat. Und so geht es weiter, Schritt für Schritt, bis wir ausgehend vom Einfachen hin zum Komplizierten einen insgesamt komplexen Stoff beherrschen.

So lernen wir in der Schule und im Studium. Im Leben je-

---

13 J. M. Fuster, Memory in the cerebral cortex, Cambridge, MA.: 1995
14 A. Gehlen, Der Mensch. Seine Natur und seine Stellung in der Welt. In: Gesamtausgabe, Tübingen: Klostermann 1978

doch ist die Sache anders: Wir kommen auf die Welt und sind verschiedensten Reizen ausgesetzt, deren Struktur und Statistik (»innere Logik«) von ganz einfach bis ganz kompliziert reicht. Die Tatsache nun, dass sich das Gehirn entwickelt und zunächst nur einfache Strukturen überhaupt verarbeiten kann, stellt sicher, dass es zunächst auch nur Einfaches lernt. (Erinnern wir uns: Verarbeiten ist immer auch Lernen.) Am Beispiel der Sprachentwicklung sei dieser Gedanke etwas genauer ausgeführt.

Untersuchungen dazu, wie Erwachsene mit Babys und Kleinkindern sprechen, konnten zwar zeigen, dass wir uns einerseits auf den kleinen »Gesprächspartner« etwas einstellen, dass dies jedoch nicht sehr weit geht. Wenn wir mit Babys reden, verwenden wir Lautmalerei und eine übertriebene Sprachmelodie (wir sprechen modulierter und höher[15]), aber schon mit Kleinkindern reden wir fast wie mit Erwachsenen. Wir gehen keinesfalls systematisch wie ein Lehrer im Sprachunterricht vor. Während des Spracherwerbs ist ein Kind damit einer sprachlichen Umgebung ausgesetzt, die wenig oder gar keine Rücksicht auf seine jeweiligen Lernbedürfnisse nimmt. Wären Kinder auf eine lerngerechte Reihenfolge sprachlicher Erfahrungen angewiesen, so hätte wahrscheinlich keiner von uns je Sprechen gelernt. Warum haben wir dann trotzdem Sprechen gelernt, ganz ohne einen den Stoff systematisch darbietenden Lehrer?

Die Antwort auf diese Frage besteht darin, dass »im Leben« der Lehrer durch ein reifendes Gehirn ersetzt wird. Noch einmal: Das Problem beim Erlernen komplizierter Strukturen wie beispielsweise der Grammatik besteht darin, dass man sicherstellen muss, dass zunächst einfache Struktu-

---

15 M. Spitzer, Lernen, Gehirnforschung und die Schule des Lebens, Heidelberg: Spektrum Akademischer Verlag 2002

ren gelernt werden, dann etwas komplexere und dann noch komplexere. Andernfalls wird nichts gelernt, wie man nicht nur aus der Schule weiß, sondern auch durch Simulationen lernender Netzwerke nachweisen konnte.[16] Kleine neuronale Netzwerke können nur einfache Strukturen in sich repräsentieren, große Netzwerke dagegen auch komplizierte. Ist ein kleines Netzwerk mit einer komplizierten Struktur konfrontiert, dann geht es ihm wie einem mit Integralrechnung konfrontierten Erstklässler: Es wird einfach gar nichts gelernt.

Stellen wir uns nun vor, der Erstklässler erhält im Wechsel jeweils eine Stunde Integralrechnung und dann wieder eine Stunde das kleine Einmaleins. Dann wird er eben das kleine Einmaleins lernen, wahrscheinlich langsamer (denn in jeder zweiten Stunde ist alles so durcheinander), aber eben doch. Ganz allgemein gilt: Wird ein einfaches System mit komplexem Input konfrontiert, so bemerkt es diese Komplexität gar nicht, sondern behandelt den Input, als wäre er völlig zufällig. Gelernt wird unter solchen Umständen – nichts.

Wenn wir mit einem Kind sprechen, dann liefern wir ihm letztlich eine Spracherfahrung, die etwa so aussieht wie der oben dargestellte etwas eigenartige Mathematikunterricht aus Integralrechnung und Einmaleins. Wir benutzen Zweiwortsätze und Zehnwortsätze, Aussagesätze von Subjekt-Prädikat-Objekt-Struktur und Schachtelsätze beliebig komplexer Struktur, kurz, Einfaches und Kompliziertes. Das Kleinkind bekommt davon genau dasjenige mit, was es verarbeiten kann. Alles andere rauscht an ihm vorbei (was man sehr wörtlich nehmen kann: Im statistischen Sinne ist hohe Komplexität für ein kleines System nichts als strukturloses Rauschen). Da gelernt wird, was verarbeitet wird, lernt das Kleinkind zunächst einfache sprachliche Strukturen. Noch

---

16 vgl. M. Spitzer, Geist im Netz, a.a.O.

einmal: Dies geschieht nicht, weil ihm zuerst einfache Strukturen beigebracht werden, sondern weil es zunächst nur einfache Strukturen verarbeiten kann. Es sucht sich dadurch automatisch aus dem variantenreichen Input heraus, was es lernen kann.

Hat es erst einmal einfache Strukturen gelernt und reift danach zu etwas mehr Verarbeitungskapazität heran, dann wird es neben diesen einfachen Strukturen zusätzlich etwas komplexere Strukturen als solche auch erkennen, verarbeiten und daher auch lernen. Da nach wie vor auch einfache Strukturen im Input vorhanden sind, verarbeitet und weiter gelernt werden, kommt es nicht zu deren Vergessen. Es wird vielmehr das Komplexere dazugelernt und das Einfache gerade nicht vergessen, sondern behalten. So lernt ein Kind zunächst die Frequenzen des akustischen Input, bildet im Gehirn sogenannte kortikale Frequenzkarten aus, dann kortikale Karten von zeitlich wechselnden Frequenzmustern (Lauten), dann Zusammenfassungen von Lauten (Silben und Wörter), und dann werden Strukturen, die in diesen Lautmustern stecken, bemerkt und gelernt – auf jeweils höheren Schichten.

Die Tatsache der Reifung während des Lernens ist damit nicht hinderlich, sondern überaus sinnvoll: Gerade *weil* das Gehirn reift und gleichzeitig lernt, ist gewährleistet, dass es in der richtigen Reihenfolge lernt. Dies wiederum gewährleistet, dass es überhaupt komplexe Zusammenhänge lernen kann und auch lernt.

Hieraus wiederum ergibt sich (und man konnte es in entsprechenden Computersimulationen nachweisen), dass nur dann, wenn das Gehirn lernt, während es sich entwickelt, überhaupt komplexe Informationsverarbeitung gelernt werden kann.

Mit anderen Worten: Hätten Sie das Gehirn, das Sie jetzt

haben, bereits bei Ihrer Geburt gehabt, hätten Sie wahrscheinlich nie Sprechen gelernt!

Die Tatsache, dass unser Gehirn bei der Geburt noch wenig entwickelt ist, erscheint damit aus informationstheoreti-
scher Sicht in einem völlig neuen Licht. Die Gehirnentwicklung nach der Geburt ist kein Mangel, sondern eine
notwendige Bedingung höherer geistiger Leistungen. *It's not
a bug, it's a feature*, wie die Ingenieure sagen würden.
Fassen wir zunächst zusammen: Das Gehirn des Säuglings
ist noch sehr unausgereift. Die beim Menschen im Gegensatz
zu anderen Arten daher so auffällige Nachreifung des Gehirns nach der Geburt betrifft insbesondere den frontalen
Kortex, in dem bekanntermaßen die höchsten geistigen Fähigkeiten des Menschen (komplexe Strukturen, abstrakte Regeln) repräsentiert sind. Der frontale Kortex ist in die Informationsverarbeitung anderer Hirnteile auf ganz bestimmte
Weise eingebunden. Er sitzt über den einfacheren Arealen,
hat deren Output zum Input und bildet auf diese Weise interne Regelhaftigkeiten der neuronalen Aktivität einfacherer
Areale noch einmal im Gehirn ab. Er bildet das Arbeits-
gedächtnis, d. h. in ihm ist Information repräsentiert, die
unmittelbar relevant ist für das, was jetzt und hier geschieht.
Er kann sehr rasch auf Veränderungen reagieren, indem er
von Augenblick zu Augenblick neue Erwartungen bildet und
diese mit dem, was geschieht, vergleicht.

Erst im Schulalter werden die verbindenden Fasern vollständig myelinisiert und damit wird dieser Hirnteil in die
zerebrale Informationsverarbeitung vollständig integriert.
Hierdurch wird verständlich, warum es den sogenannten
Wolfskindern, die ihre Kindheit ohne Sprache verbringen
und von denen es leider bis heute immer wieder Beispiele
gibt, zeitlebens nicht gelingt, richtig Sprechen zu lernen. Es
scheint somit im Hinblick auf die Sprachentwicklung eine

kritische Periode zu geben, während der sie durch Auseinandersetzung mit und Verarbeitung von Sprachinput erfolgen muss. Geschieht dies bis zum etwa 12. oder 13. Lebensjahr nicht, kann Sprache nie mehr vollends gelernt werden. Die beschriebenen Zusammenhänge zwischen Gehirnreifung und Lernen gelten keineswegs nur für den Bereich der Sprachentwicklung. Vielmehr ist der Erwerb jeder komplexen Fähigkeit mit großer Wahrscheinlichkeit abhängig vom Wechselspiel von Entwicklung (Gehirnreifung) und Lernen. Wir hatten bereits darauf hingewiesen, dass Sprache nicht isoliert von der alltäglichen Lebenswelt gelernt wird, sondern vielmehr in und mit ihr. Andere komplexe Strukturen in dieser Welt, wie beispielsweise soziale Beziehungen, Verhältnisse in der Welt selbst (die Bereiche der uns umgebenden belebten und unbelebten Natur) oder komplexe Zusammenhänge in den Bereichen Kunst und Musik werden, wie die Sprache, von Kindern-in-Entwicklung gelernt.

Ganz besonders wichtig werden diese Zusammenhänge bei der moralischen Entwicklung der Persönlichkeit. Werte lernen wir nicht durch Predigen, sondern durch Leben in einer Wertegemeinschaft!

Daher müssen Jugendliche die Gelegenheit erhalten, zu bewerten, zu entscheiden und zu handeln, im Rahmen vorgegebener Strukturen, nicht anders als bei der Sprachentwicklung. Sie brauchen hierzu Vorbilder und Möglichkeiten des Auslebens. Daher gilt das oben für das Spiel von Kindern Gesagte auch für Jugendliche: Sie lernen Werte und Tugenden durch Handeln, und nur so. Hierzu müssen sie aber die Gelegenheit haben, müssen also Grenzen gesetzt bekommen und Konflikten ausgesetzt sein und die Chance haben, richtig zu handeln, oder die Konsequenzen falschen Handelns erfahren: »Erziehung muss Gelegenheiten für Bewährung bieten und muss auch die Erfahrung des Scheiterns zulassen«

schreibt Bueb daher zu Recht[17] und führt auch gleich die typischen Beispiele aus dem heutigen Erziehungsalltag an: Darf der fünfzehnjährige Sohn eine Party besuchen, auf der Alkohol konsumiert wird? Darf die sechzehnjährige Tochter bis spät in die Nacht in die Disco? – Diese Entscheidungen fallen keinem Vater und keiner Mutter leicht, denen das Wohl ihrer Kinder wirklich wichtig ist. Wer hier grundsätzlich auf Verbote setzt, übersieht, dass Jugendliche irgendwann (spätestens mit 18!) schon gelernt haben müssen, Entscheidungen alleine zu treffen, und dies voraussetzt, dass der Erzieher ihnen *vorher* dazu Gelegenheit gab! Daher ist Erziehung immer mit der Abwägung von Risiken verbunden und voller Entscheidungen, deren Wesen es ist, dass sie unbestimmt sind (sonst wären es keine Entscheidungen, sondern logische Schlüsse) und danebengehen können.

Man braucht nicht viel Fantasie, um sich die Konsequenzen der hier diskutierten Sachverhalte zu vergegenwärtigen. Erstens: Kinder sind verschieden. Das einzelne Individuum in seiner jeweiligen Besonderheit hat je seine eigene bestimmte Entwicklung und Lerngeschichte. Dies bedeutet, dass nicht alles für alle gleich gut ist. Gewiss, sich entwickelnde Gehirne sorgen in gewisser Weise selbst für geeigneten Input, aber durch Synchronisation von Reifung und angebotener Lernerfahrung ist im Einzelfall sicherlich noch viel zu verbessern, von Menschen mit spezifischen Behinderungen einmal gar nicht zu reden.

Zweitens: Aus dem Zusammenspiel von Reifung und Lernen lassen sich die sogenannten kritischen oder sensitiven Perioden mühelos ableiten. Mit diesem in der Entwicklungsneurobiologie sehr wichtigen Begriff werden Zeitabschnitte bezeichnet, in denen bestimmte Erfahrungen gemacht wer-

17 B. Bueb, a.a.O., S. 19

den müssen, damit bestimmte Fertigkeiten bzw. Fähigkeiten erworben werden. Kommt es nicht dazu, werden diese Fertigkeiten bzw. Fähigkeiten zeitlebens nicht mehr gelernt. Für die Persönlichkeitsentwicklung jedes Menschen ist es daher wichtig, dass er in einer Wertegemeinschaft aufwächst, die klare Spielregeln vorgibt (ebenso wie die Sprachgemeinschaft eine klare Grammatik hat).

Drittens: Die Wissenschaft der kognitiven Entwicklungsneurobiologie ist noch sehr jung. Bis vor wenigen Jahrzehnten herrschten Spekulation und Ideologie, wenn es darum ging, was Kinder sind, wozu sie in der Lage sind, und wie man mit ihnen umgehen sollte. Soweit diese Spekulationen und Ideologien in unser Erziehungssystem Eingang fanden, wirkten sie sich keineswegs immer günstig auf die Kinder aus. Dass die meisten Menschen dennoch ihre Kindheit mitsamt Erziehung und Schule halbwegs überstanden haben, liegt daran, dass Kinder erstaunlich robust sind. Sie suchen sich einfach selbst, was sie gerade am besten lernen können. Ihr sich entwickelndes Gehirn stellt einen eingebauten Lehrer dar.

Viertens: Was Hänschen nicht lernt, lernt Hans nimmermehr – in neurobiologischer Hinsicht ist diese Volksweisheit längst eingeholt und auf vielfache Weise bestätigt!

Evolution

»Jede Generation von Babys gleiche einem Einfall von Barbaren, hat Sigmund Freud einmal festgestellt« zitiert Bueb Sigmund Freud mit Blick auf die moralische Entwicklung der Persönlichkeit.[18] Wie so vieles in den Schriften des Wie-

---

18 a.a.O., S. 55

ner Neurologen aus dem vorletzten Jahrhundert ist auch dies jedoch völlig falsch. Es stimmt, dass es Babys an Einsichtsfähigkeit mangelt, aber sie bringen viel mehr an Eigenschaften mit, die nur noch kultiviert und nicht in sie hineingetöpfert werden müssen, als Bueb in seiner Schrift suggeriert. Weil Bueb dies nicht sieht, wird sein Bild der Disziplin schief, um nicht zu sagen, zu einem Zerrbild dessen, worum es geht: »Disziplin verkörpert alles, was Menschen verabscheuen: Zwang, Unterordnung, verordneten Verzicht, Triebunterdrückung, Einschränkung des eigenen Willens. Disziplin setzt an die Stelle des Lustprinzips das Leistungsprinzip«.[19]

Bueb beschreibt Erziehung als Gratwanderung zwischen den gegensätzlichen Polen des Führens und Wachsenlassens[20], illustriert durch die Metaphern des Töpfers und des Gärtners: Im Hinblick auf die Ausbildung charakterlicher Tugenden spricht gerade in jüngster Zeit vieles dafür, dass Bueb den Erzieher zu sehr als Töpfer versteht und zu wenig als Gärtner. Er sieht nicht die biologischen Anlagen, die durch einen Gärtner nur gut genährt und zur Ausbildung gebracht werden brauchen. Vielmehr fasst er den jungen Menschen – gerade im Hinblick auf Werte und Tugenden – zu sehr als unbeschriebenes Blatt, als leere Wachstafel (um das von Steven Pinker aufgegriffene Bild Platons zu verwenden) auf, und muss daher ein »härteres« Bild der Erziehung und auch der Disziplin zeichnen als wirklich notwendig ist.

Menschen sind soziale Wesen, das wusste schon Aristoteles. Dass kooperatives Verhalten weit verbreitet und variantenreich in allen daraufhin untersuchten menschlichen Gesellschaften vorkommt, deutet darauf hin, dass es keineswegs

19 a.a.O., S. 18
20 a.a.O., S. 15

eine Erfindung neuzeitlicher kultureller Entwicklung dar-
stellt.[21] Neue Untersuchungen aus dem Max-Planck-Institut
für evolutionäre Anthropologie in Leipzig zeigen, dass Hilfsbereitschaft und Kooperativität nicht einmal auf den Menschen beschränkt sind, sondern auch bei Schimpansen beobachtet werden können.[22]

Gewiss leben auch Ameisen oder Bienen in Völkern, in denen die einzelnen Individuen kooperativ zusammenarbeiten
und für sich allein nicht überlebensfähig sind; dennoch
scheint es da einen wesentlichen Unterschied zu geben: Im
Gegensatz zu Ameisen oder Bienen läuft das kooperative Verhalten beim Menschen nicht gleichsam automatisch und fest
verdrahtet ab (früher hätte man gesagt: instinktiv hervor-
gebracht). Wir können uns vielmehr *überlegen*, wie wir uns
im Einzelfall verhalten. Wenn eine Aufgabe es erfordert, dass
wir kooperieren, dann tun wir dies. Wenn wir unser Ziel hingegen auch allein erreichen können, brauchen wir nicht zu
kooperieren und dann auch nicht die Früchte unserer Arbeit
mit jemandem teilen. Und wenn wir uns den Kooperations-
partner aussuchen können, dann richten wir unsere Kooperationsbereitschaft nicht zuletzt danach aus, wie sich andere
verhalten.[23]

Selbst bei Schimpansen in freier Wildbahn hat man kooperative Verhaltensweisen beobachtet: Männchen verteidi-
gen gemeinsam mit anderen ihr Territorium und gehen ge-

21 Vgl. M. Spitzer, Bedingungen von Kooperation. Nervenheilkunde 23
(2005): 1–4
22 A. Melis, B. Hare, M. Tomasello, Chimpanzees recruit the best collabora-
tors. Science 311 (2006): 1297–1300; F. Warnecken, M. Tomasello, Altruis-
tic helping in human infants and young chimpanzees, Science 311 (2006):
1301–1303
23 Vgl. E. Fehr, U. Fischbacher, Social norms and human cooperation. Trends
in Cognitive Science 8 (2004): 185–190 und M. Spitzer, Bedingungen von
Kooperation. Nervenheilkunde 24 (2005): 773–777

meinsam mit anderen auf die Jagd bzw. ziehen sogar gemeinsam in den Krieg gegen eine andere Gruppe, wie wir seit den damals Aufsehen erregenden Beobachtungen von Jane Goodall wissen.[24] All das könnte jedoch – ähnlich wie bei den Insekten – irgendwie instinktiv ablaufen. Um herauszufinden, ob Schimpansen genau dann, wenn es nötig ist, sich zur Kooperation entschließen und ob sie in der Lage sind, sich in diesem Fall aufgrund von Vorerfahrungen den richtigen Partner aussuchen, wurden von Wissenschaftlern am Max-Planck-Institut für evolutionäre Anthropologie in Leipzig Experimente durchgeführt, die insgesamt zeigen, dass Schimpansen dies können; nicht so gut allerdings wie kleine Kinder, die es schon *sehr gut* können. Sie sind keine »einfallenden Barbaren«, sondern ganz grundsätzlich bereits auf Kooperation angelegt.

»Die Ergebnisse zeigen, dass Kleinkinder einem Erwachsenen in sechs der insgesamt 10 Situationen halfen (d. h. das Kind zeigte das gewünschte Verhalten öfter in der Experimental- als in der Kontrollbedingung). [...] Sie gaben ihm mehrere außer Reichweite befindliche Gegenstände (nicht jedoch, wenn er diese absichtlich weggeworfen hatte); sie stapelten Bücher, nachdem er dabei versagt hatte (nicht jedoch, wenn es offensichtlich sein Ziel war, die Bücher herumliegen zu lassen); sie öffneten die Tür eines Schränkchens für ihn, wenn er die Hände voll hatte (nicht aber, wenn er versuchte, etwas auf den Kasten zu stellen); und sie holten ihm einen für ihn unerreichbaren Gegenstand aus einem Kästchen (nicht jedoch, wenn er zuvor den Gegenstand absichtlich hineingeworfen hatte)« beschreiben die Autoren Warneken

---

24 J. Goodall, The chimpanzees of Gombe: Patterns of Behavior. Belknap Press of Harvard University Press, Cambridge, MA 1986

und Tomasello ihre Ergebnisse eindrücklich.[25] Die Kinder halfen nach durchschnittlich 5,2 Sekunden bzw. in 84 % der Fälle innerhalb der ersten 10 Sekunden. Es bedurfte also meist keines direkten Blickkontakts zwischen Erwachsenem und Kleinkind, um dessen Hilfsbereitschaft anzuregen.

Das gleiche Experiment wurde mit drei Schimpansen im Alter von 36 und 54 Monaten (zweimal) durchgeführt, die ihr gesamtes Leben mit Menschen verbracht hatten, d. h. von ihnen »erzogen« worden waren. Auch die Schimpansen zeigten in fünf der insgesamt 10 Aufgabentypen das Hilfeverhalten, in der Experimentalbedingung jeweils signifikant häufiger als in der Kontrollbedingung, mit einer Latenz von 12,9 Sekunden. Im Gegensatz zu den Kleinkindern halfen die Schimpansen dem Erwachsenen jedoch nur dann, wenn die Aufgabe das Erreichen eines Gegenstandes zum Thema hatte.

Insgesamt kann man aufgrund der Ergebnisse beider Untersuchungen sagen, dass sich die Affen sehr menschlich verhielten. Unsere Weise des Kooperierens ist somit nicht ganz so einzigartig, wie wir dies manchmal gerne hätten. Wir kultivieren sie jedoch besser und heben uns nicht zuletzt deshalb von allen anderen Arten ab.[26]

Im Hinblick auf die Notwendigkeit von Disziplin in der Erziehung könnte man auch folgern: Es ist nicht der Fall, dass Menschen eigentlich (»von Natur aus«, im »Kampf ums Dasein«) immer nur im Wettbewerb miteinander stehen, und Kooperation demgegenüber als kulturelle Errungenschaft mit viel Mühe noch dazu gelernt und dann gelegentlich an den Tag gelegt werden kann. Geplantes, nicht-automatisiertes kooperatives Verhalten ist vielmehr durchaus sehr

25 F. Warnecken, M. Tomasello, a.a.O., S. 1301 (Übersetzung durch den Autor)
26 P. J. Richerson, R. Boyd, Not by genes alone. University of Chicago Press, Chicago, Ill. 2005

natürlich – beim Menschen und sogar beim Affen und damit wahrscheinlich auch bei unserem gemeinsamen Vorfahren vor etwa 7 Millionen Jahren.[27] Halten wir fest: Wenn Bueb »die vorbehaltlose Anerkennung von Autorität und Disziplin« als das vor Jahrzehnten weggebrochene »Fundament der Erziehung« bezeichnet[28], weiß er, dass er sich damit kaum Freunde schaffen wird. Ihm ist zuzustimmen, wenn er konstatiert: »Unsere pädagogische Kultur in Deutschland wurde durch den Nationalsozialismus in ihren Grundfesten erschüttert. Die Werte und Tugenden, die das Herz der Pädagogik ausmachen, haben sich bis heute nicht vom Missbrauch durch den Nationalsozialismus erholt«.[29] Und wenn Bueb das Fernsehen, den Erzieher Nummer eins in unserer Gesellschaft, als »ungewollt aggressiv präsent«[30] bezeichnet, kann man nur beipflichten. Wenn er jedoch davon ausgeht, dass Menschen als Rohlinge auf die Welt kommen, die mittels viel Disziplin geschliffen werden müssen, dann wird es falsch: Das Glücksempfinden des Menschen hat gar nicht die Funktion, uns dauerhaft glücklich zu machen, sondern hat die Funktion, uns alles, was gut für uns ist, rasch aneignen zu lassen. Wir lernen also vor allem mit Freude und mit Glück, auch die Werte und die Ziele (ebenso wie wir Spaß am Laufen- und Sprechenlernen haben)!

»Rezepte sind der Feind aller Pädagogik« – konstatiert Bueb vollkommen zu Recht.[31] Daher sei hier auch sein Rezept der »knallharten« Disziplin verworfen. Auch bei Disziplin geht es um Vorbild, Freiheit, moralische Dilemmata (z.B.

---

27 M. Tomasello, J. Call, Primate cognition, Oxford University Press, New York, Oxford 1997
28 B. Bueb, a.a.O., S. 11
29 a.a.O., S. 12
30 a.a.O., S. 13
31 a.a.O., S. 19

zwischen Freiheit und Gerechtigkeit oder zwischen Leistungsprinzip und Solidarität), die jeder von uns lebenslang bewältigen muss. Es ist Buebs Verdienst, die Diskussion darüber wiederbelebt zu haben, was Kinder und Jugendliche brauchen, um zu Erwachsenen zu werden, die ihr Leben meistern können. Disziplin gehört sicher dazu. Die Erkenntnisse der (Neuro-)biologie können aus meiner Sicht dazu beitragen, klarer zu sehen, was dies heißt und was es nicht heißt. Gehirnforschung ist Selbsterfahrung – im besten Sinne des Wortes!

Frank-Olaf Radtke

Wiederaufrüstung im Lager der Erwachsenen: Bernhard Buebs Schwarze Pädagogik für das 21. Jahrhundert

1. Disziplin – das größte Problem der Erziehung?

Ganz am Ende, im Nachwort dieser Streitschrift zum »Lob der Disziplin«, steht der lapidare Satz: »In der Pädagogik gibt es keine neuen Erkenntnisse«[1]. Angesichts der rasanten Veränderungen der Welt wäre diese Einsicht, träfe sie zu, zumindest für die Erziehungswissenschaften ernüchternd. Sollte der »Schatz der Wahrheiten der Vergangenheit«[2] mit Hilfe erziehungswissenschaftlicher Forschung trotz aller Anstrengung nicht zu vermehren sein? Sollte pädagogische Reflexion und empirische Forschung tatsächlich in den letzten 250 Jahren über das Maß an Alltagsklugheit nicht hinaus geführt haben, das der Internatsleiter Bernhard Bueb nun in seinem Buch als *summa* seines pädagogischen Berufslebens präsentiert?

Um zu illustrieren, was er mit seiner Bemerkung meint, greift der Autor Bueb weit, bis tief ins 19. Jahrhundert, zurück und ruft eines der beiden nun schon zum geflügelten Wort gewordenen Zitate Immanuel Kants in Erinnerung, die regelmäßig bemüht werden, wenn es um Erziehung geht. Es sind wie in Stein gemeißelte Wahrheiten, die auch Bueb sich zu eigen macht, Sätze, von denen er sagt, dass sie »die Botschaft« seines Buches zusammenfassten:

»Eines der größten Probleme der Erziehung ist, wie man

---

1 B. Bueb, Lob der Disziplin. Eine Streitschrift, Berlin: List 2006, S. 171
2 ebd.

die Unterwerfung unter den gesetzlichen Zwang mit der Fähigkeit, sich seiner Freiheit zu bedienen, vereinigen könne. Denn Zwang ist nötig! Wie kultiviere ich die Freiheit bei dem Zwange? Ich soll meinen Zögling gewöhnen, einen Zwang seiner Freiheit zu dulden, und soll ihn selbst zugleich anführen, seine Freiheit gut zu gebrauchen«[3].

Der Erzieher Bueb hat nicht das andere, ältere, noch geläufigere Kant-Wort zitiert:»Aufklärung ist der Ausgang des Menschen aus seiner selbstverschuldeten Unmündigkeit. Unmündigkeit ist das Unvermögen, sich seines Verstandes ohne Leitung eines anderen zu bedienen«[4]. Pädagogen haben diese Definition der Aufklärung benutzt, um *ex negativo* zu bestimmen, was sich die moderne Erziehung, die sich ja nicht mehr an die Tradition oder an die Religion halten kann, als zukunftsfestes Ziel vorgenommen hat: die Zumutung an den Einzelnen, sich selbst ein Urteil zu bilden, autonom und mündig zu werden. Wer sich ein solches Ziel setzt, muss eine Vorstellung von der Perfektibilität eines zu rationalen Entscheidungen fähigen Individuums mitführen, das durch Erziehung in Form gebracht werden kann.

Bei der von Bueb gewählten Referenz, welche die paradoxe Problemanordnung »Freiheit *und* Zwang« in den Vordergrund rückt, geht es um ein konstitutives Strukturproblem der modernen Erziehung, das sich aus ihrer anspruchsvoll aufgeklärten Zielsetzung ergibt. Insofern stehen beide Zitate zusammen am Anfang der modernen Pädagogik. Sie markieren ein praktisches Problem und eine wissenschaftliche Herausforderung zugleich. Es geht um die Frage, *wie* ist Erzie-

---

3 I. Kant (1803), Über Pädagogik, hrsg. von D. Friedrich Theodor Rink, Königsberg. In: Werkausgabe Bd. XII, hrsg. von Wilhelm Weischedel, Frankfurt: 1968, S. 711
4 I. Kant (1784), Beantwortung der Frage: Was ist Aufklärung. In: Werkausgabe Bd. XI, hrsg. von Wilhelm Weischedel, Frankfurt: 1968, S. 53

hung zur Mündigkeit möglich? Denn ginge es nur um Anpassung, Konformität, Gehorsam, Gefolgschaft und Gefügig-
keit, man wäre schnell fertig. Man könnte einseitig auf verschiedene, kausal wirksame Techniken der Beeinflussung des
Verhaltens von Kindern und Jugendlichen setzen, welche die
Anwendung körperlicher und/oder seelischer Gewalt ein-
schließen oder damit drohen: Dressur, Abrichtung, wohl-
gemeinte Manipulation oder Indoktrination.

Die Antwort auf die *Erziehungs*frage aber, das sah Kant in
aller Schärfe, ist nicht leicht zu geben:»Zwei Erfindungen
der Menschen kann man wohl als die schwersten ansehen:
die der Regierungs- und die der Erziehungskunst nämlich,
und doch ist man selbst in ihrer Idee noch streitig«[5]. Beiden
Künsten gemeinsam ist, dass sie ein Herrschafts- und Ge-
waltverhältnis betreffen, in dem es um Lenkung und Führung geht, einmal der erwachsenen Bevölkerung, einmal der
Kinder; es geht um Machtausübung, um Techniken der
Macht und um die Frage, wie die Machtausübung zu legitimieren und wie die Zustimmungsbereitschaft der zu regierenden bzw. der zu erziehenden Menschen bzw. Kinder zu
erlangen ist. In der Pädagogik werden im Kleinen die Fragen bearbeitet, die im Großen Gegenstand der Staatslehre
sind.

Für den praktizierenden Pädagogen Bernhard Bueb ist
»das Problem von Zwang und Freiheit« (in dieser Reihenfolge), anders als bei Kant, nicht nur »eines der größten«, sondern nach wie vor »das größte Problem der Erziehung«[6]. Das
ist, geschrieben aus der Teilnehmerperspektive eines gerade
pensionierten Internatsleiters, der jahrzehntelang die Disziplinarmacht in seiner Anstalt verkörperte, eine verständliche,

---

5 I. Kant, Über Pädagogik, a.a.O., S. 703
6 B. Bueb, a.a.O., S. 172

instrumentelle Akzentuierung, hatte er doch praktisch dafür zu sorgen, dass Erziehung und Unterricht, also die pädagogische Arbeit am einzelnen Menschen in seiner traditionsreichen Elite-Schule überhaupt möglich wurden.

Unbeeindruckt von der erziehungswissenschaftlich umstrittenen Frage, wie Erziehung zur Mündigkeit überhaupt möglich sei, setzt der Internatsleiter Bueb, der in dreißig Dienstjahren seine Erfahrungen machen und von Illusionen lassen musste, gleich auf der operativen Ebene an und bemüht sich ganz handfest um die Legitimation »bewährter« Disziplinierungstechniken. Er schreibt aus einem »Leiden an unserer beschädigten Erziehungskultur« in einem praktischen Interesse an der Rehabilitierung von Instrumenten der Disziplinierung, die zu Unrecht unter Verdikt geraten seien.

Man kann das provozierend gemeinte, im Gestus des Tabubruchs präsentierte Buch auch als eine Art Rechtfertigungsschrift lesen, in welcher der Autor offensiv – »Mut« ist ein häufig wiederkehrendes Wort – und fast schon missionarisch um Verständnis für das von ihm ausgeübte Disziplinarregime und für die von ihm gewählten, im Wortsinn reaktionären Lösungen der Anwendung unmittelbaren Zwangs gegen Kinder und Jugendliche wirbt. Bueb reagiert auf eine aus seiner Sicht von vielen fälschlich für fortschrittlich gehaltene Entwicklung, welche die Praxis der öffentlichen Erziehung seit 1968 genommen habe, und plädiert dafür, zum *status quo ante* zurückzukehren, der in jedem Fall vor 1933, wenn nicht im 19. Jahrhundert zu liegen scheint.

2. Disziplin – die unbeleuchtete Seite der Erziehung

Das Buch beginnt mit der Feststellung: »Disziplin ist das ungeliebte Kind der Pädagogik, sie ist aber das Fundament aller

Erziehung«. Disziplin verkörpere, so Bueb bedauernd, alles, »was Menschen verabscheuen: Zwang, Unterordnung, verordneten Verzicht, Triebunterdrückung, Einschränkung des eigenen Willens«[7]. In der Tat wird innerhalb der wissenschaftlichen Disziplin der Pädagogik/Erziehungswissenschaft viel theoretischer Aufwand betrieben, um die Anwendung von Zwang im Interesse des Kindes zu legitimieren. Disziplin, zumal die Praxis der Disziplinierung, bezeichnet die dunkle, auch empirisch unbeleuchtete Seite der Erziehung[8]. Disziplin wird vorausgesetzt oder vermisst, sie wird von allen Seiten eingefordert, aber sie muss auch ständig legitimiert und in ihrer Bedeutung immer wieder gegen Protest verteidigt werden. Die Arbeit der Disziplinierung überlässt man lieber anderen. Die Zurückhaltung, selbst Hand anzulegen, mag daraus resultieren, dass gerade kultivierte, ihre Freiheit liebende Menschen, die Ordnung, Anstand, Rücksichtnahme, Anerkennung und Respekt durchaus zu schätzen wissen, nicht stumpf geworden sind gegen das durch körperliche oder seelische Gewalt ausgelöste Leiden und den Schmerz der Kinder. Denn darum geht es.

Vielleicht werden auch in den Körper eingeschriebene Erinnerungen an unsere eigene Erziehung wach. Wer sich nicht

---

7 a.a.O., S. 17
8 Anlässlich spektakulärer Fälle muss unter den Titeln Kindesmisshandlung und Kindesmissbrauch über Dunkelziffern unbeobachteter Gewaltanwendung gegen Kinder in Familien spekuliert werden; dass derartige Unwissenheit auch heute noch über das Ausmaß körperlicher und seelischer Gewalt in der Schule besteht, die von Lehrerinnen und Lehrern, aber auch von Schülern gegen Schüler ausgeht, haben Krumm/Weiß 2001 als Manko markiert (V. Krumm, S. Weiß, Was Lehrer Schülern antun – Ein Tabu in der Forschung über »Gewalt in der Schule«. Pädagogisches Handeln, 2001, 3 (4), S. 121–130). Gleiches gilt nur noch für die Praxis der Selektion und Aussonderung, die selten empirisch aufgehellt, allenfalls in ihren Effekten kritisiert wird.

hat verhärten lassen, empfindet Mitleid, wo immer Zwang eingesetzt wird, zumal dann, wenn es sich um die Demütigung und Beschämung von Kleinen, Schwachen und Wehrlosen handelt, die zur Unterordnung gezwungen und zum Verzicht gedrängt werden sollen. Deshalb gehen auch die, die ohne anarchistische Neigungen sind, intuitiv auf Distanz zu dem Personal, das qua Amt und Funktion durch Anwendung von direkten Zwangsmitteln gegen Widerstand die Ordnung durchsetzen muss.

Auch steigen historische Erinnerungen auf, wenn wir nun einen flammenden Appell an Eltern und Lehrer lesen, doch in der Erziehung die »Unschuld im Verhältnis zur Macht« wiederzugewinnen, »Freude an der Macht zu bekennen« und wieder »unbefangen von Disziplin und Gehorsam« zu sprechen[9]. Die Forderungen klingen für pädagogisch gebildete Leser durchaus vertraut. »Es ist also wichtig, jener Art von Verruf entgegenzuwirken, in den seit einer gewissen Anzahl von Jahren die Disziplin gefallen ist«, sagte 1902 der französischen Soziologe und Pädagoge Emile Durkheim in seiner Vorlesung über Schuldisziplin[10]. Oder: »Es ist oder war bis vor kurzem noch modern, den Gehorsam zu verleugnen, weil er missbraucht werden kann, aber alle großen pädagogischen Denker, und zwar auch die des Liberalismus, Kant, Herbart und Schleiermacher, von Hegel ganz abgesehen, haben seine Bedeutung für die Erziehung gekannt und betont«. Das schrieb der Autor der berühmten Abhandlung »Die Pädagogische Bewegung in Deutschland«, der Reformpädagoge Herman Nohl im Jahre 1933[11].

---

9   B. Bueb, a.a.O., S. 61
10 E. Durkheim, Erziehung, Moral und Gesellschaft. Frankfurt am Main:
    1984, S. 193
11 H. Nohl (1933), Der pädagogische Bezug und die Bildungsgemeinschaft.

Gut siebzig Jahre später tritt der Schulleiter Bueb, nun den »Missbrauch durch den Nationalsozialismus« beklagend, von dem sich »unsere pädagogische Kultur in Deutschland« bis heute nicht erholt habe[12], erneut an, Autorität, Disziplin und Gehorsam im Namen der Jugend einzufordern. Er proklamiert geradezu »das Recht der Jugend auf Disziplin«[13]. Wieder beruft er sich auf »die Genialität großer Erzieher«[14], wenn er vor »überbetreuenden Müttern« warnt[15] und von Eltern und Lehrern (und Lehrerinnen!) immer wieder »Mut zur Erziehung«, »Mut vor Zuschauern« (!)[16] fordert, operationalisiert als Mut zu Konsequenz, Strenge und Härte bei der Durchsetzung von Disziplin, Verzicht, Unterordnung, und zur Wahrnehmung »klarer Führung« auffordert[17].

Pädagogen neigen wie Polizisten dazu, die unangenehme Seite ihrer Arbeit im Verborgenen zu halten oder sie zu idealisieren und sich dem Publikum als Freund und Helfer zu präsentieren. Bernhard Bueb hat sich nun mutig ge*outet* als jemand, der Führung und Gehorsam nicht nur fordert, sondern auch durchgesetzt hat, dazu steht und das zu tun nun auch anderen anrät. Er will nicht die Menschheit vervollkommnen, aber doch mit gehörigem Pathos (den Standort) Deutschland vor einem vermeintlichen »Erziehungsnotstand« retten, welcher dem (von OECD-Vergleichsstudien gemessenen) neuen »Bildungsnotstand« ursächlich vorausgehe[18].

In: Norbert Kluge (Hrsg.), Das pädagogische Verhältnis. Darmstadt: 1973, S. 45

12 B. Bueb, a.a.O., S. 12
13 a.a.O., S. 77
14 a.a.O., S. 171
15 a.a.O., S. 65
16 a.a.O., S. 17
17 a.a.O., S. 65
18 a.a.O., S. 13ff.

Ob es weiterhilft, sich in Sachen Disziplin Rat suchend
»bei den Vorfahren kundig zu machen«, zu denen für Bueb
neben den Autoritäten Kant und Fröbel offenbar auch die
Reformpädagogen um Hermann Lietz und Herman Nohl gehören, bleibt zu prüfen. Auf ein paradox angeordnetes Problem gibt es keine befriedigende Antwort, keine eindeutige
und keine endgültige, sondern nur unzureichende und vor-
läufige Lösungen, die unter den jeweiligen politischen und
demographischen Gegebenheiten den Meisten plausibel erscheinen. Deshalb ist die Geschichte der Pädagogik eine un-
unterbrochene Serie von Reformen und ein Reigen von Re-
formpädagogiken, und deshalb hat man von früh an zu
internationalen Vergleichen geraten.[19]

Die Struktur des Erziehungsproblems, die Kant in seine
paradoxe Formulierung gebannt hatte, hat sich bis heute
nicht geändert. Seither muss immer wieder gefragt werden:
Wie ist der Zwang in der Erziehung motiviert, wie ist er zu
legitimieren und wie ist seine Anwendung zu kontrollieren?
Geändert haben sich die gesellschaftlichen Umstände, unter
denen die Erziehungsaufgabe gelöst werden muss, geändert
hat sich auch die politische Verfassung des Gemeinwesens, in
dem erzogen wird. Mit ihnen ändern sich die Lösungsvor-
schläge, die sich an den moralischen Überzeugungen und
dem Wissen der Zeit orientieren.

---

19 Mit seiner auf die pädagogische Tradition gerichteten Suchstrategie stellt
Bueb sich gegen den aktuellen Trend, der als Quelle der Inspiration doch
ganz auf *internationalen* Vergleich abstellt. Schon 1951 hatte der von einer
USA-Reise zurückgekehrte Heinrich Roth geraten:»Vielleicht wäre es besser, um die Einseitigkeit und die Eigenart unserer Schulen klarer zu sehen,
wenn wir uns eine Zeitlang weniger in die eigene Erziehungsgeschichte
vertieften und dafür mehr vergleichende Erziehungswissenschaft betreiben
würden«. (H. Roth, Auswertung amerikanischer Schulerfahrungen und
Unterrichtsmethoden. In: Pädagogische Psychologie des Lehrens und Lernens. Hannover: 1951, 1957, S. 87)

Wie die Probleme der Erziehung »richtig« gelöst werden können, muss in jeder Zeit neu entworfen, neu begründet und neu beurteilt werden. Wäre es anders, bedürfte es keiner systematisch angelegten Forschung über die Bedingungen, Grenzen und Möglichkeiten wirkungsvoller Erziehung, die sich als eigene Form von anderen Formen der Beeinflussung, Manipulation oder Unterwerfung von Personen unterscheiden lässt und sich auch unterscheiden will. Und es bedürfte nicht einer jahrhundertelangen Diskussion um die Berufsethik der Erzieher, also über das, was in der asymmetrischen, von Macht und Ohnmacht gekennzeichneten pädagogischen Konstellation zwischen Erwachsenen und Kindern, zwischen Erzieher und Zögling normativ erlaubt und was als Missbrauch ausgeschlossen sein soll.

3. Lösungen für das nicht Lösbare

Man kann große Teile der pädagogischen Literatur des 19. und 20. Jahrhunderts als den Versuch lesen, auf die antinomische Anordnung des Problems der Erziehung zwischen »Freiheit und Zwang« auch praktikable Antworten zu finden. Wenn eine pädagogische Antinomie strukturtheoretisch gefasst »als ein grundlegender, nicht aufhebbarer Bestandteil der Interaktion und des professionellen pädagogischen Handelns«[20] begriffen wird, hat man schließlich nur noch wenige Möglichkeiten, gangbare (Aus-)Wege zu finden. Widersprüchliche Anforderungen lassen sich durch paradoxe For-

---

20 W. Helsper, Antinomien, Widersprüche, Paradoxien: Lehrerarbeit – ein unmögliches Geschäft? Eine strukturtheoretisch-rekonstruktive Perspektive auf das Lehrerhandeln. In: Barbara Koch-Priewe/Fritz-Ulrich Kolbe/Johannes Wildt (Hrsg.): Grundlagenforschung und mikrodidaktische Reformansätze zur Lehrerbildung, Bad Heilbrunn: 2004, S. 61f.

mulierungen vereinen, sie blockieren aber das Handeln der Erzieher, die bei der Arbeit der Subjektivierung behilflich sein sollen. Weil aber erzogen werden muss, gilt es, die Blockade irgendwie aufzulösen. Wie also ist Erziehung zur Mündigkeit möglich?

Der erste und nahe liegende, im Alltag geläufige Versuch einer Ent-Paradoxierung des Erziehungsproblems in praktischer Absicht ist die verbreitete Strategie seiner *Temporalisierung*. Wählt man diesen Weg, wird die widersprüchliche Einheit von Freiheit und Zwang auf der Zeitachse abgetragen. Dann kann die Erziehung mit Zwang beginnen, sie kann kontinuierlich oder alternierend die Dosis des Zwangs verringern oder den Modus seiner Anwendung variieren und dennoch in Freiheit und Selbstbestimmung enden. Die Führung und Lenkung wird mit der Zeit überflüssig. Die zeitweise Anwendung von Zwang als Mittel der Erziehung lässt sich so in den Dienst eines zukünftigen Zweckes stellen; seine Ausübung ist zu legitimieren, weil er im Interesse des Kindes, ja zu seinem Schutz und seiner weiteren ungefährdeten Entwicklung angewendet werden muss.

Katharina Rutschkys legendäre Quellensammlung zur Naturgeschichte der bürgerlichen Erziehung[21], die unter dem Titel »Schwarze Pädagogik« bekannt geworden ist, hat eine Vielzahl von Texten aus dem 18. und 19. Jahrhundert dokumentiert, welche die Legitimation der Anwendung von Zwang und Gewalt gegen kleine Kinder bereitstellen. Gewalt war auch damals schon legitimationsbedürftig. Die private Erziehung in der Familie und die öffentliche Erziehung in Schule oder Heim werden geradezu als ein Krieg gegen das Böse, Kampf gegen das Rohe, gegen Oppositionsgeist oder

---

21 K. Rutschky (Hrsg.), Schwarze Pädagogik. Quellen zur Naturgeschichte der bürgerlichen Erziehung, Frankfurt am Main, Berlin: 1977

Widerständigkeit, als lückenlose Kontrolle des Verhaltens und Denkens der Kinder konzipiert. Erziehung rückt bisweilen in die Nähe zur Tortur, wenn etwa der Zögling die Hände, die ihn wegen Ungehorsams mit der Rute geschlagen haben, küssen soll, damit er lerne, dass er die Schläge aus Liebe und zu seinem Besten erhalten habe.

Auch der von Bueb angerufene Immanuel Kant, der die pädagogischen Vorstellungen Jean-Jacques Rousseaus, aber auch die Beschreibung von Schulversuchen in den Schriften der philanthropischen Pädagogen seiner Zeit kannte, rät zu einer Sequenzierung der Erziehung, die, dem Laufe des Heranwachsens angepasst, auf eine »physische« eine »praktische« und schließlich eine »moralische Erziehung« folgen lässt. Die physische Erziehung »ist diejenige, die der Mensch mit den Tieren gemein hat«[22]. Sie richtet sich auf den Körper der kleinen Kinder, »ist eigentlich nur Verpflegung, entweder durch Eltern, oder Ammen, oder Wärterinnen«[23]. In dieser »ersten Epoche« kann nur *mechanischer* Zwang angewendet werden. Kleine Kinder werden also noch nicht erzogen, sondern man soll durch Versagung und, wie man heute sagen würde, durch negative Konditionierung des Verhaltens versuchen, die Ausbildung schlechter Gewohnheiten zu verhindern. Zugleich soll man durch praktische Übungen die natürlichen Anlagen des Kindes durch »Exerzitien der Geschicklichkeit«[24] spielend fördern und kultivieren. Erst in einer zweiten Phase, wenn das Kind Gründen zugänglich wird und deshalb bereits *moralischer* Zwang etwa durch Versagung von Liebe und sozialer Anerkennung angewendet werden kann, lässt man den Zögling »schon einen Gebrauch von der Überlegung und seiner Freiheit (machen), doch un-

---

22 I. Kant, Über Pädagogik, a.a.O., S. 712
23 ebd., S. 714
24 ebd., S. 726

ter Gesetzen«[25]. Erziehung im eigentlichen Sinne beginnt erst, so kann man Kant lesen, wenn das Kind schon als kleine *Person* angesprochen, wenn Bewusstsein vorausgesetzt und ein Wille und seine Kontrolle unterstellt werden kann. Moralische Erziehung »beruht dann nicht auf Disziplin, sondern auf Maximen«[26]. In der Schule wird man die so herangewachsenen Kinder dann zur Arbeit anhalten können, wobei Arbeit, im Gegensatz zum Spiel, das der Muße dient, »beschäftigt sein im Zwange« heißt[27]. Dafür braucht man einen geeigneten Ort: »Und wo anders soll die Neigung zur Arbeit kultiviert werden, als in der Schule? Die Schule ist eine zwangmäßige Kultur«[28]. In der Schule werden institutionelle Voraussetzungen dafür geschaffen, dass die Erziehung von der Schulung des Verstandes über die Ausbildung der Urteilskraft zum Gebrauch der Vernunft fortschreiten kann. Erst in den späteren Phasen ihrer Erziehung werden die »angehenden Jünglinge« lernen, nicht nach Gewohnheit, sondern nach Maximen zu handeln, deren Billigkeit sie selbst einsehen.

In der Temporalisierung der Erziehungsantinomie und der Unterscheidung von physischer und praktischer Erziehung steckt schon der Keim zu der Vorstellung, das Problem durch eine funktionale Aufspaltung von Zwang und Freiheit auf die *Familie* einerseits und die *Schule* andererseits zu lösen. Der von Herman Nohl in seiner Apologie des Gehorsams erwähnte Georg Wilhelm Friedrich Hegel, der zwischen 1808 und 1816 Rektor eines Gymnasiums in Nürnberg war, unterscheidet prägnant die *Zucht* der Sitten von der *Bildung* der Sitten und weist ersteres der Familie und letzteres der Schule

---

25 ebd., S. 709
26 ebd., S. 735
27 ebd., S. 729
28 ebd., S. 731

und dem Staate zu. Die Schule hat seither eine klare Forderung an die »häuslichen Verhältnisse« zu stellen, »nämlich die *Disziplin*«[29]. »Wir haben zu fordern, dass die Kinder schon gezogen in unsere Schule kommen«[30], weil der Unterricht, das Hauptgeschäft der Schule, »auf einem ungeschlachten Boden nicht gedeihen kann«[31]. An dieser Erwartung hat sich bis heute nichts geändert, sie wird gebraucht, um die Ursachen für ausbleibenden Schulerfolg, der auch ein Misserfolg der Schule ist[32], externalisieren zu können.

Auch in diesem Versuch, die Antinomie von Freiheit und Zwang aufzulösen, wird eine Paradoxie sichtbar. Erziehung, also die *psychische* Einwirkung auf Kinder, welche als bewusstseinsfähige Personen gesehen werden, die Gründen zugänglich sind und ihr Verhalten willentlich kontrollieren können, muss das, was sie erreichen will, immer schon voraussetzen. Die Erziehung kann aber die psychischen Voraussetzungen, unter denen sie das Geschäft der »Bildung der Sitten« aufnehmen kann, nicht selbst schaffen. Sie überlässt sie der vorgängigen Zucht, d. h. der *physischen* Einwirkung, die sie den Eltern überantwortet, die offensichtlich, aber unausgesprochen über andere Mittel (der Züchtigung) verfügen als die Schule.

In heutiger Terminologie würde auch Hegel Verhaltenskonditionierung, bewehrt mit positiver und negativer Sank-

---

29 G. W. F. Hegel, Rede zum Schuljahrabschluß am 14. September 1810. In: Theorie Werkausgabe Bd. 4. Frankfurt am Main: 1970, S. 334, (Hervorh. i. O.)
30 ebd.
31 ebd., S. 335
32 Das hat PISA noch einmal ins Gedächtnis gerufen, wenn seither von einer »Produkthaftung« der Schule geredet werden kann (vgl. A. Schleicher, Gebildet, zufrieden und reich? Wie wirkt sich Bildung langfristig auf eine Gesellschaft aus? Radiovortrag am 17.10.2004 in SWR 2 »Aula«).

tionierung, die in der Familie stattfinden soll, von Erziehung und Unterricht unterscheiden, die auf die Zustimmung und Kooperationsbereitschaft des Zöglings zugleich zielt und darauf als Bedingung ihrer Möglichkeit angewiesen ist. Zucht schränkt das *Verhalten* ein, Erziehung soll darauf aufbauend zu sozialem, sinnvermitteltem *Handeln* befähigen, das nicht (mehr) von Furcht geleitet wird, sondern auf nachvollziehbaren und zustimmungsfähigen Gründen beruht.

4. Erziehung ist Disziplinierung

Aus einer distanzierten Beobachterperspektive ist das Verhältnis von Macht, Zwang, Erziehung und Disziplin eindeutig: Erziehung *ist* Disziplinierung, nur ihre Formen oder Techniken ändern sich im Lauf der Geschichte. Philippe Ariès, Norbert Elias und Michel Foucault haben mit unterschiedlicher Begrifflichkeit den Übergang von der traditionellen, ständischen, zur modernen, funktional differenzierten Gesellschaft als einen Prozess beschrieben, in dem es zu einer Umstellung der Herrschaftsweise kommt: Willkür, Gewalt und äußerer Zwang weichen zunehmend einer Regierungstechnik, die indirekt das Handeln der Menschen zu strukturieren sucht und dabei mit Selbstzwang und Selbstdisziplin, aber auch Selbsttätigkeit und Selbstwerdung rechnet. In diesem historischen Kontext entsteht das moderne Erziehungssystem.

Der postfeudale, absolutistische Staat entwickelt seit dem 17., 18. Jahrhundert in Europa ein Verwaltungssystem und beginnt sich für die Beschaffenheit der Bevölkerung, die auf seinem Territorium lebt, zu interessieren. Wo in der alten feudalen Ordnung der produzierte Reichtum nur abgeschöpft wurde, wird im Merkantilismus und Kameralismus mit Hilfe moderner Wissenschaften der Versuch gemacht, die Produktion selbst zu beeinflussen, die Bevölkerung im Rahmen einer politischen Ökonomie zu bewirtschaften und ihre Produktivität zu steigern. Ein erhöhtes Steueraufkommen nutzt Bürgern und Staat. Beispiele sind Maßnahmen zur Bekämpfung und Verhinderung von Seuchen, demographische Kalkulationen, Bewässerungsvorhaben oder präventive Projekte zur Eindämmung von Naturgewalten. Und zunehmend die Einrichtung von öffentlichen Schulen. Die Bevölkerung, aber auch der einzelne Mensch wird als Ressource und Quelle des Wohlstandes begriffen, zugleich aber mit der Aufgabe der Selbst(er)findung belastet.

In diesem historischen Kontext entstehen in Foucaults Terminologie »Disziplinargesellschaften«, die getragen werden von »Einschließungsmilieus« (Internaten!)[33] mit je eigenen Gesetzen, die das Verhalten nicht mehr nur durch Verbot und Strafe direkt normieren und einschränken. Das Individuum wird qua Mitgliedschaften, die Verhaltenserwartungen institutionalisieren, in verschiedene derartige Milieus lückenlos inkludiert: in die Kleinfamilie, die Schule, das Heim, später die Kaserne, die Fabrik, das Krankenhaus und nötigenfalls das Gefängnis. Der Staat sucht die Lebensführung seiner Bürger indirekt zu beeinflussen durch Zeit-

---

33 Wenn man statt »Einschließung«, das gleich ans Gefängnis erinnert, Inklusion setzt, findet die These Anschluss an die systemtheoretische Sicht auf das Problem. Luhmann etwa stellt sich vor, dass die Menschen in die Gesellschaft kommen, indem sie in mehrere ihrer Funktionssysteme bzw. deren Organisationen gleichzeitig inkludiert werden (vgl. N. Luhmann, Inklusion und Exklusion. In: Helmut Berding (Hrsg.), Nationales Bewußtsein und kollektive Identität, Frankfurt am Main 1994: S. 15–45). Dies kann, muss aber nicht geschehen. Die Möglichkeit der Nicht-Inklusion oder der Exklusion ist für das Individuum folgenreich, nicht nur im Bezug auf das Wirtschafts- bzw. Beschäftigungssystem.

Raum-Ordnungen, welche die Wirkungen der individuellen Kräfte bündeln sollen. Wissenschaft, Organisation und Verwaltung schaffen sozialisatorische Umgebungen, die das Leben der Menschen indirekt strukturieren und lenken. Diese nicht mehr nur repressive, sondern *produktive* Anwendung der Macht (»leben machen«), die auf äußere Gewalt zunehmend verzichten kann, will der Organisation von Entwicklungen »zum Besseren« dienen. Wo Elias einen Fortschritt der Zivilisation sieht, weist Foucault auf die Ambivalenz der Entwicklung hin, die auch eine Effektivierung der Macht bewirke, die auf Subtilität und Verbergung beruhe. Das neue »Machtdispositiv«»macht uns glauben, dass es darin um unsere Befreiung geht«[34].

Mit den sozialisatorischen Milieus erweitert sich das Spektrum der Disziplinartechniken. Wie der Regierung stehen auch der Schule als dem neu entstehenden Einschließungsmilieu der Kinder drei unterschiedliche Techniken der Führung und Beeinflussung zur Verfügung[35]. Zu unterscheiden ist *erstens* das direkte Einwirken auf den Körper und die Handlungen mit Gewalt, Zwang, Drohung mit Gewalt, Demütigung und Verletzung der Integrität; es handelt sich um *instrumentelle Macht*[36], die Furcht und Angst verbreitet, aber auch Widerstand, u. U. auch die Solidarisierung der Unterdrückten provoziert, die durch ein System von Überwachung, Strafen und Belohnungen gebrochen werden müssen. Die pädagogische Version dieser Führungsweise wäre die auf Seite 214 schon angesprochene physische Erziehung: eine

---

34 M. Foucault, Sexualität und Wahrheit Bd. 1: Der Wille zum Wissen. Frankfurt am Main: 1977, S. 190
35 Vgl. für das Folgende auch N. Ricken, Die Ordnung der Bildung. Beiträge zu einer Genealogie der Bildung, Wiesbaden: 2006, S. 97ff.
36 H. Popitz, Phänomene der Macht. Autorität, Herrschaft, Gewalt, Technik, Tübingen: 1992, S. 43ff.

auf mechanischem Zwang beruhende, mit Strafen bewehrte *Zucht*, die in der Schule die Transformation der Regierungstechniken überdauert.

Indirekte Führung wird praktiziert, wenn *zweitens* durch strukturelle Rahmenbedingungen Handlungsmöglichkeiten eingeschränkt oder in bestimmte Bahnen gelenkt werden. Strukturelle Gewalt als *Strukturmacht* der verschiedenen Einschließungsmilieus regelt den Zugang zu Optionen, weist Menschen Positionen zu und schließt andere Möglichkeiten aus. Die pädagogische Version dieser Führungsweise, die gleichsam nachholend im 20. Jahrhundert auch in die Schule übernommen wird, wäre das Vertrauen auf die strukturierende Kraft der Institution und ihrer Organisation, das Arrangement von Lernumwelten und Lehr-Lern-Gemeinschaften, die Herbeiführung von Erfahrungen der Notwendigkeit, die durch die Sache entsteht.

Auf die Formung des Selbstverhältnisses zielt *drittens* eine *Konditional- oder Pastoralmacht* (Foucault), die nicht nur Überzeugungen, Einstellungen, das Erleben oder den Glauben der Menschen zu beeinflussen, sondern ihre Psyche selbst zu figurieren sucht, um so eine »innere Macht«[37] zu etablieren, die das Orientierungsbedürfnis der Menschen ausnutzt und eine eigene innere Orientierungs- und Kontrollinstanz etabliert. Es geht nicht mehr um die Beeinflussung des Handelns, sondern um den Aufbau einer von Freud, Mead, Piaget, Erikson u. a. beschriebenen psychischen Struktur, welche die Verinnerlichung der äußeren Erwartungen erlaubt. Genau diese Struktur hervorzubringen hat sich die moderne Pädagogik vorgenommen, wenn sie als ihr Ziel die *moralische* Bildung der Subjekte bestimmt, denen sie Au-

---

37 ebd., S. 28

tonomie als selbstbestimmte Unterwerfung unter die Regeln der praktischen Vernunft abverlangt.

In dieser systematischen Klassifikation von Strategien der Machtausübung im Sinne der Beeinflussung von Menschen zeigt sich zugleich bei diachroner Betrachtung die von Elias auf gesellschaftlicher Ebene beschriebene zivilisatorische Tendenz der Verminderung unmittelbarer Gewaltanwendung, die nur noch als letztes Mittel bereitgehalten wird, sowie umgekehrt eine Zunahme indirekter, kontextbezogener Formen der Beeinflussung der Handlungsoptionen, des Erlebens und der Formung des Selbst. Foucault hat die Effektivierung der Macht darin gesehen, dass die Regierung von der direkten Führung zur indirekten »Führung der Führungen«[38] übergeht. »Subjektivität« ist in diesem Verständnis selbst ein Effekt der Macht, Freiheit und Autonomie sind Zumutung und Illusion zugleich[39]. Im Begriff der Governementalität[40] ist der Gedanke geronnen, dass stabile und effektive Machtausübung ein Widerlager in der Mentalität der Regierten voraussetzt, das ständig neu erzeugt werden muss. Das zu erreichen wird als Aufgabe der öffentlichen Erziehung zugewiesen. Sie ist in diesem Verständnis Teil der auf Wissenschaft (Disziplin!) basierenden Disziplinarmacht, die sich zu einer säkularen Pastoralmacht transformiert, die wie der gute Hirte für die Schafe sorgt, sie führt und zusammenhält – notfalls mit Gewalt.

---

38 M. Foucault, Das Subjekt und die Macht. In: Hubert L. Dreyfus/Paul Rabinow (Hrsg.): Jenseits von Strukturalismus und Hermeneutik. Frankfurt am Main: 1987, S. 243–261

39 A. Schäfer, Autonomie – zwischen Illusion und Zumutung. In: Vierteljahrsschrift für Wissenschaftliche Pädagogik 72, 1996, S. 175–189

40 M. Foucault, Die Governementalität (1978). In: Ulrich Bröckling/Susanne Kasmann/Thomas Lemke (Hrsg.), Governementalität der Gegenwart. Studien zur Ökonomisierung des Sozialen. Frankfurt am Main: 2000

5. Einschränkungen der Macht der Erziehung

Aber kann die Erziehung, was von ihr erwartet wird? Konnte sie es jemals, und kann sie es heute noch? Aus differenzierungstheoretischer Sicht wird man an der Macht der Erziehung eher zweifeln. In den semantischen Umdeutungen der Antinomie von Freiheit und Zwang, die vor dem Erziehungsproblem ausweichen, sind die Irritationen des pädagogischen Selbstverständnisses bereits zu erkennen. Die Konzepte der ›Bildung‹, ›Entwicklung‹ und ›Sozialisation‹ reagieren auf die empirische Erfahrung, dass die Erziehung ihre Absichten nicht zuverlässig realisieren kann. Das liegt an dem Umstand, dass jede pädagogische Absicht unhintergehbar durch die eigensinnige Interpretation des Adressaten gebrochen wird. Der Sender kann den Empfang der Botschaft so wenig kontrollieren, wie man sicher sein kann, dass ein Ball, der geworfen wurde, auch gefangen wird. Deshalb gibt es für eindeutig zurechenbare Wirkungen der verfolgten Absichten in der Erziehung schon aus methodologischen Gründen kaum Hinweise, nicht zuletzt, weil auch Nicht-Entscheidungen oder Unterlassungen Wirkung haben können. Wie für jedes Machtverhältnis stellt sich auch für das Erziehungsverhältnis das Problem der Unterscheidung von Kausalität und der Konstruktion der Zurechnung auf Intentionalität, solange diejenigen, auf die Macht ausgeübt werden soll, den an sie gerichteten Erwartungen entsprechen, ihnen zustimmen, sie aber auch ablehnen können.

Die Macht im Allgemeinen und die Erziehung im Besonderen haben es mit »doppelter Kontingenz« (Luhmann) zu tun, weil das jeweils anders mögliche Handeln des jeweils anderen auf das jeweils anders mögliche eigene Handeln zurückwirkt. Macht ist in Luhmanns Verständnis ein Medium, in dem ein Prozess der »Selektion von Verhaltensprämissen für einen anderen«[41] abläuft. Sie ermöglicht die kommunikative, Einfluss nehmende Handhabung der doppelten Kontingenz, mit der die Wahrscheinlichkeit erhöht werden soll, dass erwünschte Selektionen zustande kommen. Macht funktionierte dann wie ein Katalysator, der fremdes Erleben modifiziert. Wenn versucht würde, mit Zwang oder Gewalt das Handeln des anderen zu determinieren, um im Bild zu bleiben, das Fangen des Balles zu erzwingen, wäre dies gleichbedeutend mit dem Versuch, fremdes Handeln durch eigenes Handeln ersetzen zu wollen. Damit käme man auf dem Weg zur effektiven »Führung der Führungen« nicht weit.

Zusätzlich zu dieser grundlegenden Problematik fehlender Kausalität, die für jegliche Beeinflussungskommunikation gilt, gerät der Pädagoge als Kinderführer und Verwalter der Kindheit in der modernen Gesellschaft zunehmend in die Lage, sein Monopol stellvertretenden Wissens (»Wissen, was gut ist«) gegen mächtige Miterzieher nicht mehr behaupten zu können. Mit den neuen elektronischen Informations- und Unterhaltungsmedien, die jederzeit und für jedermann zugänglich sind, kann die Aneignung von Wissen pädagogisch nicht mehr kontrolliert werden. Aus der Alleinstellung des disziplinären Wissens beziehen Schule und Hochschule aber bis zu dem Moment, da der Zögling selbst über das Wissen und die Selbstdisziplin verfügt, ihre Legitimation zur Intervention, auch und gerade ihre Disziplinarmacht, ihre Lizenz zur Anwendung von Zwang.

Die doppelte »Entgrenzung des Pädagogischen«, seine Diffusion über die traditionellen Orte der Erziehung hinaus[42],

---

41 N. Luhmann, Klassische Theorie der Macht: Kritik ihrer Prämissen. In: Zeitschrift für Politik 16, 1969, S. 168
42 Vgl. J. Kade/W. Hornstein/C. Lüders, Entgrenzung des Pädagogischen. In: Heinz-Hermann Krüger/Werner Helsper (Hrsg.): Einführung in Grund-

seine Ausdehnung über die ganze Lebenszeit zu einem prinzipiell nie abgeschlossenen »lebenslänglichen Lernen«[43], löst das institutionelle Einschließungsmilieu Kindheit auf, bringt Kindheit in der eingängigen Formel von Neil Postman[44] »zum Verschwinden«. Die Medien, welche die Wirklichkeit erzeugen, in der wir leben[45], haben sich zu mächtigen Miterziehern aufgeschwungen, die gar nicht erziehen wollen, das aber um so wirksamer tun, indem sie die Lebenswelten der Kinder mit Soft- und Hardware ausstatten. Das macht Erziehung nur noch dringlicher.

Die Entgrenzung des Pädagogischen und das vielfältige Angebot der Neuen Medien machen die absichtsvolle, institutionell gefasste Erziehung unübersehbar zu einem Element unter vielen anderen im Strom der ungesteuerten Sozialisation und persönlichen Entwicklung. Jedenfalls wird fraglich, ob die in der funktional differenzierten Gesellschaft geforderte flexible Subjektformation[46], die eine Inanspruchnahme des Einzelnen durch die verschiedenen Funktionsysteme wahrscheinlich macht, »nur durch pädagogisches Handeln ermöglicht werden könnte«[47], und zu welchem Zeitpunkt der Entwicklung und an welchem Ort die Erziehung dann stattfinden sollte. Gestellt ist damit die Frage nach dem Füh-

---

begriffe und Grundfragen der Erziehungswissenschaft, Opladen: 1995, S. 207–216.

43 Vgl. J. Kade/W. Seitter, Lebenslanges Lernen – Mögliche Bildungswelten. Erwachsenenbildung, Biographie und Alltag, Opladen: 1996

44 N. Postman, Das Verschwinden der Kindheit, Frankfurt am Main: 1995

45 Vgl. N. Luhmann, Die Realität der Massenmedien. Opladen: 1995

46 R. Sennett, Der flexible Mensch. Die Kultur des neuen Kapitalismus, München: 2000

47 A. Schäfer, Macht – ein pädagogischer Grundbegriff? Überlegungen im Anschluß an die genealogischen Betrachtungen Foucaults. In: Norbert Ricken/Markus Rieger-Ladich (Hrsg.): Michel Foucault: Pädagogische Lektüren, Wiesbaden: 2004, S. 159 (Hervorh. FOR)

rungsanspruch der Pädagogen und seiner Legitimation im 21. Jahrhundert.

6. Das Verschwinden der Agogen

Es gibt in der deutschen Sprache drei Berufsgruppen, in deren Bezeichnung sich der griechische Wortstamm *agog-e*: Führer erhalten hat: Dem-agoge, Päd-agoge[48] und Myst-agoge, wobei der letzte Begriff ganz und gar ungebräuchlich (geworden) ist[49]. Bei Max Weber kann man lesen:»Der ›Demagoge‹ ist, seit es den Verfassungsstaat und vollends seit es die Demokratie gibt, der Typus des führenden Politikers im Okzident«. Und er fügt hinzu:»Der unangenehme Beigeschmack des Wortes darf nicht vergessen lassen, dass nicht Kleon, sondern Perikles der erste war, der diesen Namen trug«[50]. Der Demagogie bedienen sich politische Führer, wenn es darum geht,»das Vertrauen und den Glauben der Massen an sich und also seine Macht mit massenpsychologischen Mitteln« zu gewinnen[51]. Das spezifische Mittel ist das Plebizit, das keine gewöhnliche»Abstimmung« oder»Wahl« ist,»sondern die Bekennung eines ›Glaubens‹ an den Führerberuf dessen, der für sich diese Akklamation in Anspruch nimmt«[52].

---

48 Mit den Neubildungen ›Andragoge‹ und ›Psychagoge‹, wobei letzterer sich mittlerweile aber zu einem Kindertherapeuten entwickelt hat.

49 Diese Einsicht verdanke ich einem Aphorismus Arno Schmidts:»Solange es Gogen gibt, bin ich Demagoge!« aus dem Jahre 1957, den mir der Bildhauer Dietz Eilbacher»gesteckt« hat, sowie dem Kollegen Tilman Allert, der»seinen« Max Weber genau kennt. Das gebundene Morphem ›agog‹ findet sich außerdem noch in Syn-agog-e und Agog-ik.

50 M. Weber, Wirtschaft und Gesellschaft. Tübingen: 1956, S. 1052

51 ebd.

52 ebd.

Macht, die aus dem Glauben an einen Führer kommt, kann das Muster der Legitimation »legaler Herrschaft qua Satzung« hin zur »charismatischen Herrschaft« verschieben, die auf »Autorität, der außeralltäglichen persönlichen *Gnadengabe* (Charisma)« beruht. »Die Hingabe an das Charisma (des Führers) (…) bedeutet, dass er persönlich als der innerlich ›berufene‹ Leiter der Menschen gilt, dass diese sich ihm nicht kraft Sitte oder Satzung fügen, sondern weil sie an ihn glauben«[53].

Wie die Dem-agogen lassen sich auch die Myst-agogen nach Indien, Vorderasien und in das antike Griechenland zurückverfolgen. Der Mystagoge ist der antike Priester, der den Zugang zu den Mysterien verschafft. Er »praktiziert Sakramente, d. h. magische Handlungen, welche Heilsgüter verbürgen«[54]. Er besitzt keine *ethische* Lehre, sondern eine »vornehmlich erblich fortgepflanzte Kunstlehre«, und, so fügt Weber an: »Auch pflegt er von seiner vielbegehrten Kunst ökonomisch existieren zu wollen«[55]. Man kann die Dienste der Mystagogen aufsuchen. Anders als Propheten haben sie keinen missionarischen Anspruch.

Auch die Päd-agogen haben historisch einen weiten Weg zurückgelegt von dem Sklaven, der die Kinder auf dem Schulweg begleitete, von den Betreibern der »Agoge« im totalitären Sparta, wo die Knaben abgehärtet und zu Kriegern herangezogen wurden, bis zu dem Herren über das moderne Einschließungsmilieu Schule mit ihren Glacisorganisationen, in dem sie auf lange Zeit neben dem Staat (und seiner Polizei) einen Führungsanspruch zu behaupten wussten, der sogar ein Monopol legitimer physischer und dann psychischer Gewaltsamkeit über Kinder einschließt.

---

53 a.a.O., S. 1044
54 M. Weber, a.a.O., S. 352f.
55 ebd.

Demagogen und charismatische Führer sind im modernen Verfassungsstaat in Verruf geraten. Man verlässt sich lieber auf eine Verfassung und auf pflichtbewusste Staatsdiener, unabhängige Richter und wissenschaftlich ausgebildete Experten, also -*ologen*. Im Zuge der Umstellung auf Schriftreligionen hat sich mit der funktionalen Differenzierung in der modernen Gesellschaft ein eigenes, geschlossenes Religionssystem ausgebildet, in das Mystagogen sich als Schriftgelehrte, Priester und Pfarrer zurückgezogen haben. In der christlichen Welt haben sie ihren Platz im »vergesellschafteten Heilsbetrieb« der Klöster, Kirchen und Religionsgemeinschaften gefunden, aber neuerdings auch im weiten Feld der Psycho-Therapie. Religion wurde zur Privatsache. Der zeitweise erhobene Anspruch, auch die Führung der Kinder zu übernehmen, ist den Kirchen mit der Säkularisierung, endgültig nach der französischen Revolution, von den Nationalstaaten entwunden worden, die ein eigenes Funktionssystem für öffentliche Erziehung etablieren konnten.

Aber wie steht es heute um den Führungsanspruch der noch verbliebenen Pädagogen? Wie können sie – auch und gerade nach der Erfahrung der verschiedenen Totalitarismen und ihrer Rolle darin – ihren Anspruch auf »geistige Führung«, ihren »missionarischen Kulturwillen« in einer funktional differenzierten, demokratisch verfassten, pluralistischen Gesellschaft behaupten, wie ihre Forderung auf Autorität und Gehorsam begründen, wie ihr Eingreifen in die Existenz anderer Menschen legitimieren? Wie soll man erziehen, wenn direkter Zwang und physische Gewalt zivilisatorisch und regierungstechnisch überholt, die Welt durch Wissenschaft entzaubert, das Muster der charismatischen Herrschaft historisch delegitimiert und der Führungsanspruch qua besseren Wissens von der Realität der Mediengesellschaft außer Kraft gesetzt ist?

Seit Kants Parallelisierung von Regierungs- und Erziehungskunst, seit der Ablösung der Erziehung aus der Religion, haben Pädagogen auf der Suche nach normativem Halt versucht, das Erziehungsverhältnis analog zu politischen Herrschaftsformen zu modellieren. Sobald die Herrschaft qua Legalität in einer Republik mit demokratisch legitimierten Institutionen und transparenten Entscheidungsprozeduren favorisiert wird, man also nicht mehr dem Charisma folgen oder sich nicht auf den Charakter der Regierenden verlassen will, sondern auf eine Verfassung vertraut, liegt der Gedanke nahe, auch die Legitimationsbasis der Erziehung umzustellen und der Schule eine entsprechende Verfassung zu geben, sie zu »demokratisieren« und zu einem Ort zu machen, an dem die demokratischen Tugenden erzeugt und eingeübt werden können.

Dazu musste man in Deutschland – auch schon vor 1945 – Lösungen jenseits der geisteswissenschaftlichen Pädagogik etwa im amerikanischen Pragmatismus suchen. Dann stößt man auf John Deweys Gleichsetzung von Demokratie mit seinem Konzept der schulischen Gemeinschaft; man findet Paul Geheebs Betonung der zentralen Bedeutung der Schulversammlungen in seiner international orientierten Odenwaldschule; und schließlich Hartmut von Hentigs Konzeption der Laborschule der Universität Bielefeld, der seine Schule als Polis nach dem Vorbild der athenischen Demokratie zu organisieren suchte.

Die Demokratisierung der Schule hat Grenzen, die in der Erziehung selbst liegen. Wenn zugleich mit dem Adjektiv demokratisch noch die Eigenschaft »liberal« assoziiert wird, steht die Erziehung erneut vor einem Paradox. Verbieten die Grundsätze der Liberalität nicht die Festlegung auf einen bestimmten Lebensentwurf, ein bestimmtes Menschenbild, eine bestimmte Ideologie und sei es die des Liberalismus und Pluralismus selbst?[56] Das grundsätzlich asymmetrische Generationenverhältnis von Erzieher und Zögling, das eine zielgerichtete Intervention ermöglichen soll, ist nicht zu liberalisieren. Es kann nicht durch Relativierung von Zielen, Gleichberechtigung oder Mehrheitsentscheidungen aufgehoben werden. Pädagogen begingen einen Kategorienfehler, wollten sie über Erziehungsfragen, d. h. über die Inhalte wie über die Prozeduren und die Ziele unter Gleichen im Stile der deliberativen Demokratie verhandeln oder abstimmen lassen. Man kann Schule nicht als Kundeninformation organisieren, auch nicht »Demokratie spielen«, wie das Erlöschen der sogenannten »Schülermitverwaltung« zeigt, die in ihrem manipulativen Scheincharakter schnell durchschaut war. Das waren gut gemeinte Versuche.

Mit der Erwartung allerdings, dass Erziehung in einem demokratisch verfassten Rechtsstaat die zivilisatorisch erreichten Standards des gewaltfreien zwischenmenschlichen Umgangs nicht unterschreiten darf, eingeschlossen die Anerkennung des Erziehungsrechts der Eltern und der persönlichen Integrität auch der Kinder, muss sich die Schule auseinandersetzen. Dabei handelt es sich um eine normative, politisch-moralisch begründete Forderung, welche die Disziplinierungspraxis der Anwendung von körperlichem und psychischem Zwang begrenzen will. Die Grenzen sind aber, wie Buebs Intervention zeigt, gerade in liberal und plural organisierten Gemeinwesen höchst umstritten.

Sowohl John Dewey wie Paul Geheeb und auch Hartmut von Hentig, die eine links-liberale, vom amerikanischen Pragmatismus beeinflusste Tradition der Reformpädagogik repräsentieren, haben versucht, der demokratischen Erwar-

---

56 Vgl. den Überblick zu dieser Diskussion bei F. Heyting, Kontingenz und Common Sense. Zwischen Liberalismus und Kommunitarismus. In: ZfE 1. Jg. (1998) Heft 3, S. 341–357

tung an die Erziehung Rechnung zu tragen, indem sie wie andere Reformpädagogen auch den *Führungs*anspruch aufgegeben und zu der ersten Bedeutung des Wortes Päd-agoge als *Begleiter* der Kinder zurückgekehrt sind.

Deweys Vorstellung von dem Lehrer, der nicht in der Schule sei,»um bestimmte Vorstellungen durchzusetzen oder bestimmte Verhaltensformen des Kindes zu erzwingen«, sondern der»die Einflüsse auswählt, die das Kind bilden« und der»ihm dabei hilft, auf diese Einflüsse angemessen zu reagieren«[57], kommt der Vorstellung von realistischer Machtausübung bei gegenseitiger Anerkennung von Autonomie, wie Niklas Luhmann sie definiert hat, schon sehr nahe. Wenn es in der besonderen Form der Beeinflussungskommunikation »Erziehung« darauf ankommt, ein»Prozessieren von Kontingenz« zu organisieren, indem man durch»Selektion von Verhaltensprämissen für einen anderen« die Wahrscheinlichkeit *bestimmter* Selektionen und Anschlussmöglichkeiten zu erhöhen sucht[58], dann ist damit zugleich auch beschrieben, was moderne Professionen, die ihre Aufgaben in der Interaktion mit ihren Klienten erbringen, leisten können: die stellvertretende Deutung des Erlebens anderer auf der Basis wissenschaftlichen Wissens mit dem Ziel, dem Klienten Deutungs- und Handlungsalternativen zu eröffnen, die er selbst beschreiten kann[59]. Dieses Konzept nimmt gleichermaßen die Verantwortung des Erwachsenen gegenüber den Kindern

---

57 J. Dewey, Mein pädagogisches Credo (1897). In: Helmut Schreier (Hrsg.), Rekonstruktion der Schule. Das pädagogische Credo des John Dewey und die heutige Erziehungspraxis. Stuttgart 2001, S. 14
58 Vgl. N. Luhmann, Macht, Stuttgart: 1975, S. 11
59 Vgl. U. Oevermann, Theoretische Skizze einer revidierten Theorie professionellen Handelns. In: Arno Combe/Werner Helsper (Hrsg.): Pädagogische Professionalität. Untersuchungen zum Typus pädagogischen Handelns. Frankfurt am Main: 1996, S. 70–182. Die Antwort auf die Legitimationsprobleme der Erziehung ist nicht Demokratie, sondern Pro-

wahr, wie es die Tatsache fehlender Kausalität ernst nimmt und damit rechnet, dass nicht-pädagogische Einflüsse vom Kind verarbeitet werden und der Pädagoge darauf reagieren muss.

Auch Paul Geheebs flexibles System frei wählbarer Kurse, das die Jahrgangsklassen ablösen sollte, sowie seine Vorstellung einer dauernden, vereinbarten Revision der Organisation und der Inhalte der Schulgemeinde, ist Ausdruck eines radikalen Umdenkens, das sich von dem Anspruch, dass Bildung *top-down* plan- und vermittelbar sei, verabschiedet hat. Für Geheeb konnte die Konsequenz nur lauten, sich zu bescheiden, den Begriff der geplanten und kontrollierten Erziehung auch schon in der Schule zurückzunehmen und mit Blick auf psychologische Erkenntnisse durch »Entwicklung« oder mit Blick auf soziologische Beobachtungen durch »Sozialisation« zu ersetzen.

Geheeb, der – zunächst mit Hermann Lietz befreundet, bald mit ihm zerstritten – die Odenwaldschule begründet hatte und 1936 vor den Nationalsozialisten in die Schweiz ausweichen musste, spricht sich für »Abrüstung im Lager der Erwachsenen« aus und meint damit nicht nur die Lehrpläne und standardisierten Leistungskontrollen. »Ich würde am liebsten die Ausdrücke ›Erziehung‹ und ›erziehen‹ überhaupt nicht mehr gebrauchen, sondern vorziehen, von menschlicher Entwicklung zu sprechen«[60]. Der Mensch befinde sich in einer andauernden, zunächst unbewussten, zunehmend bewusster werdenden Auseinandersetzung mit seiner natürlichen und kulturellen Umwelt. Die empfangenen Eindrücke dienen als »Bildungsstoffe«, die das Individuum sich zu eigen

---

fessionalität. In der Profession findet dann auch das Charisma einen professionsethisch vertretbaren Platz.

60 P. Geheeb (1936), zitiert bei M. Näf, Paul Geheeb. In: Heinz-Elmar Tenorth (Hrsg.), Klassiker der Pädagogik, Band 2. München: 2003, S. 95

machen, verarbeiten oder verwerfen kann. Der Erwachsene tritt aus der Rolle des Lehrers oder Erziehers zurück in die Rolle eines Freundes und Beraters, dessen Aufgabe ähnlich wie bei Dewey darin besteht, »Lebensräume zu schaffen und zu erhalten, in denen die Heranwachsenden sich frei bewegen und entfalten können«[61].

In der Terminologie der modernen Professionstheorie geht der Lehrer mit den Schülern ein durchaus asymmetrisches Arbeitsbündnis ein, in dem das Erziehungsverhältnis gleichwohl enthierarchisiert und aus dem personalisierten »pädagogischen Bezug« gelöst wird. Nicht der Lehrer und seine Ziele, nicht das Kind und seine Bedürfnisse stehen im Mittelpunkt der Erziehung, sondern die Aufgabe, mit der das Kind sich konfrontiert sieht und die es bewältigen soll. Dann tritt an die Stelle einer Auseinandersetzung zwischen Schüler und Lehrer die Auseinandersetzung der Schüler mit der (Notwendigkeit der) Sache. Der Lehrer wird zum Berater, oder wie Hermann Giesecke später formuliert hat, zum Lernhelfer seiner Schüler.

Der Vorrang, dem »soziales Lernen« etwa auch in von Hentigs Bielefelder Laborschulkonzept vor dem formalen Lernerfolg beigemessen wird – einander gelten lassen, einander dulden, miteinander auskommen, zusammenarbeiten, Konflikte friedlich lösen – ist Ausdruck einer Erziehungsvorstellung, welche die Kinder und Jugendlichen stärken will, damit sie die Herausforderungen einer unvorhersehbaren Zukunft in Familie, Politik und Wirtschaft bestehen können.

Die neue pädagogische Kontingenzformel »Lernen des Lernens« ersetzt das Konzept »Bildung«. Es geht nicht mehr um Wissenserwerb, sondern um die Kompetenz, selbsttätig Wissen zu erschließen und anzueignen, um heute noch un-

---

61 ebd.

bekannte, zukünftig sich stellende Probleme lösen zu können. In dieser Wendung wird Foucaults Formel von der »Führung der Führungen« wieder erkennbar, die Strukturbildungen auf der Seite des Individuums beschreibt. Man kann darin beides sehen: eine erweiterte Freiheit des Subjekts, aber auch die Machtergreifung der herrschenden Rationalität über den Menschen.

Solche liberal-demokratischen Erwartungen, die darauf zielen, Urteilsfähigkeit und die Selbstständigkeit des Einzelnen zu stärken, sind nie unumstritten, sondern bleiben gesellschaftspolitisch umkämpft. Werden sie als Teil eines herrschenden bildungspolitischen Konsenses in konkrete Politik umgesetzt, rufen sie kommunitaristische Reaktionen hervor, die dann gemeinschaftliche Werte betonen[62]. Vor dem Hintergrund eines spezifisch-traditionellen Verständnisses von Erziehung, das die Transformation der Machttechniken von direkter und struktureller Gewalt zur subtileren »Führung der Führungen« nicht mitvollzogen hat, können Liberalisierung und Demokratisierung dann als »Entwaffnung« der Pädagogen in ihrem täglichen »Erziehungskampf« beklagt werden.

7. Regression in die Kontrollgesellschaft

Bernhard Bueb plädiert für Wiederaufrüstung. Seine Vorschläge, das Disziplinproblem nach bewährten Prinzipien neu zu ordnen, wirken vor dem Hintergrund der Wirkungs- und Legitimationsprobleme, in welche die Pädagogik in der modernen Gesellschaft geraten ist, auf den ersten Blick regressiv und merkwürdig hilflos. Man kann vielleicht nicht er-

---

62 Vgl. Heyting, a.a.O.

warten, dass Bueb sich den systematischen Problemen der Legitimation pädagogischer Interventionen stellt. Man hat aber auch nicht den Eindruck, dass hier für das »operative Geschäft« ein zukunftsorientierter Entwurf vorgetragen wird, der den neuen Gegebenheiten und den Herausforderungen gerecht zu werden versucht, vor denen die Erziehung steht.

Bueb bedient sich selektiv aus dem vorgefundenen Repertoire der Reformpädagogik, wobei er Strategien bevorzugt, die Strukturmacht mit der instrumentellen Macht der direkten körperlichen Einwirkung verknüpfen. Sein pädagogisches Credo kulminiert, ganz in der Tradition der Landschulheimbewegung, in der Forderung nach »gestalteten Gemeinschaften«[63], ja er empfiehlt ganztägig »von Erwachsenen geführte Gemeinschaften«[64] jenseits der Familie, die bereits im ersten Lebensjahr zu beginnen hätten. Das alles gewinnt Kontur erst durch drei immer wieder besonders betonte Elemente: Führung, Pflicht/Verpflichtung und Strafe.

Wo die strukturierende Disziplinierung durch die Notwendigkeit, die aus der Sache kommt, noch nicht reicht, soll das Einschließungsmilieu Schule nach dem Muster des Internats obligatorisch für alle Schüler auf den ganzen Tag und auf alle Lebensvollzüge ausgedehnt werden. Wenn das nicht genügt, soll ein ganzes Arsenal von körperlich und seelisch wirkenden Strafen greifen. Das reicht von physischen Einwirkungen wie Strafarbeiten, »Nachsitzen«, »fünfzehn Stunden dem Hausmeister helfen« und Freiheitsentzug; es geht über Exempel statuieren, Zerbrechen der Solidarität der Schüler durch Unnachgiebigkeit, zeitweiligen Ausschluss aus dem Unterricht (»drei Tage nach Hause fahren [müssen], um sich mit den Eltern auseinanderzusetzen«[65]), bis zum endgültigen

---

63 B. Bueb, a.a.O., S. 137
64 a.a.O., S. 139
65 a.a.O., S. 116

Schulausschluss (»fristlos entlassen«[66]). Es gibt Minuspunktekonten für Unpünktlichkeit und Unordnung[67] für die jüngeren Schüler, die zu mechanisch verhängten Strafen führen, es gibt das »Gespräch mit dem Direktor«[68] usw. Mit älteren Schülern werden Verhöre veranstaltet und schulöffentlich Gerichtsverfahren abgehalten[69], es werden nach einem Losverfahren Verdachtskontrollen (»tägliche Urinproben«[70] gegen verbotenen Drogen- und »Alkotestgeräte«[71] gegen Alkoholkonsum) eingesetzt, um Regelübertretungen eindeutig nachweisen zu können. Bei positivem Befund folgen entsprechende Strafen. Auch die Schülermitverwaltung, die am besten von der Schulleitung ernannt würde[72], sollte an der Kontrolle der Mitschüler beteiligt sein[73]. Wenn Schülervertreter Mitschüler wegen Fehlverhaltens anzeigen, sollte das nicht als »Denunziation« angesehen werden[74], vielmehr sollten die »Helfer« des Lehrers[75] wie in den vorbildlichen englischen Internaten »Privilegien« besitzen, z. B. »sich beim Essen nicht in die Warteschlange einreihen« zu müssen[76] usw. Das alles geschieht aus Liebe zu den Schülern und in ihrem Interesse.

Dieser kleine Einblick in die Disziplinarpraxis in Deutschlands bekanntestem Elite-Internat ist weniger ein Beleg dafür, dass es in der Pädagogik keine neuen Einsichten gäbe[77], wohl

---

66 a.a.O., S. 110
67 a.a.O., S. 112
68 a.a.O., S. 122
69 a.a.O., S. 117
70 a.a.O., S. 110
71 a.a.O., S. 111
72 a.a.O., S. 84
73 ebd.
74 a.a.O., S.87
75 a.a.O., S.84
76 a.a.O., S.89
77 a.a.O., S.171

aber dafür, dass das Repertoire des Strafens, das in der Schwarzen Pädagogik gesammelt ist, durch technische Aufrüstung wie Alkotestgeräte und Urinanalysen aktualisiert werden kann. Widerstand, Unterschleif und Opportunismus werden nicht ausbleiben.

Mit den normativen Erwartungen, die eine demokratische, an den Menschen- und Kinderrechten orientierte Ordnung an ihre Erziehung hat, und den daraus entstehenden paradoxen Folgen setzt sich Bueb nicht wirklich auseinander. Immerhin: Er schließt »körperliche Züchtigung« und »Liebesentzug« durch den Lehrer und das Strafen mit der »Notenpeitsche« ausdrücklich aus[78] und wendet sich auch – an diesem Punkt wohltuend konservativ – gegen die Psychologisierung abweichenden Verhaltens im Zusammenhang mit ADS oder Hochbegabung; auch in diesen Fällen sollen die Kinder und Jugendlichen »als moralische Subjekte« ernst genommen und also für ihr Verhalten verantwortlich gemacht – und bestraft – werden können.

Man könnte nun im Namen der Demokratie oder der Kinderrechte Buebs offenkundigen Affekt gegen die Demokratisierung der Schule als Dramatisierung und unangemessene Krisenbeschreibung (»Erziehungsnotstand«) bestreiten und den Versuch, durch die Restitution von Autorität und Gehorsam die praktischen Nöte der Pädagogen wie der Eltern im Umgang mit den widerspenstigen Kindern zu mildern, als antiquierten Reflex abtun oder auch skandalisieren, was da im Kloster Salem bei der Erziehung der zukünftigen Elite vorgeht. Wichtiger ist es, diesen Affekt und die öffentliche Resonanz, die das Buch erreicht hat, als Symptom der gegenwärtigen Tendenz zur Ent-Demokratisierung wichtiger gesellschaftlicher Bereiche zu begreifen. Kämpfe um die

---

78 a.a.O., S.121f.

Selbstverständigung in einem Gemeinwesen werden bevorzugt im Feld der Erziehung geführt. Buebs Plädoyer ist nicht nur regressiv, sondern auch irreführend. Es lenkt von der Tatsache ab, dass auf der Basis einer alternativen Krisenbeschreibung, die Probleme des Sozialstaates zum Ausgang nimmt, in den deutschen Schulen derzeit eine Umstellung begonnen hat, die dort ein viel moderneres Disziplinarregime als das historisch überkommene von Autorität und Gehorsam installieren wird, das gerade darauf zielt, Demokratisierungen rückgängig zu machen. Während Bueb noch von der Verallgemeinerung der alten, streng-liebvollen Landschulerziehung träumt, die sich zu seinem Bedauern in das traditionsreiche England zurückziehen musste, hat dort wie hier und anderswo in der OECD-Welt der Umbau der Schulen und Hochschulen zu *Unternehmen* begonnen, die fortan unter Effektivitäts- und Effizienzgesichtspunkten, orientiert an betriebswirtschaftlichen Kriterien, mit neuen Techniken der Personalführung gesteuert werden. An die Stelle des liberalen Konsenses über Ziele und Prozeduren der Erziehung in einer demokratisch verfassten Gesellschaft ist eine *neo*-liberale Deutungshegemonie getreten, die seit dem wohlinszenierten PISA-Schock[79] die Agenda der Bildungspolitik bestimmt.

Der derzeitige Umbau des Erziehungs- und Wissenschaftssystems folgt einer Krisenbeschreibung, die wieder etwas mit der Bewirtschaftung des Human-Kapitals zu tun hat, aber im Gegensatz zur vergehenden Disziplinargesellschaft eine neue Form der *Performanzkontrolle* praktiziert. Aus der unabweis-

---

79 F.-O. Radtke, Die Erziehungswissenschaft der OECD. Aussichten auf die neue Performanz-Kultur. In: D. Nittel/W. Seitter (Hrsg.), Die Bildung des Erwachsenen. Erziehungs- und sozialwissenschaftliche Zugänge, Bielefeld: 2003, S. 277–304

baren Einsicht in die Autonomie der Funktionssysteme und
ihrer Organisationen, aus der Einsicht in die Eigensinnigkeit
der Zöglinge, die sich von außen – durch *input*-Steuerung –
nicht zuverlässig beeinflussen bzw. erziehen lassen, werden
weitreichende steuerungstechnische Konsequenzen gezogen,
die bis auf die Ebene der pädagogischen Interaktion durch-
schlagen. Wir erleben auch in der Erziehung einen Regime-
wechsel[80].

Wird eine Schule oder Hochschule auf *output*- oder Kon-
textsteuerung umgestellt, werden Ziele vereinbart, die auf in-
tra- oder internationalem Vergleich (*benchmarks*) vergleich-
barer Organisationen beruhen. Gemessen werden vor allem
Niveaus der Problemlösekompetenz in verschiedenen Wis-
sensdomänen, wie sie regelmäßig von PISA ermittelt werden.
Das ist »normative Empirie«[81], welche eine deliberative Verständigung über die Ziele der Erziehung ersetzt. Das Verfah-
ren wird als Entideologisierung der Bildungspolitik präsentiert, ist aber in seiner technologischen und ökonomischen
Verengung selbst Ideologie. Die Legitimation von Erziehungsmaßnahmen wird aus rechnerischen Effektivitäts- und
Effizienzmaßen bezogen, die allein an ökonomischer Verwer-
tung ausgerichtet sind. Die »Führung der Führungen« über-
nimmt die Wirtschaft gleich selbst – vorbei an der Politik
und der Pädagogik, die selbst nach betriebswirtschaftlichen
Gesichtspunkten geführt werden.

Da aus den regelmäßig in Rankings präsentierten Ver-
gleichsdaten kein Hinweis auf konkrete Strategien der Reform entnommen werden kann, geraten Schulen und Fakul-

---

80 F.-O. Radtke, Das neue Erziehungsregime. In: Vierteljahrsschrift für Wissenschaftliche Pädagogik, Heft 1/2006, S. 121–126
81 L. Koch, Normative Empirie. In: Kritik der Evaluation von Schulen und
Universitäten. Mit Beiträgen von M. Heitger, A. Hügli, L. Koch u. a. Würz-
burg: 2004, S. 39–55

täten unter einen diffusen Druck zur »Verbesserung«[82]. Unter Bedingungen eines (künstlich forcierten) Wettbewerbs um knappe Ressourcen und Klienten könnten die rechnerisch ermittelten Ziele nur um den Preis erheblicher Nachteile für den Bestand der Organisation oder die Position des Einzelnen in der Organisation abgelehnt werden. Wenn die Schule für die (schlechten) Leistungen der Schüler verantwortlich gemacht wird, werden Schüler und Eltern ihrerseits von der Schule durch Tests, Kontrakte, Kontrollen und ständige Überprüfungen unter einen bisher nicht gekannten Erwartungs- und Zeitdruck gesetzt, dem nur noch um den Preis des Ausstiegs zu entgehen ist.

Das gilt für Schulen, Fakultäten, Lehrer und Schüler gleichermaßen. Nun sitzen wirklich alle in »einem Boot« einer Lehr-Lerngemeinschaft. Mit Corpsgeist (*corporate identity*), durch weitere »*Incentives*« (»Sparkassenpreis«) und andere Propagandamaßnahmen (»Exzellenz-Initiativen«) soll die von der »ökonomischen Notwendigkeit« diktierte Erwartung zuverlässig in interne Ausrichtung der Erziehung und Wissenschaft transformiert werden, ohne dass auf der Seite der personalen und sächlichen Ressourcen Vorsorge getroffen werden müsste. Ob die vereinbarten Ziele erreicht werden, kann dann durch regelmäßige Evaluation geprüft und belohnt werden.

Vor diesem Szenario des folgenreichen Umbaus des Erziehungssystems und seiner Umstellung auf ein neues Steuerungs- und Kontrollregime, das allein am »Erfolg« gemessen werden will, drängt sich eine weitere Lesart von Buebs Lob der Disziplin auf. Er hatte seine Mission im Frühjahr 2005

---

82 F.-O. Radtke, Die Integration der Migrantenkinder durch internationalen Vergleich: Aporien des Qualitätsmanagements in der Erziehung. In: Michael Bommes/Werner Schiffauer (Hrsg.), Migrationsreport 2006, Fakten – Analysen – Perspektiven. Frankfurt, New York: 2006, S. 165–201

mit einem Artikel im Feuilleton der FAZ begonnen, der unter
dem Titel »Die Schule ist kein Spaßbad« erschien. Er – oder
ein umsichtiger Herausgeber – hatte damit ein Motiv aufgenommen, das ein Jahr zuvor der Publizist und ZDF-Re-
dakteur Peter Hahne mit einem Buch »Schluss mit lustig:
Das Ende der Spaßgesellschaft«[83] bereits angeschlagen hatte.
Zusammen mit Herwig Birgs »Die ausgefallene Generation«[84], Udo DiFabios »Die Kultur der Freiheit«[85], Paul Noltes
»Generation Reform«[86], Eva Hermans »Das Eva-Prinzip –
ein Irrtum?«[87] und Frank Schirrmachers »Minimum«[88] ordnet sich nun auch Bueb ein in eine Kampagne zur neo-konservativen Veränderung des geistigen Klimas in Deutschland.
Es geht um die Umerziehung der Bevölkerung. All diesen
Büchern, denen von professionellen Literaturagenturen zu
großem Medienecho verholfen wurde, ist gemeinsam, dass
sie die Bundesrepublik Deutschland in gleich mehreren dra-
matischen Krisen und Turbulenzen sehen, die vor allem
durch demographische (Arbeit, Bildung, Gesundheit, Ren-
ten) und weltpolitische Veränderungen (Globalisierung, Migration) hervorgerufen werden. Konzertiertes Krisengerede
schafft Verunsicherung in großen Teilen der Bevölkerung, die
sich bislang auf der sicheren Seite wähnte. Die damit einher-
gehende Sehnsucht nach durchgreifenden Lösungen, welche
die Sicherheit wiederherzustellen versprechen, bedienen die
neo-konservativen Zeitdiagnostiker mit einfachen Lösungen.
Wie einst die exemplarischen Propheten mahnen sie das
»Volk« zur Umkehr. Mission hat im Gegensatz zu den geläu-

---

83 P. Hahne, Schluss mit lustig. Lahr: 2004
84 H. Birg, Die ausgefallene Generation. München: 2005
85 U. DiFabio, Die Kultur der Freiheit. München: 2005
86 P. Nolte, Generation Reform. München: 2004
87 E. Herman, Das Eva-Prinzip. München: 2006
88 F. Schirrmacher, Minimum. München: 2006

figen Reformansinnen den Vorteil, dass keine zusätzlichen Gelder verlangt werden.

Da spätestens nach der letzten Bundestagswahl klar war, dass der neo-liberale Marktradikalismus so nicht mehrheitsfähig ist, setzt nun eine flankierende Kampagne ein, die bei Rickens[89] in ihrer Ausrichtung eindrücklich nachgezeichnet wird. Durch einen gefährlichen Mentalitätswandel der »Deutschen«, den die »Achtundsechziger« und die spätere Rot-Grüne Regierung verschuldet hätten, als sie durch ihre Kapitalismuskritik Leistung verteufelten, zugleich den Sozialstaat aufblähten und mit Verweis auf »Auschwitz« einen Bruch mit den traditionellen Werten und Tugenden der deutschen Kultur herbeiführten, seien die aktuellen Krisen unbeherrschbar geworden. Deutschland leide deshalb an einer fatalen Reformunwilligkeit, der nun durch eine erneute Re-Education der Bevölkerung begegnet werden soll. Jetzt soll offenbar die 1982 – nach dem Ende der sozial-liberalen Koalition – vorschnell ausgerufene »geistig-moralische Wende« durch geballte Publikationsmacht nachholend herbeigeführt werden. Dazu gehört auch der Schlussstrich unter die übertriebene »Vergangenheitsbewältigung«, die es bislang unmöglich gemacht hat, an die Traditionen vor 1933 anzuschließen und einen »unverkrampften Patriotismus« zur Selbstenthusiasmierung zu leben.

Bernhard Bueb hat *das* Schlussstrichbuch für die westdeutsche Pädagogik vorgelegt, das umstandslos an die national-konservativen Strömungen der Reformpädagogik anknüpft. Ohne die Strukturprobleme auch nur zu berühren, erneuert er einen Führungsanspruch der beinahe von der »Bildung« und »Sozialisation« verdrängten »Erziehung«, der

---

89 C. Rickens, Die neuen Spießer. Von der fatalen Sehnsucht nach einer überholten Gesellschaft, Berlin: 2006

sich nahtlos einfügt in die Steuerungs- und Machbarkeits-
fantasien, die mit PISA wieder in das Erziehungssystem ein-
gezogen sind. Er schlägt einen Ton an, der auch in den neo-
liberal umstrukturierten Unternehmen wieder gepflegt wird,
wo ebenfalls die Umgangsformen »entdemokratisiert« werden, wo straffe Hierarchien wiederkehren, wo »vergemein-
schaftet« und das Heil von charismatischen Managern erwartet wird. Wenn Buebs Erziehungskonzept auf den ersten
Blick unzeitgemäß anmutet, weil er die aktuellen Probleme
aus der Teilnehmerperspektive missversteht, ist sein Lob der
Disziplin doch – vielleicht ungewollt – als ein Beitrag zur Beschleunigung des Umdenkens zu verstehen: von umständli-
cher demokratischer Konsensbildung auf effektive und effi-
ziente Anordnungs- und Managementstrukturen – nicht nur
in den Erziehungs- und Bildungseinrichtungen.

Die Autorinnen und Autoren

Prof. Dr. S. Karin Amos ist Professorin für Erziehungswissenschaft. Aktuelle Arbeitsschwerpunkte: Die Auswirkung von Globalisierung und Internationalisierung auf die Gestaltung nationaler Bildungssysteme, Erziehung und soziale Exklusion, gesellschaftlicher Pluralismus und Erziehung. Publikationen im Kontext des Beitrags: Null-Toleranz an öffentlichen Schulen in den USA – amerikanisches Syndrom oder Symptom für eine Neubestimmung gesellschaftlicher Erziehungsverhältnisse? In Zeitschrift für Pädagogik 52 (2006); Saubere Schule. Vom Ausschluss und Ausbrechen Jugendlicher. Wien: (im Erscheinen); Das Kleine Rote Schulhaus – Eine amerikanische pädagogische Ikone und ihr Kontext, in: Jelich, F.-J. & Kemnitz, H. (Hrsg.), Die pädagogische Gestaltung des Raums. Geschichte und Modernität. Bad Heilbrunn: 2003.

Prof. Dr. Sabine Andresen (Jg. 1966) ist seit 2004 Professorin für Allgemeine Erziehungswissenschaft an der Universität Bielefeld. Zu ihren Arbeitsschwerpunkten in Forschung und Lehre gehören Kindheitsforschung, historische Jugendforschung, Theorie und Geschichte der Pädagogik, internationale Reformpädagogik und Geschlechterforschung. Sie ist Mitherausgeberin des Jahrbuchs Frauen- und Geschlechterforschung in der Erziehungswissenschaft und der Reihe »Biographie und Kontext« im Beltz Verlag.

Prof. Dr. Micha Brumlik (Jg. 1947) lehrte nach Assistenz-jahren in Göttingen, Hamburg und Mainz Erziehungswis-senschaft mit dem Schwerpunkt Sozialpädagogik an der Ruprechts-Karl-Universität in Heidelberg. Seit dem Jahr 2000 lehrt er Allgemeine Erziehungswissenschaft mit dem Schwerpunkt »Theorien der Bildung und Erziehung« an der Johann-Wolfgang-Goethe-Universität in Frankfurt, wo er in den Jahren 2000 bis 2005 zugleich Direktor des »Fritz Bauer Instituts, Studien- und Dokumentationszentrum zur Geschichte des Holocaust und seiner Wirkung« war. Neben vielen Aufsätzen zu Fragen der moralischen Sozialisation, der pädagogischen Ethik und der Religionsphiloso-phie erschienen zuletzt folgende Monographien: »Bildung und Glück. Versuche einer Theorie der Tugenden« (2002), »Aus Katastrophen lernen. Grundlagen zeitgeschichtlicher Bildung in menschenrechtlicher Absicht« (2004) und »Sigmund Freud. Der Denker des 20. Jahrhunderts« (2004).

Wolfgang Bergmann (Jg. 1948) ist Diplom-Erziehungswis-senschaftler und leitet das »Institut für Kinderpsychologie und integrative Lerntherapie« in Hannover. Er war Chef-redakteur zweier Fachzeitschriften, Mitglied der Planungs-und Konzeptgruppe des »Zentrum für Kunst und Medien-technologie« in Karlsruhe, ebenso des »Science and Art« Projekts am Wiener Wissenschaftszentrum; zahlreiche Ver-öffentlichungen in Fachzeitschriften und Kongressbänden, ebenso in Zeitungen (»Die Zeit«, »Welt«, »Süddeutsche Zeitung«, »Stuttgarter Zeitung«, »Neue Zürcher Zeitung« und »TV hören und sehen«). Er veröffentlichte mehrere Sachbücher und Elternratgeber, u. a. »Das Drama des mo-dernen Kindes« (2003), »Gute Autorität – Grundsätze ei-ner zeitgemäßen Erziehung« (2004), und »Die Kunst der Elternliebe« (2005).

Dr. Claus Koch (Jg. 1950) ist Diplom-Psychologe. Er studierte bei Ernst Tugendhat in Heidelberg und bei Lucien Goldmann in Paris Philosophie und promovierte 1978 bei C. F. Graumann im Fach Psychologie. Von 1985 bis 1998 betreute er die deutschsprachige Edition der Schriften und Seminare von Jacques Lacan. Veröffentlichungen u a. zu Psychoanalyse und Psychosomatik, zu Françoise Dolto und zum Thema »Kindheit und Medien«. Übersetzungen aus dem Französischen und Englischen sowie Mitherausgeber der Reihe »Biographie und Kontext« im Beltz Verlag, stellvertretendes Vorstandsmitglied der Köhler-Stiftung im Stifterverband für die deutsche Wirtschaft.

Prof. Dr. Frank-Olaf Radtke (Jg. 1945) ist seit 1994 Professor für Allgemeine Erziehungswissenschaft an der Johann-Wolfgang-Goethe-Universität in Frankfurt am Main. Arbeiten zu den Themen Erziehung und Migration, Organisation und Profession. Zahlreiche Veröffentlichungen, zuletzt erschienen »Bilder von Fremden. Was unsere Kinder aus Schulbüchern über Migranten lernen sollen«, zus. mit Th. Höhne/Th. Kunz (2005) und »Erziehung, Markt und Gerechtigkeit«, Zeitschrift für Pädagogik 2006/1, S. 22–29.

Prof. Dr. Dr. Manfred Spitzer (Jg. 1958) ist Professor für Psychiatrie an der Universität Ulm, wo er die Universitätsklinik für Psychiatrie leitet. Er hat die Erforschung des Lernens in den Mittelpunkt seiner Arbeit gestellt und an der Universität Ulm das »Transferzentrum Neurowissenschaften und Lernen« gegründet. Der zweimalige Gastprofessor in Harvard wurde mehrfach für seine Veröffentlichungen ausgezeichnet. Von seinen zahlreichen Veröffentlichungen seien hier genannt »Lernen: Gehirnforschung und die Schule des Lebens« (2002), »Vorsicht Bildschirm! Elektronische Medien, Gehirnentwicklung, Gesundheit und Gesellschaft« (2005), »Nervensachen. Geschichten vom Gehirn« (2005), und seine im »Archiv der Zukunft« von Reinhard Kahl erschienene DVD »Lernen – Die Entdeckung des Selbstverständlichen« (2006).

Prof. Dr. (em.) Dr. hc. Hans Thiersch (Jg. 1935) war von 1970 bis 2003 Professor für Erziehungswissenschaft und Sozialpädagogik an der Universität Tübingen. Zu seinen Arbeitsschwerpunkten zählen Theorie der Sozialpädagogik, Sozialethik, alltags- und lebensweltorientierte Soziale Arbeit, sozialpädagogische Handlungskompetenz. Zahlreiche Veröffentlichungen, u. a. »Die Erfahrung der Wirklichkeit« (2006), »Lebensweltorientierte Soziale Arbeit« (2006), und als Herausgeber zusammen mit Hans Otto: »Handbuch Sozialarbeit, Sozialpädagogik«, (2005).

Hartmut von Hentig

Bildung

Ein Essay

BELTZ
Taschenbuch

Welche Bildung brauchen wir?

Die Schule erreicht ihre Ziele nicht, die Schule erreicht ihre Schüler nicht. Auf diese Krise werden derzeit vor allem zwei Antworten gegeben: Entweder man müsse die Schule von allem entlasten, was nicht Unterricht ist und so ihre Leistungskraft steigern oder man müsse Schule in einen Lebens- und Erfahrungsraum umwandeln, in dem Pädagogik überhaupt erst möglich ist. Hartmut von Hentig beschreibt in diesem Buch, dass beide Lösungen in die Irre führen werden, wenn man sich keine genaue Darstellung von dem gemacht hat, was Bildung sein und leisten soll. Die eine Schule ist in Gefahr, eine Einrichtung zur Anpassung der Schüler an die gesellschaftlichen Entwicklungen zu werden. Die andere Schule ist in Gefahr, ihre Aufgabe mit Sozialpädagogik zu verwechseln. Aus beiden werden keine Menschen hervorgehen, die sich zutrauen, die Verhältnisse zu beurteilen und zu verändern.

»Ein gutes Buch,
weil es gut tut. Weil es
ehrlich ist und radikal.
Und weil es Mut macht.«

Deutsche Lehrerzeitung

Hartmut von Hentig
Bildung
Ein Essay
Beltz Taschenbuch 158, 208 Seiten
ISBN 3 407 22158 4

BELTZ
Taschenbuch